|中南财经政法大学立德树人系列成果丛书|

百年献礼
党的光辉照我心

主　编：覃　红
副主编：肖翠祥　余小朋　梁　娜
参编者：雷　磊　葛　明　白　玉　赵　晓
　　　　付慧娟　黄丽琼　张雨舟　张艳芸

吉林大学出版社
长春

图书在版编目（CIP）数据

百年献礼·党的光辉照我心/覃红主编. -- 长春：吉林大学出版社，2021.11
ISBN 978-7-5692-9752-2

Ⅰ.①百… Ⅱ.①覃… Ⅲ.①大学生—思想政治教育—中国—文集 Ⅳ.① G641-53

中国版本图书馆 CIP 数据核字 (2021) 第 253709 号

书　　名：百年献礼·党的光辉照我心
　　　　　BAINIAN XIANLI·DANG DE GUANGHUI ZHAO WO XIN
作　　者：覃　红　主编
策划编辑：卢　婵
责任编辑：冀　洋
责任校对：刘守秀
装帧设计：叶杨杨
出版发行：吉林大学出版社
社　　址：长春市人民大街 4059 号
邮政编码：130021
发行电话：0431-89580028/29/21
网　　址：http://www.jlup.com.cn
电子邮箱：jldxcbs@sina.com
印　　刷：武汉鑫佳捷印务有限公司
开　　本：787mm×1092mm　　1/16
印　　张：18
字　　数：310 千字
版　　次：2021 年 11 月　第 1 版
印　　次：2022 年 7 月　第 1 次
书　　号：ISBN 978-7-5692-9752-2
定　　价：145.00 元

版权所有　翻印必究

前　言

2021年是中国共产党建党100周年。中国共产党的成立，是开天辟地的大事件，深刻改变了近代以后中华民族发展的方向和进程，深刻改变了中国人民和中华民族的前途和命运，深刻改变了世界发展的趋势和格局。一百年来，中国共产党人秉持为人民服务的宗旨，披荆斩棘，带领中国人民复兴民族伟业，重回世界舞台中心，实现了从站起来、富起来到强起来的伟大飞跃。

百年栉风沐雨，百年砥砺前行。为隆重庆祝党的100周年华诞，落实立德树人根本任务，传承红色基因，坚守初心使命，大力培育和弘扬社会主义核心价值观，进一步激发全体学生爱党爱国爱校热情，中南财经政法大学于2020年底在全校范围内开展了以"百年献礼庆华诞，红色领航赞青春"为主题的师生献礼建党百年系列活动。通过丰富多彩的主题征文、主题活动展示辉煌成就，总结发展经验，展现青春力量，引导师生真正把爱国之情、强国之志转化为开启全面建设社会主义现代化国家新征程、夺取新时代中国特色社会主义伟大胜利的自觉行动。在中南财经政法大学党委常委、副校长覃红教授的指导下，党委研究生工作部、党委学生工作部和团委面向全校学生联合开展了"百年献礼——党的光辉照我心"征文活动并收到了学生们的积极投稿。

围绕中国共产党建党100周年的主题，学生们的投稿作品或结合自身学习成长经历，记录个人经历或见证的优秀党组织、优秀共产党员的真实事迹，描绘成长环境、家庭生活所发生的深刻变化；或回顾历史，重温中国共产党走过的百年光辉历程，在党史中感悟中国共产党人全心全意为人民服务的崇高追求；或着眼当下，致敬身体力行带领人民脱贫致富、抗击疫情取得非凡成就的党员先锋模范；或纵览神州，在今昔对比中展现百年来中国的沧桑巨变，歌颂中国共产党建党以来取得的伟大成就；或检视自身，展示日新月异的美好生活的同时，记录自己思想认识变化、觉悟境界提高的心路历程。这些作品充分展现了同学们坚定的政治立场和昂扬向上的精神风貌，以深情展望中国特色社会主义事业和中华民族伟大复兴的光明前景，用文字凝聚起了同心共筑中国梦的强大精神力量。

中国共产党立志于中华民族千秋伟业，百年恰是风华正茂。中南财经政法大学学子将以献礼建党百年系列活动为契机，牢记习近平总书记的嘱托，以实现中华民族伟大复兴为己任，增强做中国人的志气、骨气、底气，不负时代，不负韶华，不负党和人民的殷切期望，沐浴党的光辉，成长为中国特色社会主义事业合格建设者和可靠接班人。

目 录

党史回眸

峥嵘岁月，踏浪前行……………………………………胡梨芳 2

井冈山精神：中国共产党的红色基因……………………王雅丽 4

追溯百年光阴，礼赞时代伟业……………………………梁嘉欣 7

中国外交事业发展与我的"外交梦"………………………王雨萌 9

党性光辉，源远流长………………………………………符骊珠 12

百年奋斗，初心依旧………………………………………刘昌丽 14

百年峥嵘岁月，万代太平盛世……………………………黄逸飞 17

党旗下光辉常伴……………………………………………舒翩翩 20

学党史，牢记我们的初心…………………………………张雨萌 22

不忘初心跟党走，青春筑梦中南情………………………黄俊德 24

回顾党史，致敬未来………………………………………邓 彧 27

忆峥嵘岁月，庆百年华诞…………………………………任文丽 29

九州大地，恰逢其盛，党的光辉照万代…………………余骏洁 32

月照千湖已百年……………………………………………………李敏印 34

百年峥嵘，而今迈步从头越………………………………………张文彦 37

百年风雨光辉路，星星之火照前程………………………………张淼滢 40

报刊日记……………………………………………………………周滨倩 43

我是党员……………………………………………………………杜明悦 45

百年征程，皆在脚下………………………………………………王斯琪 48

百年献礼——党的光辉照我心……………………………………杨　昇 52

丹宸良策花千树，圆梦舒齐百姓心………………………………车诗睿 55

百年路砥砺奋进，新征程扬帆启航………………………………张若晨 58

顾史看今朝：中国共产党人的爱国精神和人民情怀……………陈笑云 61

坚守历史，展望未来………………………………………………涂孟君 64

百年风雨——看中国共产党领导的必然性………………………李心怡 66

伟大创举

脱贫攻坚路，奋勇向前人…………………………………………张琪琪 70

漫漫百年路，悠悠报国情…………………………………………陈　吉 73

田野里的守望者……………………………………………………张军军 75

丹心百年，一往如初………………………………………………江　瑞 78

百年献礼——党的光辉照我心……………………………………李　想 80

我们党，我们村……………………………………………………郝鑫丰 82

奶奶的"吃饱穿暖"…………………………………………………曹晓宇 85

百姓的幸福感从何而来……………………………………………孙宇飞 87

沐浴党的光辉，豪情迈向未来………………………… 刘晓为 89
百年峥嵘，党旗飘扬……………………………………… 谢释然 92
焕发爱党磅礴伟力，奏响爱国时代强音………………… 赵佑萱 94
年年花胜去年红…………………………………………… 王端琰 97
颂歌献给亲爱的党——歌声中的百年献礼……………… 夏文轩 100
路的变迁…………………………………………………… 向　澧 102
百年赞歌——党旗飘飘济沧海…………………………… 唐　悦 105
载济世初心，承百年荣光………………………………… 张培森 108
初心始照，光亮熠行……………………………………… 徐丽颖 110
家乡路上的驼铃…………………………………………… 张　宇 113
举水红船千帆过，杜鹃花撒万里情……………………… 高天乐 115
以历史为骨，新时代筑起血肉之躯……………………… 覃　天 118
执剑与嗅桂………………………………………………… 祝　睿 120
百年正是风华正茂………………………………………… 董昱萱 123
亲爱的祖国，亲爱的党…………………………………… 许思源 125
红船载千钧，征程行万里………………………………… 周雯萱 128
八千里路无与有，一百周年微与伟……………………… 韦诗怡 131

红色传承

在我生长的地方——祖孙三代眼中的家乡……………… 樊雯雯 136
夜空中的星………………………………………………… 于　越 138
无悔的选择………………………………………………… 袁珂嘉 141

风雨兼程100年	苏静媛 144
我们的青春，不迷惘	张河鹤 147
坚定不移跟党走	李雨薇 150
百年光辉心向党，人间正道是沧桑	廖阳清 152
党的光辉照乡村	唐　岩 155
百年征程述说党的风貌，三代薪火传承青春使命	冯　崴 158
忆往昔，风雨砥砺，看今朝，如日方升	张思慧 161
党妈，我想对您说	李锦涛 163
管却自家身与心，胸中日月常新美	王辛杨 166
三代人眼中党的光辉	周梦真 169
山　河	吴佳慧 171
光辉历百载，风雨铸强国	冯欣雨 174
小城的变迁	许钰婷 177
百年献礼——我与党的故事	秦方圆 180
开天辟地迎百年，乘风破浪新时代	肖欣如 182
党的光辉照我心——听、忆家乡脱贫攻坚故事有感	龚郅铉 185
沧桑巨变，在党的光辉下走来	王彦翔 188
任何困难都难不倒英雄的中国人民	张宇豪 191
百年的政党，百年的荣光	高馨宁 193
百年不老，一世青春——致敬百年中国共产党	卢佳镁 196
唯愿所从，赴青春理想	杨子玥 198
中国红，在我心	潘　妍 201

先锋模范

英雄西辞黄鹤楼，烟花三月下扬州	郑　智	206
最勇敢的人——献礼中国共产党成立一百周年	杨　帆	209
信　仰	王科云	212
熟悉的面孔	解为淳	215
微光成炬照千钧红船，悠悠百载跨世纪航程	周未雨	218
如果记忆会说话——献礼建党100周年	熊保维	221
抗疫战线党旗飘	邓兆锦	223
不忘初心	高　媛	226
百年红船，万里征程	樊荣荣	228
小小红船里的大爱无疆	沈芝羽	231
昨天，今天，明天	万思岐	234
人民的新时代，人民的党	陈翔宇	236
我眼中的中国共产党——一朵红莲的自述	白　璐	239
党辉照华夏，荣光泽东方	屈　直	242
砖石与道路——向建党100周年献礼	杨睿中	245
一朝开天辟地史，百年为民赶路行	张如许	248
与党共同前进	祁温馨	251
沐浴党的光辉，接过党的旗帜	秦紫涵	253
信仰的力量	白　璐	255
庆百年之建党，担历史之重任	周思静	258
红旗向我，我成红旗	夏　可	261

心事浩茫连广宇，于无声处听惊雷 ……………………………… 钱依阳 263

从实践中来，到实践中去 ………………………………………… 王　婧 266

百年峥嵘，栉风沐雨 ……………………………………………… 杜奕文 268

栖无声之界，绵霁月光风 ………………………………………… 陈妮桑 271

后　记 ………………………………………………………………………… 274

党史回眸

百年献礼·党的光辉照我心

峥嵘岁月，踏浪前行

胡梨芳，财政税务学院税务专硕 2020 级硕士研究生

2021 年是中国共产党百年华诞，百年岁月波澜壮阔，百载初心矢志不移。从嘉兴南湖驶出的红船到时代汪洋中的复兴巨轮，从井冈山的星星之火到华夏大地的党旗招展，中国共产党百年风华，福国利民，不忘初心，砥砺前行，始终怀揣着中华民族伟大复兴的中国梦。

峥嵘岁月忆百载，人间正道是沧桑。回望党史，可以深深感受到中国特色社会主义来之不易。

中国近代史是一部几经沧桑磨难、屈辱抗争的血泪史。1840 年，西方列强用坚船利炮撞开了中国的大门，自此，中国人民和中华民族经历了近百年的屈辱与磨难。国土任人侵略、人民任人欺凌、文化任人摧残，国家在内忧外患中满目疮痍，中华民族几度陷于生死存亡之间。

中国近现代史更是一部救亡图存、波澜壮阔的英雄史、革命史。无数仁人志士前仆后继、抛头颅、洒热血，于国家、民族存亡之际寻求救国之策。中国共产党于大厦将倾之际应运而生，于山河破碎中高举无产阶级革命政党旗帜，团结和带领数亿中国人民革命、建设和改革，努力实现中华民族伟大复兴的中国梦。

从新民主主义革命取得伟大胜利并建立中华人民共和国，到社会主义革命和建设时期不断探索全面建设社会主义，再到改革开放和社会主义现代化建设新时期，中国共产党以铁一般的事实证明了其旺盛生命力和强大战斗力。

在中国共产党的领导下，我们见证了祖国翻天覆地的变化。2020 年是具有里程碑意义的一年，全面建成小康社会取得伟大历史性成就，决战脱

贫攻坚取得决定性胜利，"十三五"规划确定的各项任务顺利完成，第一个一百年奋斗目标圆满收官。

百载峥嵘岁月，从南湖驶出的红船承载着人民的重托、民族的希望，在历史洪流中成长为时代复兴巨轮，破浪前行。

雄关漫道真如铁，而今迈步从头越。两万五千里长征路所浇筑的长征精神代代相传，红色基因的种子也在一代又一代党员的心中生根发芽。中国实现伟大梦想的长征路仍在延续，中华民族伟大复兴离不开中国共产党的领导，而中国共产党取得伟大胜利离不开党员们的艰苦奋斗。

"党员"二字寥寥几笔，其内含的精神和使命却重于泰山，一代代党员用实际行动甚至生命践行了这两个字。那么"党员"是什么？为什么成为"党员"？如何做好"党员"？

阅读《习近平的七年知青岁月》一书，我更加深刻认识到"党员"二字的内涵。"群众""实践""自我锤炼"等是该书的高频词，通过阅读此书，我体悟到爱国爱民的家国情怀、勤奋好学的进取精神、求真务实的良好作风和艰苦奋斗的优秀品质，这便是"党员"的内涵。"党员"不仅仅是挂在嘴边的身份，更是印在心上的信念，践行在行动中的誓言。

2020年，新冠肺炎疫情是一场对党和国家的大考，而党员用实际行动交出了一份让广大人民满意的答卷。一位位党员就是一面面鲜红的旗帜，每个基层党组织都是党旗高高飘扬的战斗堡垒。在重大考验面前，党员们冲锋在前，勇担责任，无论是勇敢"逆行"的白衣天使，或是夜以继日深入研究的专家学者，或是严控关卡的安保人员，抑或化名"知恩者"捐资捐物的同胞，无数党员同志用实际行动诠释着"不忘初心，砥砺前行"的精神内核，这便是"中国脊梁"。

伟大事业需要伟大精神，伟大精神铸就伟大梦想，征程万里风正劲，重任千钧再奋蹄，纵然雄关漫道真如铁，一代代党员们也将上下求索，保持和发扬长征精神。

长风破浪会有时，直挂云帆济沧海。2021年是中国共产党成立100周年，是全面建设社会主义现代化国家新征程开启之年，是"十四五"开局之年。

站在"两个一百年"的历史交汇点,站在国家高质量发展的快速列车上,我们应当始终坚持党的领导,坚持以习近平新时代中国特色社会主义思想为指导,立足新发展阶段,贯彻新发展理念,构建新发展格局。

作为青年党员的我们,应当砥砺意志、锤炼本领,始终做党的领导的坚决拥护者、中国特色社会主义事业的忠实践行者、勇担使命追梦圆梦的接续奋斗者,将个人奋斗融入祖国发展的时代洪流中。

百年党史波澜壮阔,代代党员筚路蓝缕,一枪一炮、一砖一瓦,千千万万人前仆后继、抛洒血汗,才铸就了今日之强大中国。百年光辉成就对于今日之中国而言是一个感叹号,对于民族复兴伟业而言则是一个逗号。中国共产党将不忘初心、砥砺前行,在建设中国特色社会主义道路的新征程上一路凯歌、踏浪前行。

井冈山精神:中国共产党的红色基因

王雅丽,马克思主义学院中共党史2019级硕士研究生

红色基因是历史的积淀,是党和国家的宝贵精神财富,是中国共产党人永葆本色的生命密码,是支撑共和国发展的灵魂与核心。2016年2月,习近平总书记在井冈山考察时说,井冈山是中国革命的摇篮,井冈山精神是井冈山时期留给我们最宝贵的财富。94年前,以毛泽东、朱德为代表的中国共产党人领导军民缔造了井冈山革命根据地,培育了以井冈山精神为内核,以坚守理想信念、实事求是、敢闯新路、艰苦奋斗和依靠群众为底蕴的红色基因。

对理想信念的坚守。井冈山时期,中国共产党人高举马克思主义伟大旗帜,抱定革命必胜的信念,探索中国革命道路。一是坚信山沟里有马克思主义。毛泽东率军上井冈山,不断地和错误思想作斗争,并先后撰写了

《中国的红色政权为什么能够存在？》《星星之火，可以燎原》和《井冈山的斗争》三篇文章，提出了工农武装割据的思想，使井冈山成为最强大的根据地之一，用事实回答了党内对山沟里是否有马克思主义的质疑。二是对创建红色政权的坚信。在井冈山，中国共产党先后建立了茶陵、遂川、宁冈等六县的红色政权，从制度上保障人民不再受压迫，翻身做主人。三是为主义而牺牲。井冈山军民为保卫根据地先后打破国民党军四次"进剿"、三次"会剿"，为保卫根据地抛头颅、洒热血。"为有牺牲多壮志，敢教日月换新天"。创建井冈山革命根据地，是中国共产党人坚定理想信念，把信仰具体化、把主义实际化、把理论实践化的成果结晶。

实事求是的路线。解放思想、实事求是的科学精神是中国共产党的典型品格。一是决策要经调查研究。毛泽东提出"没有调查就没有发言权"的著名论断。1929年，毛泽东撰写《关于纠正党内的错误思想》，教育党员要注意社会经济的调查和研究，由此来决定斗争的策略和工作的方法，以克服党内存在的主观主义和教条主义。二是不盲从领导。中国共产党人如果接到与实际情况不符合而难以执行的指示和命令时，要及时跟上级联系，请示上级调整政策，这体现了共产党人在遵守党规党纪、听从党中央和上级指挥的前提条件下绝不盲目服从上级和党中央，实事求是，求真务实的马克思主义工作作风。

敢闯新路的精神。敢闯新路是井冈山红色基因的核心。井冈山时期，中国共产党人勇于理论创新，敢闯新路。一是提出"上山"思想和"工农武装割据"道路。1928年11月起，毛泽东在《中国的红色政权为什么能够存在？》和《井冈山的斗争》两篇文章中分析了中国红色政权存在和发展的条件，指明了中国革命的根本途径是"农村包围城市，武装夺取政权"，实际上提出了红色政权理论和工农武装割据道路，是马克思主义中国化的经典之作。二是提出"思想建党，政治建军"原则。在毛泽东的组织领导下，中国共产党经过三湾改编、水口建党等一系列举措，健全军队各级党组织，把党的支部建在连上，确立"党指挥枪"的领导原则。"思想建党，政治建军"新模式，为后来开辟农村包围城市、武装夺取政权的革命道路奠定了基础。

艰苦奋斗的传统。井冈山时期中国共产党培育出了艰苦奋斗的优良传统。一是领导人与军民同甘共苦。井冈山斗争条件艰苦，领导人带头克服困难，像张子清献盐、"朱德的扁担"、毛委员带头吃苦菜、"三根灯芯"这样反映共产党人清正廉洁、大公无私的故事在井冈山流传甚广，可谓逆境见真情，官兵共患难。二是不断强化清正廉洁教育，净化政治生态。中国共产党通过不断改革监察制度并建立监察委员会、开展廉政教育活动，使得清正廉洁的思想在党内不断强化，党的整体思想素养和文化涵养不断提升。三是严惩贪污腐败。中国共产党对于腐败现象严加惩处，绝不姑息。如红军团长陈皓等人贪污腐化、变节投敌，毛泽东在获悉情况后亲赴茶陵将叛徒处决，一系列的整治贪污腐败事件使军民看到了共产党反腐倡廉的决心。

依靠群众的作风。井冈山时期，中国共产党坚持走群众路线。一是依靠群众进行革命。在井冈山，共产党人广泛动员群众、组织群众，帮助群众建立革命政权，使群众自发起来革命。二是依靠群众开展土地革命。共产党带领人民打土豪、分田地，制定《井冈山土地法》并按照人口平均分配土地，满足农民的土地需要。三是重视构建和谐的党群关系。中国共产党通过制定严格的"三大纪律，八项注意"规范党员和红军的行动，防止侵害人民利益的事情发生，同时注意发挥党支部联系群众的作用，并大量发展工农优秀分子入党。井冈山时期，中国共产党培育了依靠群众的优良传统，广大党员贴近群众，让群众加深了对于共产党的了解与信任，使党和人民群众形成了革命思想共同体。

井冈山时期，中国共产党人带领井冈山军民艰苦奋斗，培育了以井冈山精神为内核的红色基因，成为中国共产党革命精神的源头。传承井冈山红色基因，就是学习和尊重党的历史，使其成为中国共产党治国理政的重要精神财富，对支撑和推动具有原创性的中国革命、建设和改革不断走向胜利具有重大意义。

追溯百年光阴，礼赞时代伟业

梁嘉欣，信息与安全工程学院管理科学与工程 2020 级硕士研究生

百年风雨兼程，世纪沧桑巨变。在峥嵘岁月的更替里，在艰难险阻的挑战中，中国共产党作为中华民族的伟大政党，带领全国人民越过一条条"沟壑"，创造一个个"中国奇迹"。这是信念的支撑，是党性的体现，更是一群蓬勃向上的有志之士用实际行动践行着的铮铮誓言。

顾往昔，忆峥嵘百年史

古语有云："以铜为镜，可以正衣冠；以史为镜，可以知兴替；以人为镜，可以明得失。"回望历史，我们才能懂得这其中的道理，走得再远都不能忘记来时的路。

回顾中国近现代发展史，其中最厚重的一篇当属一度落后、饱受帝国主义欺凌、半封建社会的国家在共产党的领导下一步步走向繁荣的艰苦卓绝的发展历程。百年来，共产党走过的历史道路，既无比波澜壮阔，又异常艰辛曲折，无论是弱小还是强大，逆境还是顺境，始终如一的是初心不改、矢志不渝的党性，是锐意进取、开拓创新、埋头苦干、真抓实干的自觉行动。追风赶月不问归路，只愿平芜尽处是春山。曾经的一穷二白，百废待兴，却也阻止不了英雄的华夏儿女敢教日月换新天，国家的血脉里有着他们的默默奉献与不朽功勋。

一唱雄鸡天下白，唤来春天照人间。在 1949 年 10 月 1 日这一被赋予重大意义的日子里，毛主席在天安门城楼上向全世界庄严宣告："中华人民共和国中央人民政府今天成立了！"这意味着中国共产党领导全国各族人民推翻了压在人民头上的帝国主义、封建主义和官僚资本主义三座大山，取得了革命胜利。这是中国历史上的新纪元，标志着百年来屈辱史的结束，中国人民从此站起来成为国家的主人。

追忆历史，忆苦思甜。从站起来到富起来再到强起来，从中国制造到中国创造，一个个不可能变为现实的斐然成绩，都充分证明了历史和人民选择的正确性。中国共产党，是民心所向，是历史所选。

看今朝，读厚重家国情

聚是一团火，散是满天星，是共产党员们最真实的写照。"国家兴亡，匹夫有责"，困难面前，党员争先。

在2020年的开端，突如其来的疫情打乱了社会发展秩序，有的人写下了"请战书"，始终站在了疫情防控的最前列、冲在了第一线，用实际行动扛起了自己的责任与使命，让党旗在疫情防控斗争中高高飘扬。他们是抗击疫情中的勇者，他们也是我们中普通而平凡的一员，他们是医务工作者，是警察，是社区人员，是志愿者……他们是义无反顾、挺身而出筑起抗疫坚固城墙的最可爱之人。

"清澈的爱，只为中国"，英雄的喀喇昆仑、荒凉险峻的西线故事在传唱，那是雪域高原的声音，是青春年少的将士们在祖国的边境上戍卫一方国土的身影。自2020年6月起，印方公然违背共识，越线挑衅，本着谈判解决问题原则的团长祁发宝仅带几名官兵前往交涉，却遭外军蓄意暴力攻击，战士们身负重伤甚至流血牺牲……眼里有光的少年，本该意气风发的年纪，却把生命留在了祖国边防，他们心中有挚爱，肩上担有国之大义、责任与担当，为了捍卫家国，他们将生命融入了祖国大地，实践了"寸心寸土、寸爱寸情"的铮铮承诺。

为大家舍小家，是他们表达家国情怀的灵魂、初心与信仰，没有国便没有家，家是最小国，国是千万家，他们都有一个共同的名字，共产党员。

思未来，扬伟大中华梦

初识共产党，是受到身为共产党员的爷爷的影响，他总是不经意间地流露出埋藏在心底的故事，那是时间更替后历史深深的烙印，是一腔热血随年龄增长慢慢生根发芽长成参天大树的历程。他为我铺开了一幅气壮山河、波澜壮阔的历史画卷，先烈事迹、英雄身影在他眼里闪烁着光芒。而后的我在亲历了党的领导下祖国发展的日新月异后，在被危难时期党员同志的冲锋在前、英勇无畏的情怀与气概所深深触动后，点燃了心中熊熊的爱国热焰。那是一代又一代共产党人与人民同呼吸、与时代共进步的探索和奋斗征程、精神财产与图谱。

由此，立足新时代，吾辈当自强。作为学生党员的我们是新一代弄潮儿、追梦人，更应从党的百年伟大奋斗历程中汲取前进的智慧和力量，矢志奋斗谱写新时代的青春之歌，以实际行动为党旗增光添彩，用专业知识武装头脑、指导实践，坚定初心，继续前行，为实现中华民族的伟大复兴而不懈奋斗。

"观今宜鉴古，无古不成今"，只有通过对历史演变的追根溯源，才能摸清时代发展的脉搏，建立全面的纵向、横向思维，立足新征程，静候新时代的检验。不负韶华，只争朝夕，宏图已绘就，号角已吹响，风华在我辈，奋斗正当时，壮我中国志，扬我中华梦。

中国外交事业发展与我的"外交梦"

王雨萌，哲学院国际政治 2020 级硕士研究生

每每谈及我的专业，我总是不禁想起几年前的高中生活。记得高中时期，我便时常关注时事新闻尤其是国际新闻。渐渐地，一颗外交梦的"种子"种在了我的心底。高中毕业之后，我的梦想与我国外交事业的发展变得密不可分。我的"外交梦"犹如一颗破土而出的嫩苗，不断地汲取营养，茁壮成长，变得愈发坚定。

1921 年，中国共产党正式创建。1971 年，中国共产党成立 50 周年。2021 年，中国共产党成立 100 周年。这三年是我党历史上具有特殊意义的年份，也是中国外交史上十分重要的三年。我国的外交思想和政策，不是由某个人或某个组织制定安排的，而是在中国共产党带领下，由我国领导人和外交专业人员在考量国内国际形势后，审慎做出的一系列安排。

1949年，中华人民共和国在中国共产党的带领下成立，中国外交事业迎来了新的征程。1949年是全中国人民的大日子，我们终于在外国列强多年的压迫下站了起来，中国人的脊梁骨终于挺了起来，新中国的成立是中国外交事业独立自主发展的开始。中国共产党为了摒弃过去的屈辱外交，认识到独立发展才是硬道理。1949年9月，中国人民政治协商会议通过了《中国人民政治协商会议共同纲领》，确立了我国新的外交战略原则。中华人民共和国外交政策的原则为保障本国独立、自由和领土主权的完整，拥护国际的持久和平和各国人民之间的友好合作。反对帝国主义的侵略政策和战争政策。[1]我国终于实现独立自主外交，实践证明，我党的选择是十分正确和具有前瞻性的，为我国外交发展开了一个好头！

当我了解了这段历史，我才明白很多事情都是万事开头难。面对复杂的国际形势，我党并未退缩，而是坚定地选择"在对外关系上，必须继续坚持反对帝国主义、霸权主义、殖民主义和种族主义，维护世界和平"。[2]我党的责任担当和远见卓识令我受益匪浅：国家兴亡，匹夫有责，如果青年人不肩负起国家大任，何以谈安宁与发展！

1971年，中国共产党成立50周年，中国外交事业日益蓬勃发展，新中国逐渐向世界靠近。70年代初，中国面对更加紧迫的国际形势，毛泽东毅然提出"一条线"战略，打开了外交新局面。1971年，新中国恢复了在联合国的合法席位，开启了中国外交发展的新窗口。而这一切，都基于中国共产党的正确领导和精准判断。1981年6月，党的十一届六中全会总结到，"在国际上，始终不渝地奉行社会主义的独立自主的外交方针，倡导和坚持了和平共处五项原则……坚决反对帝国主义、霸权主义、殖民主义

---

[1] 杨公素，张植荣：《当代中国外交理论与实践》，北京：北京大学出版社，2009，第48页。

[2] 中共中央文献研究室《关于建国以来党的若干历史问题的决议》注释本，北京：人民出版社，1985，第38页。

和种族主义，维护世界和平"。① 虽然在这一时期我国面临严峻的挑战，但是我党依旧将维护和平、反对霸权作为我国外交事业的重心。可见，中国共产党是不惧挑战困难、极具智慧的政党！

当我深入学习了专业知识后，我逐渐明晰了自己的目标：在中国共产党的领导下，全心全意投身中国外交事业，为维护世界和平贡献力量。中国外交事业发展的背后是中国共产党的坚强领导和谨慎摸索，我党这一时期面对国内外复杂形势，及时有序统筹、调整政策，顺利推动外交发展迈入新阶段。中国共产党的沉着冷静和强有力领导令我敬佩。天行健，君子以自强不息，吾辈当自强与奋进！

2021 年，中国共产党成立 100 周年，今天的中国在我党的带领下已稳稳屹立于世界民族之林，中国特色大国外交愈发顺利。党的十九大报告明确指出了未来我国的外交方向，即中国将高举和平、发展、合作、共赢的旗帜，恪守维护世界和平、促进共同发展的外交政策宗旨，坚定不移在和平共处五项原则基础上发展同各国的友好合作，推动建设相互尊重、公平正义、合作共赢的新型国际关系。② 随着我国综合实力的提升，中国共产党仍坚守"初心"，始终坚持不谋霸权、维护和平，体现了应有的担当与风范。2018 年 9 月，习近平在中非合作论坛北京峰会开幕式上说："我们坚信，和平与发展是当今时代的主题，也是时代的命题，需要国际社会以团结、智慧、勇气，扛起历史责任，解答时代命题，展现时代担当。"③ 2020 年对中国是一次大考，新冠肺炎疫情的突然出现，给我党以全新的挑战。

---

① 唐诗：《中国和平外交政策演进历程及基本经验研究》，东北师范大学博士论文，2019，第 138 页。

② 《习近平：决胜全面建成小康社会 夺取新时代中国特色社会主义伟大胜利——在中国共产党第十九次全国代表大会上的报告》，共产党员网，2017 年 10 月 27 日，http://www.12371.cn/2017/10/27/ARTI1509103656574313.shtml，登陆时间：2021 年 2 月 21 日。

③ 《习近平在 2018 年中非合作论坛北京峰会开幕式上的主旨讲话（全文）》，中国政府网，2018 年 9 月 3 日，http://www.gov.cn/xinwen/2018-09/03/content_5318979.htm，登陆时间：2021 年 2 月 21 日。

然而，对于亲身经历了这一切的中国人来说，看到的是中国共产党的卓越领导和中国特色社会主义的制度优势。不论是中国共产党在外交事业上表现出的自信与坚定，还是在国内事务中展现出的果断与灵活，都向世人证明了中国共产党的能力，也更加坚定了我的信念。

2021年是中国共产党成立100周年，是新中国外交发展的第72个年头，也是我逐梦开始的第5年，一切都在向着更加光辉灿烂的未来进发。我坚信，在中国共产党的带领下，在全体中国人的拼搏努力下，未来的中国定会实现民族复兴，稳稳伫立于世界舞台中央。今天的我对梦想不再迟疑，驰而不息，久久为功，明天的中国必将更加强大！

党性光辉，源远流长

符骊珠，财政税务学院税收学2020级硕士研究生

按下的手印，就像红色的心，逆行的背影，带着温暖的光，内心的烈焰，只为家国点亮，你看党旗飘扬的方向，是我要去胜利的地方，冲锋在前我用生命开创，你看党旗飘扬的方向，有我唯一铁打的信仰，全力以赴春天的梦想。①

无数党员拼搏奋斗，为我们撑起一片蓝天，党的百年诞辰之际，我们铭记着今日平乐安康的美好生活皆源于党，饮水思源，党性光辉照我心，源远流长生生不息。

栋梁建设源于党

从中国漫长的发展历史中，我们国家逐渐认识到教育的重要、人才的重要。近代中国两次鸦片战争之后，曾国藩、李鸿章看到中国在器物上的劣

---

① 李劲作词、作曲，歌曲《党旗飘扬的方向》。

势，认识到要引进西方先进器物，开展洋务运动，而甲午一战，北洋水师全军覆没，洋务运动彻底失败。先进青年陈独秀、李大钊等认识到只引进西方器物的不足，需要学习西方的科学与民主，开展新文化运动。但新文化运动只局限在知识分子群体，没有同广大人民群众结合起来，亦缺乏强大政治力量的支持，最终成效有限。中国共产党吸取了经验教训，在新中国仍然落后于西方国家的国情下，认识到学习先进文化的重要性，广泛开展教育，重视人才培养。

电影《我和我的家乡》再现了1992年望溪村小学落后艰苦的办学环境和教学设施，以及支教老师含辛茹苦、传道授业的景象。电影中，范老师的最后一课是时代和教育在党的建设下发生剧烈变化的真实写照，范老师热爱教育事业，年轻时下乡支教并终身投入教育的光辉形象也是党领导下奉献教育事业的群众代表。新时代下，在党和国家的政策支持下，现代化的教育设施、免费的义务教育和完善的教育保障为祖国培养了更多更优质的人才。除了普及义务教育之外，国家还鼓励大学生下乡支教，提高偏远地区教育质量和人才培养质量。

如今充足的教育资源和良好的教育条件得益于党长期以来对教育的重视和投入。我们要始终牢记，是党成就了今天的时代青年，走出校园的我们，应不忘初心，为党奉献，为建设美好中国努力奋斗。

日新月异源于党

从昔日破旧的小瓦屋到如今鳞次栉比的楼房，从泥泞难行的小路到宽阔平坦的柏油马路，从清一色的蓝白工装到绚丽多彩的服装衣帽，从信件收音机到电脑手机，从煤油灯到霓虹桥，社会生活的方方面面都发生着翻天覆地的变化，这都源于我们党的建设和改革开放。

新时代背景下，党和国家力争全面脱贫，实现全面建成小康社会，我的家乡也发生了巨大的变化。短短一年的时间，道路拓宽，乡村路旁装上路灯，乡镇街道也比以前更加繁华，许多品牌店铺入驻县城，城区面积扩大，新增许多商业楼、餐饮娱乐区域，公共交通翻新改建，新公交车替换了陈

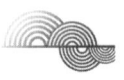

旧的车型，也新增了语音播报服务，外卖服务延伸至乡镇。

今年，我国实现全面建成小康社会的目标，让中国贫困人口摘帽，这都得益于党中央的伟大决策和部署。新时代新目标，社会日新月异、国家繁荣富强。在我们党的领导下，我坚信富强、民主、文明、和谐、美丽的社会主义现代化国家建设目标必将实现。

平安生活源于党

"5·12"汶川大地震对中国人民来说是沉痛悲伤的记忆，在重大灾害面前，中国共产党冲锋在前，带领中国人民团结一致共克时艰。国务院总理温家宝与汶川灾民共度除夕夜，党领导的人民解放军奔赴一线救助，及时调配救灾物资，认真做好支援工作。在党的坚强领导和政策支持下，灾害损失被降到最低，汶川得以快速开始灾后重建，恢复正常生活，重返昔日繁荣景象。

新冠肺炎疫情暴发后，党和国家第一时间采取行动，使我国迅速控制住了疫情，并成为经济恢复最快的国家。由此可见，坚持中国共产党的领导是中国特色社会主义发展的独特优势。

我为生在这个伟大的时代而骄傲，为祖国的发展壮大而自豪。在党成立100周年之际，身为新时代的大学生，更应肩负起时代责任，用勤奋和智慧建设强盛中国，撑起民族的脊梁和祖国的蓝天。

百年奋斗，初心依旧

刘昌丽，法学院国际法学2020级硕士研究生

一、百年破浪前进

成就来自和衷共济，发展源自勠力同心。纵观党史、新中国史的发展

历程，中国共产党在百年奋斗中领导各族人民完成了救国、兴国、富国、强国的伟大事业，铸造了中国共产党的百年辉煌。

（一）新民主主义革命时期中国共产党的救国使命

中国共产党担承历史使命，既是顺时代之趋，也是应现实之需。1921年7月1日，中国共产党成立。党将实现共产主义作为最高理想和最终目标，确立起为人民谋幸福、为中华民族谋复兴的初心和使命。经过28年浴血奋战，中国共产党在正确革命道路的指引下，完成了新民主主义革命，建立了中华人民共和国。

（二）社会主义革命和建设时期中国共产党的兴国使命

新中国成立之初，国内外形势异常艰难复杂。一些资本主义国家在诸多方面给新中国制造发展困境，长期的战争摧残亦加大了经济建设的难度。即便如此，党和人民同心协力，从全面学习苏联到"以苏为鉴"，探索中国自己的社会主义建设道路。在党的带领下，中国于1956年完成社会主义改造，确立了社会主义基本制度，并大规模开展社会主义建设，取得了巨大成就。

（三）改革开放新时期中国共产党的富国使命

党的十一届三中全会的召开，开启了改革开放和社会主义现代化建设新时期。以邓小平为代表的共产党人深谋远虑，总结中国社会主义建设正反两方面的经验教训，作出把党和国家的工作重心转移到社会主义现代化建设上来的重大战略决策。这一时期，中国共产党人沿着改革开放之路接力奋斗，最终不负使命，国家实力蒸蒸日上，社会面貌天翻地覆，人民生活日益美好。

（四）新时代中国共产党的强国使命

党的十九大作出了全面建设社会主义现代化强国的战略安排。经过全党全国各族人民共同努力，在迎来中国共产党成立一百周年的重要时刻，我国脱贫攻坚战取得了全面胜利。现行标准下9899万农村贫困人口全部脱贫，832个贫困县全部摘帽，12.8万个贫困村全部出列，区域性整体贫困得到解决，完成了消除绝对贫困的艰巨任务，创造了又一个彪炳史册的人间奇迹。

二、战"疫"下党的使命与担当

2019年年末爆发的新冠疫情给全世界带来了巨大挑战。面对这一重大公共卫生突发事件防控大考,中国共产党科学统筹领导,系统有效地部署抗疫防疫治疫工作。在党和人民的共同努力下,疫情防控取得重大战略成果。

(一)党中央统揽全局决策有力

党政军民学、东西南北中,党是领导一切的。新冠疫情暴发后,以习近平同志为核心的党中央迅速作出战略部署,积极调拨各个地区医疗物资紧急救援重灾地区,动员广大人民群众在恐慌之中镇静下来并积极投入防控斗争之中,使得新冠疫情在我国得到及时有效的控制。

(二)党员干部挺身而出、无私奉献

再战疫情的钟南山、奔波一线的李兰娟,他们站在人民群众的立场,把人民群众的根本利益置于首位。钟南山院士作为2003年抗击非典的主要医疗专家,尽管已84岁高龄,仍在疫情暴发的第一时间前往武汉,对疫情防控做出了重大贡献。李兰娟院士同样主动请缨,抵达武汉的第三天便取得了重大的抗病毒研究进展,这使疫情得到进一步控制。在国家遭遇困难时,他们逆流而上的勇气充分展现了共产党员无私奉献的精神。

(三)人民群众团结一心共同抗疫

疫情暴发以来,全国人民在党中央领导下,迅速构筑起了全民抗疫的坚固长城。在抗疫最前线,白衣天使日夜奋战,努力救治每一位患者;7500多名建设者在工地上连日苦战,迅速建成拥有2600张床位的火神山医院和雷神山医院;广大科研人员夜以继日攻坚克难;港澳台同胞和海外侨胞纷纷慷慨捐赠共渡难关。

三、不忘初心、砥砺前行

党的一百年,是矢志践行初心使命的一百年,是创造辉煌开辟未来的一百年。回望走过的万水千山,我们充满自豪;开启全面建设社会主义现代化国家新征程,更觉任重道远。

（一）坚持科学理论指导

习近平总书记指出，在百年奋斗中，我们党始终以马克思主义基本原理分析把握历史大势。一百年的实践检验，深刻地演绎出马克思主义指导中国共产党领导人民进行伟大创造的历史图景，清晰地呈现了马克思主义与中国共产党之间的内在关系。全面检视和正确理解二者的历史逻辑，对确保中华民族伟大复兴的巨轮沿着正确的航向前行，具有重要意义。

（二）植根人民群众

我们党的百年历史，是一部党与人民同呼吸、共命运的历史。我们党是在与人民群众密切联系、共同战斗中诞生、发展、成熟起来的。新征程上，党始终把人民利益放在首位，推动改革发展成果更多地惠及全体人民，推动共同富裕取得更为显著的实质性进展，把中国人民凝聚成推动中华民族伟大复兴的磅礴力量。

（三）传承红色基因

在一百年的非凡奋斗历程中，一代又一代中国共产党人不懈奋斗，涌现了一大批视死如归的革命烈士。井冈山精神、长征精神、延安精神、抗疫精神等红色基因构筑起了中国共产党人的精神谱系，为我们立党兴党强党提供了丰厚滋养。传承红色基因，牢记初心使命，从红色历史中汲取前进力量。

百年峥嵘岁月，万代太平盛世

黄逸飞，经济学院政治经济学 2020 级硕士研究生

时光荏苒，岁月如梭，不知不觉间，新年的钟声敲响，我们已经送别了 2020 年。回首过去的一年，既有全国上下团结一心、抗击疫情的一方有难、八方支援，也有"十三五规划"的有序收官和脱贫攻坚的顺利完成。而这一切的一切，都离不开世界第一大党、带给全中国人民希望的党、全心全意为人民服务的党——中国共产党。

回首过去，展望未来。2021年是中国共产党成立一百周年。在这段如诗如画的百年征程里，时光无声见证了一个百年大党起于微末，壮于田间，成于人民；在这段如诗如画的百年征程里，神州大地庄严迎来了南水北调，中部崛起，自贸区、自贸港蓬勃发展，特区、自治区治理现代化；在这段如诗如画的百年征程里，中国人民先后见证了初建工业化，全面改革开放，拥抱全球浪潮，实现全面脱贫。1921至2021年，在这段注定举世瞩目、载入史册的百年里，中国共产党以坚定的决心、深厚的情怀、昂扬的姿态，带领中国和中国人民一步一步走向胜利、走向世界。

还记得1921年的中国，西方用坚船利炮唤醒了沉睡已久的东方雄狮，打着民主自由的幌子行巧取豪夺之事，绞尽脑汁地榨干劳苦人民的每一滴血汗。那时的中国，需要一个不同的声音，需要一个真心为了人民的政党。十月革命的一声炮响，解放了同样饱受苦难的俄罗斯人民，也为华夏神州送来了兼具理论体系和实践方法的马克思列宁主义。自那时起，红旗开始飘扬在中华大地上，革命的呼号逐渐唤醒麻木的人民，慨然的热血惊醒沉睡的雄狮！那是义无反顾的五四运动，是星星之火的中共一大，是嘉兴南湖上的一叶扁舟——中国共产党从这里出发，新民主主义革命从这里启航，百年征程由此拉开序幕。

还记得1934年，白色恐怖席卷整个中国，中国共产党开始万里长征。在这长达两万五千里的史诗征途里，红军战士踏破泥泞，越过雪山，走过草地，迈向河岸……一路上，枪林弹雨，刀光剑影，红军战士用身躯铸成血肉之桥，拼命夺下泸定桥和大渡河，将使命和信仰传递给身后的战友；一路上，白雪皑皑，天寒地冻，红军战士节衣缩食，咬紧牙关，一位位战士在冬天里化作一座座丰碑；一路上，泥泞遍布，沼泽丛生，红军战士以身试险，吃野菜、煮皮带已是家常便饭，风餐露宿、星夜兼程更是习以为常。终于，红军一、二、四方面军先后与陕北红军胜利会师，全党齐心协力，跳出了国民党反动派的封锁网，保留了中国革命的星星之火。有诗云：

"五岭逶迤腾细浪,乌蒙磅礴走泥丸。金沙水拍云崖暖,大渡桥横铁索寒。"也正是在这一伟大征程里,毛泽东同志成为党中央领导核心,帮助中国革命和中国共产党逐渐摆脱外界干涉,开始探索一条符合中国国情的革命道路。

还记得1949年,燃烧了二十多年的星星之火,终于汇聚成可以燃尽一切魑魅魍魉的燎原烈火,抗日战争完全胜利,辽沈、平津、淮海三大战役顺利结束,中国共产党渡江南下,乘胜追击,"宜将剩勇追穷寇,不可沽名学霸王",全国解放近在眼前!二十多年的风风雨雨,成千上万名党员同志的慷慨就义,中国共产党终于一步一步走向历史新纪元。10月1日,和风煦日,毛主席在天安门城楼庄严宣告:"中华人民共和国中央人民政府,今天成立了!"这是中国共产党的胜利,更是全国人民的胜利!

还记得1956年,新生的共和国在中国共产党的带领下披荆斩棘,乘风破浪,顺利完成了对手工业、农业、资本主义工商业的基本改造,社会主义的工业化步入正轨。新中国成立后,中国共产党带领中国人民,逐渐恢复了正常的生产经济秩序,重建国内经济体系,对仍带有资本主义色彩的经济成分实行了有序、有理、有制的社会主义改造。自此,中国共产党顺利完成了新民主主义革命遗留下来的历史任务,有条不紊地开展社会主义建设工作。

还记得20世纪60至70年代,两弹轰鸣,一星升天,新中国成为拥有核武话语权的国家之一;还记得1978年,邓小平同志在十一届三中全会上拨乱反正,使全党全国的工作重心转移到经济建设上来;还记得1997和1999年,漂泊的香港和澳门回归祖国母亲的怀抱;还记得2001年,中国加入世界贸易组织,进一步拥抱全球化浪潮;还记得2008年,北京奥运会圆满召开,东方雄狮的运动健儿登顶全球;还记得2017年,"一带一路"倡议赢得全球多个国家的一致欢迎,中国声音和中国智慧愈发闪耀;就在刚刚过去的2020年,中国成为唯一一个在新冠疫情肆虐下实现经济正增长的主要经济体……

这无数辉煌往事,又有哪个离得开中国共产党的统一领导?那坚守在一线的巾帼须眉里,又何时少了中国共产党员的身影?

百年献礼·党的光辉照我心

如今，2021年已经到来，中国共产党迎来自己的百岁生日。在这极不平凡的百年里，我们看到了一个世界大党由青涩走向成熟。而我也相信，在今后无数个百年里，中国共产党必然会一如既往地站在人民的身边，为中国人民谋幸福，为中华民族谋复兴，为万代太平盛世鞠躬尽瘁！

党旗下光辉常伴

舒翩翩，经济学院国际商务2019级硕士研究生

"没有共产党，就没有新中国"。自1921年建党至今，从跌跌撞撞到成为国家的中流砥柱，中国共产党已走过百年光辉历程，百年风雨春秋，百年奋斗不息。实践证明，中国共产党是伟大、光荣、正确的党，中国的发展离不开共产党的领导。

从抗日战争到解放战争，中国共产党领导广大人民，以热血浇灌了革命胜利的果实，使中国人民得以摆脱帝国主义、封建主义和官僚资本主义三座大山的重压，中国人民重新站起来了！新中国成立后，中国仍处于一穷二白的境地，完成社会主义改造后，中共八大开始了对于社会主义道路的探索。以邓小平为核心的中国共产党人在十一届三中全会上作出的将党和国家的工作重心转移到经济建设上来的重大决策，成为决定当代中国命运的关键抉择。

1980年以来，以深圳为代表的经济特区迅速发展，成为中国对外开放的"窗口"，中国特色社会主义的内涵也随着我国改革开放实践的发展而不断丰富和完善。1992年，邓小平同志的南方谈话标志着中国改革进入新的阶段。同年，党的十四大确立了社会主义市场经济体制的改革目标。随着中国国力日益强大，香港和澳门先后回归祖国怀抱，中国先后加入世贸组织、成功发射"神舟五号"、承办北京奥运会和上海世博会、提出"一

带一路"倡议、经济总量跃居全球第二、创造出人类减贫史上的奇迹。

在党领导下，百姓生活的改善有目共睹。就个人成长轨迹而言，我出生于一个普通的小乡村，儿时一家三代住在一个狭小平房中，当走进记忆深处，我的耳边似乎还回响着梅雨时节，雨顺着缝隙滴入房间瓷盆中溅起的滴答声。20世纪向21世纪过渡的中国，伴随改革开放的步伐，正凭借优质的劳动力和原材料吸引外资流入。我们这些孩子尚还懵懂，还不知道我们的父母正是这些经济成就的建设者。

身为留守儿童的我们，日常烦恼大多只是逃过操着一口乡音的老师的责罚、分配周末游戏时间、警惕大风带来的电视信号中断……在那手机还未普及的年代，纸折的飞机终究是承载不起孩子对父母的思念，我们就偷偷在玩耍间隙，期盼着过年的到来。可真的过年了，时久不见的陌生感和对他们不常归家的埋怨在和父母见面时涌起，日常乖巧的自己也会犯起小性子，别扭地不肯喊出那句爸爸妈妈。穿上新衣，带着炫耀互相展示父母买回的零食和玩具则是孩子间的常备节目，可年节总是太短，等再次在奶奶怀抱看着父母远去的背影，那种不舍还有不该斗气的懊悔，同对下个年节的期盼总是无言地沉在心底。

变化与发展就这么悄悄发生，是什么时候开始呢？父母不再常年离家在外，凭借双手拿着还算充实的工资，新房替代了老旧平房，小车替代了步行，水泥路替代了泥泞小路，彩电冰箱成为标配，从诺基亚到翻盖再到智能手机，互联网让我们足不出户也能了解各类资讯……在我心中，共产党就是人民群众的福音，它的光辉照耀每个人的心田，也照亮了我的成长之路。

面对新冠疫情的冲击，中国共产党坚守人民至上、生命至上的理念，中国人民团结一心、众志成城，及时控制国内疫情的蔓延，为防疫事业做出巨大贡献。在此期间，许多共产党员发挥模范带头作用，奔波在防控一线，他们有的不幸倒下，后面又会有新的党员补上，我相信，危难当前，包括我在内的无数共产党员都做好了随时为党和人民牺牲一切的准备。我身边有许多共产党员，默默无闻地奋斗在平凡的工作岗位上，用自己的行动实践着党旗下的誓言。

当下，我国面临的国际形势愈加复杂，中国的崛起也势必会遭受国际舆论的质疑和内部环境的考验，但我相信，有了中国共产党的领导，只要我们紧抱一团，再大的困难都能够克服。我愿担起作为党员的责任，立足自身岗位，沐浴在党的光辉之下，学习优秀党员，以脚踏实地、乐于奉献的人生态度，让中国共产党的优良传统得以传承！

学党史，牢记我们的初心

张雨萌，法学院宪法与行政法学 2020 级硕士研究生

2020 年，面对突如其来的新冠疫情，中国共产党果断作出应对决策，正确领导和部署抗疫工作。始终把保障人民群众生命安全和身体健康放在第一位，坚决维护人民群众的根本利益，对人民群众高度负责，成功使国内疫情得到了有效控制，中国的防疫经验也在世界范围内成为典范。各级党组织和广大党员干部身先士卒，迎难而上，冲锋在前，成为抗击疫情的中流砥柱，真正做到了让党旗在疫情防控斗争第一线高高飘扬。终于我们迎来了承前启后、极为关键的 2021 年，这一年注定是不平凡的一年。"十四五"规划开局，全面建设社会主义现代化国家新征程由此开启，中国共产党迎来建党 100 周年，2021 年注定成为中国发展进程中的一个鲜明坐标。

历史是最好的教科书，党史是最好的营养剂。今年是中国共产党成立 100 周年，学习党史、学好党史是每个党员的必修课，是献礼建党 100 周年的最好方式之一。从 1921 年到 2021 年，我们伟大的中国共产党已经走过一百年的光辉历程。回顾百年风雨岁月，从嘉兴南湖的一叶红船，到井冈山的星星之火；从万里长征的艰难险阻，到十四年抗战胜利的声声锣鼓；从解放战争的势如破竹，到新中国的开天辟地；从改革开放后的发展前行，到踏上建设社会主义现代化强国的崭新征程；从石库门到天安门，从兴业路到复兴路；从站起来、富起来到强起来……在中国共产党的坚强领导下，中国发生了翻天覆地的变化，亿万人民共同书写了国家和民族发展的壮丽史诗，中国特色社会主义进入了新时代。一百年披荆斩棘、奋斗不息，中国共产党由小到大，由弱到强，成长为一个坚强可靠的政党，始终保持先进性和纯洁性。可以说，中国共产党的发展史，就是一部浴血奋战的革命史，就是一部艰苦卓绝的创业史，就是一部改革开放的发展史，更是一部追求进步的自我革新史。

哲学家萨特说，世界上有两样东西是亘古不变的，一是高悬在我们头顶上的日月星辰，一是深藏在每个人心底的高贵信仰。只有心中有信仰，脚下才有力量。2020年4月的中印事件于今年2月进入公众视野。印方扩建房屋，犯我边境，面对外军悍然的越线挑衅，祁发宝团长本着谈判的诚意蹚过齐腰的河水，带着兵去交涉，却始料未及遭到敌人攻击，激烈斗争中牺牲了四名军人！其中让我印象最深的是英年早逝的陈祥榕烈士，年轻的生命给了祖国和人民。他在日记中写下："清澈的爱，只为中国。"他的母亲在知道他为国捐躯的消息后，却问道："我只想知道榕儿勇不勇敢，是否战斗到了最后一刻。"我不禁为这些英勇的烈士而动容，敬佩他们的精神，感念他们的信仰。他们是中国共产党优秀党员，肩上扛着党的初心和使命、国家和人民的重托，为了捍卫国土、守卫尊严，不惜献出自己的生命。

正因为有了这些军人保家卫国，我们广大人民群众才能安居乐业。中华民族自古以来就有"民亦劳止，汔可小康"的美好憧憬，2021年2月25日，习总书记宣布我国实现9899万农村贫困人口全部脱贫，832个贫困县全部摘帽，12.8万个贫困村全部出列，区域性整体贫困得到解决，完成了消除绝对贫困的艰巨任务。到建党100周年时，全面建成惠及十几亿人口的更高水平的小康社会奋斗目标已经实现，中华民族千百年来的憧憬变为现实，这一切都离不开中国共产党的坚强领导和广大共产党员的默默付出。

欲知大道，必先知史；欲想治国，必先懂史。中国共产党的前进史是不断探索，不断前行，不断在失败中寻求经验，不断在挫折中奋勇前行的自我成长和自我革新史。中国共产党始终同最广大人民群众在一起，始终坚持为中国人民的幸福生活而奋斗，为决胜全面建成小康社会的伟大事业而奋斗，为实现中华民族的伟大复兴的中国梦而奋斗。党史博大精深，是我们党丰富的思想宝藏。新时代学好党史，可以从中汲取奋进的力量，延续艰苦奋斗的优良作风，从而为实现中华民族伟大梦想，不断注入历史智慧、增添精神动力。广大党员要时刻牢记在党史学习中坚守初心，牢记使命，秉承崇仰之情、敬畏之心认真学习党史，知史明智、知史担责，自觉用新思想武装头脑、指导工作、推动实践，自觉扛起为人民谋幸福、为民族谋复兴的历史重任。

我们深刻体会到，每当迷茫的时候回望初心和使命，才能重拾前进的方向和动力，才能在奋斗的这条路上走得更长远，才能为实现中华民族伟大梦想积蓄更多精神动力。因此我们也必将牢记初心使命，学史明理、学史增信、学史崇德、学史力行。

不忘初心跟党走，青春筑梦中南情

黄俊德，会计学院（会硕中心）审计2020级硕士研究生

去年夏天，我背着行囊来到武汉，和3704名研究生新生一起走进中南大的校门。那一张张满怀憧憬与希望的笑脸，一声声坚定又奋进的足音，把我的思绪带回了70多年前的夏天，那个改变了300多位青年学生命运的凌晨。

那是1948年的6月24日，解放军攻下开封的第三天，气急败坏的国民党军队从四面八方围剿而来，300余名青年学生在金台旅馆门前集合，顶着夜色、背起行囊，为了光明、为了革命、为了解放，在漫天的炮火中，一步步走向中原解放区"首府"河南省宝丰县。六·二四是这批青年学生

党史回眸

的代码,是难以忘怀的数字,六·二四是他们离别父母,前往条件艰苦的解放区的日子,六·二四也是他们选择光明,燃起革命火种的日子。他们说"只要能到解放区上大学,啥苦都不怕";他们说"国家需要,人民大众需要,有什么迟疑,有什么留恋的呢?我最挂念的亲爱的母亲,咱们暂且分手吧!将来在和平民主的年代里,我们再欢聚一堂"。[①] 为了将这批青年学生教育成为革命的知识分子,"中原大学"这所党的红色革命大学,迎着新中国的曙光,在战火中粲然诞生,揭开了中南财经政法大学70多年来分合变迁的序幕。

一本校史,描绘的是党史、国史奋斗历程的缩影,承载的是传承红色基因的光荣使命。70多年时光荏苒,中南财经政法大学见证了祖国的诞生与成长,一直紧跟党的步伐,走上了世界一流学科建设道路,为建设社会主义现代化强国孕育了无数精英栋梁。70多年前的六·二四校友们在缺衣少粮的艰苦条件下学习,在国民党反动派狂轰滥炸的炮火中生活。70多年后的中南大学子生活在幸福和谐的时代里,接受着中国上下五千年以来最好的教育,拥有着舒适的学习环境和先进的学习工具。这是一代又一代共产党员,拼尽热血换取的岁月静好。

校亦如此,国亦如此。1921年7月,中国共产党诞生在那个内外战乱不断,人民苦不堪言的年代里。在炮火中,中国共产党员,用信仰坚定意志,用思想武装头脑,用革命换取解放,为了国家与民族的光明浴血奋战。无数共产党员和仁人志士用生命赢得了革命的胜利,用血肉铸就了新中国。这100年时间里,中国共产党带领中国从贫弱走向富强,从没有话语权走向世界舞台中央,带领中华民族实现了从站起来到富起来再到强起来的伟大飞跃。如今中国共产党员已经从建党时的53名同志扩展到9000多万名。他们在祖国的边疆守卫国土,在茫茫大海中护航渔民,在贫困乡村里为脱贫攻坚克难,在教育事业中为祖国培养德智体美劳全面发展的栋梁而呕心沥血,在政府机关中倾听百姓疾苦、解决人民诉求,为祖国发展进步建言

---

① 刘一是:《从开封到宝丰》,《难忘六·二四》,中南财经大学六·二四校友会编。

献策，规划宏伟蓝图，在新冠肺炎疫情中身先士卒救死扶伤，将人民生命健康放在第一位。所以，我们的生活出行更加便利了，高速铁路、网络购物、共享单车、扫码支付这新时代的四大发明让我们生活在幸福又快捷便利的时代；所以，我们的生活更加充实了，全民读书的浪潮永不退落，让我们拾起那一部部经典细细品味，去感悟书本独有的魅力与智慧；所以，我们的底蕴更加深厚了，文化自信让那些被掩埋在历史尘土中的字词、诗句又重新出现在了我们的眼前。中国听写大会、中国诗词大会、经典咏流传等收视率火爆的文学节目向全世界展示着我大中华璀璨夺目的悠久文化；所以，我们的政治更加和谐了，从严治党在全国全方位"打虎拍蝇"，还政治生态一份纯净，还老百姓一份公正，还党和国家一份廉洁。所以，我们的社会更加安定了，扫黑除恶对全国各地黑社会等邪恶势力进行打击和震慑，让正能量充盈于社会大家庭，让温暖与和平流转于你我他之间。新时代下的我们正感受着前所未有的幸福，中国共产党的英明领导让全世界相信党的决心与实力。

山河壮丽，国泰民安，百年征程波澜壮阔，百年初心历久弥坚。2020年是极不平凡的一年，我们能够安全相聚于中南财经政法大学，是件幸福并让人羡慕的事情，这不仅是我们个人实现了辛苦耕耘、努力拼搏的求学梦，更是我们党和国家打赢人民至上、生命至上的抗疫斗争的伟大成果。同时2020年也是全面建成小康社会的收官之年，如果没有"两不愁和三保障"，将会有不少同学失去圆梦中南大的机会。这是党和国家的强大给予人民的安全感、幸福感。

时间是伟大的书写者，刻印着一代又一代共产党员践行初心与使命的身影，也召唤着后来者承续光荣，尽责担当。

"事财经者为天下经财，绸缪国富民裕；司政法者求世间法正，尽责河清海晏"。作为中南大研究生党员，我们不仅是中华民族实现伟大复兴的见证者，更是中国特色社会主义现代化强国的建设者。我们应以70多年前艰苦求学、徒步走向光明的校友前辈为楷模，燃青春之火，以100年来前仆后继、舍生忘死的共产党员为榜样，立青年之志，以家国情怀小我融入大我，用本领成就事业，以实干筑梦青春。

回顾党史，致敬未来

邓彧，财政税务学院财政 2019 级本科生

当熟悉的《红旗飘飘》再次响起，当手中的五星红旗再次迎风飘扬……又一次，我在火红的浪潮中沸腾。我知道全世界的目光正聚焦在我们身上，他们在注视着我的祖国——看她的成长，看她的兴旺，看她历经沧桑屹立在世界的不屈的脊梁。或者只有诗人才能把握住此刻情绪的真谛，"为什么我的眼里常含泪水，因为我对这土地爱得深沉"。没有泣涕涟涟，没有泪沾衣裳，只是在那瞬间眼角悄悄湿润……一切沉寂的、压抑的、飘零的都涌上心头。

曾记得那硝烟弥漫的战场，先辈用生命铸起坚固的城墙，赶走那侵略我们的豺狼，换来今天的幸福时光。名垂千古的，无名或不为人知的，他们铸就的传奇，血染了我们的红旗，震彻了我们的灵魂，也辉煌了我们的历史。每一场战争中都不乏英雄，赵一曼面对日寇的严刑逼供丝毫没有畏惧，不屈不挠；黄继光毅然用自己的身躯堵住了敌人枪眼，毫不犹豫。他们的革命理想高于天，向往正义光明，从不动摇。这是英雄的颂歌。

重视历史是中国的文化传统，重视在历史中总结成败得失。1941 年 5 月 19 日，毛泽东在延安干部会上提醒党员领导干部"不但要懂得中国的今天，还要懂得中国的昨天和前天"。

"中华人民共和国中央人民政府今天成立了！"70 年前毛泽东的郑重宣告回响在耳边，从 1921 年建党，到抗日战争、解放战争，从幼稚到成熟，唯一不变的是改变旧中国的崇高理想。为了这个理想，千万革命人因倒下而获得永生，而千万的梦想在这一刻向历史兑现。那一日，掌声，雷鸣；

那一夜，礼炮，震天……久久难眠。为实现从贫苦挣扎中想要站起来的中国人的愿望，她那么积极，那么不顾一切地想要去改变中国的落后和贫困。虽一路曲折，但我们携手向前。

1979的那个春天，那个设计了华夏美好篇章的老人在南海绘制出中国历史上浓墨重彩的一笔，那一个圈，圈出了拔地而起的高楼，圈出了日益繁华的市场，圈出了走上世界舞台的中国。"春天的故事"在改革开放的热潮中唱响。从那个时代成长起来的一代人，有冲劲、易浮躁，然而不渝的是炽热的爱国情怀，那是时代赋予他们的特征。作为00后的我们是揭开新世纪序页的接力者。正是在这段历史中成长起来的我们，将成为顶天立地、中流砥柱的一代。我们将历史铭记，历史无法将我们遗忘……

把目光从历史的长河转回现实的故事，我同样能够感受到，祖国的发展对于时代的变革，中国共产党的成长对于我们老百姓生活变化的影响。

我记得自己还很小的时候是在爷爷家长大的，依稀记得老家的房子是不大明亮的，墙体白色的油漆掉得零零碎碎，红灰色的墙体裸露在屋子里，有点倾斜的四根旧木梁撑起了这个不大的家。爸爸妈妈告诉我，他们小时候家里很穷，没有我们现在生活条件这么富裕。他们小时候上学都是早上天还没有明就要起来，十几里蜿蜒的山路全靠两条腿走。他们只有过年的时候才能吃上白面掺着黑面做的馒头、饺子。小时候一个村里有谁家有一台黑白电视机，那真的是件不得了的事情，整个村的人一到了放电影的时候都会到他们家去看电影。

后来老家旧村改造，在家收拾东西搬家时，从仓库里翻出了很多充满回忆的老旧物。DVD播放器、电子琴、一米高的立式音箱组……大部分都是已超过了十五年的"老古董"，满满的回忆就能铺天盖地涌进脑海里来。似乎十几年前，同村的人还在羡慕那些家里有各种新家电、新家具的家庭，转眼间，家家户户早已开上小轿车在平坦的大道上驰骋。

或许我不能成为从那个时代走来的见证者，但是我希望，我能够用年轻的双眼去继续目送这一切前进。在我脚下的这片土地上，无产阶级的革命者们从弱小无助走向坚毅勇敢，从备受欺凌走向自立自强。我们无法看到他们的奋斗，因为当我们醒悟时，他们已只能被仰望。

习近平总书记认为，一个民族的历史是一个民族安身立命的基础。中国共产党走过的历史道路，历经流血牺牲的艰苦奋斗，动荡飘摇的艰难求索，风雨兼程的发展奋进。看我们的祖国从风雨飘摇中一路走来，百年激越，百年嬗变，我们把关于黑夜的记忆甩落在奔流不息的时光里，谱写出一曲和谐、繁荣的交响乐。回眸过去血雨腥风，几多曲折，几多泪水，几多磨难。无数共产党员为中华人民共和国的成立、发展和壮大作出巨大牺牲，凝聚成中华民族的灵魂与精髓。

百年波澜壮阔，百年奋勇前行，百年光辉历程，百年丰功伟绩。的确，"数风流人物，还看今朝"。我们欣喜地看到华夏民族走出20世纪初期的阴霾，有了21世纪初期的经济飞跃，有了如今的屹立东方。回顾历史的长卷，中国共产党给我们祖国的发展带来了无限的动力与精神支撑，再看今朝，我们又擎着时代的大旗昂首阔步。我与祖国同呼吸，共命运，多少代人的憧憬，多少代人的梦想，都倚重在这个中国上，天戴其苍，地履其黄，河出伏流，一泻汪洋。

忆峥嵘岁月，庆百年华诞

任文丽，财政税务学院财政2020级本科生

2021年是中国共产党建党100周年，100年前，一个改变中国命运、领导中国人民走向胜利的政党成立了。在这100年里，中国共产党经历了腥风血雨、枪林弹雨，用血肉之躯为中国人民换来了幸福安宁的生活。时代变迁，走到今天，我们作为社会主义的建设者、拥护者，在建党100周年华诞，讴歌共产党，唱响新时代。

"以史为镜，可以知兴替"。回顾党的光辉历史，我们的心中总会

百年献礼·党的光辉照我心

燃起澎湃之情。1921年7月23日晚，来自全国各地的13位代表和两位共产国际代表来到了上海法租界望志路，中国共产党第一次全国代表大会在这里秘密召开。长达八天的讨论，代表们集思广益，充分商讨。在30日晚，法租界巡捕闯入，会议被迫中止，代表们在浙江嘉兴南湖的游船上召开了最后一天的会议。自此，中国共产党成立了，中国革命的面貌也焕然一新。

中国共产党成立后，经历了重重考验与磨炼，才带领中国人民走向了社会主义建设时期。国民大革命、长征、抗日战争、解放战争、朝鲜战争，中国共产党从一个刚刚孕育出来的小小政党逐渐成长，带领中国人民走向胜利。无论是国民党统治下的白色恐怖，还是长征时期的爬雪山、过草地；无论是抗日战争时期日本侵略者的大肆侵略，还是解放战争时期国民党与美帝的联合攻打；无论是战场上真枪实弹的比拼，还是国民党叛变革命的屠刀……中国共产党都不曾有过一丝惧怕，不曾有过一丝退缩。在革命的过程中，共产党人鞠躬尽瘁，甚至付出了生命的代价。他们为了我们的幸福生活将自己的青春和热血挥洒在战场上，实现了生命的价值。

来到社会主义建设时期，更有一大批优秀的共产党人为了祖国的建设不遗余力，倾情奉献。"铁人"王进喜、"全心全意为人民服务"的雷锋、"两弹元勋"邓稼先……中共党员时刻准备着，为祖国的建设贡献出自己的力量。在河南兰考县委书记焦裕禄积劳成疾后，"焦裕禄精神"在我们全国迅速传扬开来。爷爷奶奶都是共产党员，偶尔在与爷爷奶奶聊起焦裕禄同志时，他们甚至会在眼中泛起泪花，回忆那时全国人民对于焦裕禄这位人民好干部的崇敬与爱戴。在那段艰苦的岁月里，迎难而上、艰苦奋斗的共产党人形象成了人民进行社会主义建设的精神支柱与心灵寄托。

在经历了十年动荡后，中国又重新走向了发展的正轨。1978年关于真理标准问题的讨论，给禁锢在"两个凡是"中的众多中国人民带来了思想上的大解放。1978年底的十一届三中全会，则彻底地拉开了中国改革开放的序幕。各行各业的共产党员都坚守在自己的岗位上，兢兢业业，刻苦奋斗。在党中央的坚强领导下，中国逐渐走向繁荣富强。中国共产党始终以实现中华民族伟大复兴的中国梦为目标,不忘初心,牢记使命,带领人民走向二十一世纪的新生活。

进入二十一世纪以来,在我们党的带领和领导下,中国人民的生活质量不断改善,生活水平不断提高。在政治上,我们的社会主义制度优越性充分展现;在经济上,我国的经济实力不断增强;文化上,人们的精神生活不断丰富;国际上,我国的国际地位不断提高,为世界和平与发展事业做出了重要贡献。这些具有决定性意义的成就离不开中国人民的艰苦奋斗,离不开实现中国梦的精神引领,更离不开党中央的坚强领导与无私奉献。

2014年,党中央做出了"四个全面"的战略布局,其中"全面从严治党"引起了关注。进入新时代,党的建设的伟大工程也有了新的目标。党的建设是指党为保持自己的性质而从事的一系列自我完善的活动,不仅包括党务工作,还包括党的政治建设、思想建设、组织建设、作风建设、纪律建设和制度建设等。随着一只只老虎苍蝇落网,党风党纪建设也逐渐深入人心。老百姓对于我们党更加地信任、更加地爱戴、更加地崇敬了。

去年,一场新冠肺炎疫情席卷了全球。就在这时,以习近平同志为核心的党中央做出了重要的战略部署,充分发挥了社会主义集中力量办大事的优势。更让人民动容的,是"我是党员我先上"的豪言壮语,身为中共党员,他们战胜了恐惧,奋不顾身地冲在防疫抗疫的第一线。当记者采访医护人员时,他们的一句"我是党员"让人落泪。疫情这场大考,我们党无疑交上了一份让全国人民和世界人民都满意的答卷,展现了中国共产党的凝聚力与中国的大国实力。

作为新时代的新青年,我们更应该爱党爱国,弘扬革命传统,传承红色基因,坚守初心使命,做有信仰、有理想、有本领、有担当的担当民族复兴大任的时代新人。实现中华民族伟大复兴,与我党同进步,与祖国共成长,我们永远在路上!

百年献礼·党的光辉照我心

九州大地，恰逢其盛，党的光辉照万代

余骏洁，财政税务学院财税 2020 级本科生

中华五千年文明诸子百家辉煌，泱泱华夏之风山高水长；近代以来民族复兴伟大征程，历尽坎坷之路屹立东方。100 年沧海桑田，硝烟依稀，时代流转；100 年风雨兼程，盛世可见，强国可期。

2021 年是中国共产党建党 100 周年。100 年来中国共产党怀着"为中国人民谋幸福，为中华民族谋复兴"的初心，激励一代代共产党人前赴后继，带领中华民族千千万万的儿女们不断奋斗，谱写出中华民族不断进步的伟大诗篇！

100 年，对于沧桑的历史来说也许只是短短一瞬，但对于我们整个民族而言，却是一场翻天覆地的改变。

于 2002 年出生的我，赶上了祖国快速发展的好时期。那一年，党的十六大召开并提出了全面建设小康社会的奋斗目标；那一年，我国 GDP 首次突破 10 万亿元，经济总量迈上一个新台阶；那一年，上海市获得了 2010 年世界博览会举办权，中国成为第一个举办世博会的发展中国家；那一年中国在党的领导下取得了很多辉煌的成就。从记事起，"中国共产党"就铭刻在我心中。

学习了历史后，我对中国共产党的崇拜与敬仰进一步加深。1921 年 7 月，中国共产党的成立为当时迷茫的中国指明了方向，从此中国共产党承载着千千万万中国人的希望。1927 年的南昌起义，揭开了中国共产党独立领导武装斗争和创建革命军队的序幕。随后，井冈山革命根据地的建立让红色基因扎根农村，让"星星之火，可以燎原"成为可能。1934 至 1936 年两万五千里长征成了举世无双的创举，它像一条永远铭刻在地球上的红飘带，成为共产党人坚定无畏的象征。1931年至1945年的抗日战争中，中国共产党以血肉之躯抵御日军侵略，最终实现了民族解放。1946年至1949年的解放战争，中国人民解放军推翻了国民党的统治，实现了全中国的解放。1949年10月1日，天安门城楼上的庄严宣誓，举国上下红旗飘扬，中华人民共和国成立了，中国人民站起来了！沉沉浮浮，浩浩荡荡，感其不易，感其伟大。

2016年，正值初三的我，荣幸地成了一名共青团员。

在我看来，一个国家是否强大，在于其能否为弱者付出，为民生付出，为未来付出。

2017年习近平同志在十九大中明确指出要坚决打好精准脱贫攻坚战。中央统一领导，地方听党指挥，党员干部做表率，众多一线优秀党员干部靠着苦干实干改变农村贫困落后面貌。2018年，脱贫攻坚在力度、广度、深度和精准度上都达到了新的水平；2019年，成为打赢脱贫攻坚战攻坚克难的关键一年；2020年，坚决打赢脱贫攻坚战，全力让脱贫群众迈向富裕。2020年5月贵州省宣布所有贫困县摘帽出列，至此，中国832个国家级贫困县全部脱贫摘帽。"天下之治乱，不在一姓之兴亡，而在万民之忧乐"。脱贫攻坚为实现中华民族伟大复兴的中国梦写下新的篇章！

岁月不居，时节如流。庚子鼠年，阖家团圆之际，新冠肺炎来势汹汹，让人措手不及。党中央实行"一省包一市"支援政策，各方医护人员，党员干部和众多志愿者逆着人流奔赴前线。基辛格曾说："中国人总是被他们最勇敢的人保护得很好。"诚如斯言，在抗击疫情中，各级党员干部带头抗击疫情。他们是抗疫作战员，24小时值班岗位到人、责任到人、网格到人。他们是阻疫网格员，采取群众居家点单，微信群里动手指，党员干部跑趟子的方法，为居家群众提供生活物资，让党旗始终飘扬在战疫一线。

沧海横流，方显英雄本色。我们所拥有的岁月静好，正是他们用英勇坚守、用热血汗水乃至生命换来的山河无恙。

岁月可以改变一个人，岁月亦可以改变一个国家。100年来，我们取得了许多成就。政治上，港澳回归，一雪百年耻辱；抗战胜利 70 周年大阅兵，走向繁荣富强；经济上，一带一路，实现合作共赢，G20 杭州峰会，促进世界经济可持续发展；科技上，墨子传信、神舟飞天、北斗组网、嫦娥探月、蛟龙入海、天眼巡空，中国正从跟跑者，变为并跑者，甚至是领跑者。不仅如此，还有文化百花齐放，体育多姿多彩，军事力量日益强大，基建举世瞩目……我们的成就山河为证，日月可鉴，我们的成就举国欢喜，举世闻名！

在中国共产党建党 100 周年之际，我许下承诺：坚定信心跟党走，凝心聚力向前冲，以奋斗为姿态，以复兴为己任，为实现中国梦和中华民族伟大复兴而不懈努力。实现个人梦想和国家梦想，需要亿万人民把家国情怀内化于心、外化于行，铭刻于骨、融化于血，每个人前进的脚步，就一定能叠加成国家的进步；每个人创造的价值，就一定能汇聚为中华民族伟大复兴的力量！

华夏神州，换尽旧颜，绿水青山不夜天；九州大地，恰逢其盛，党的光辉照万代；泱泱中华，巨龙耸立，百年兴旺百年传！

月照千湖已百年

李敏印，财政税务学院财政 2020 级本科生

今人不见古时月，今月曾照古时人。从人民群众中走来的中国共产党不知不觉也已似明月照耀中国百年，值此节点，摊开那书卷，回溯过往，方能展望未来。

壹 1921

1921 年 7 月 23 日，中国共产党第一次全国代表大会在上海法租界望志路 106 号开幕，由于会场受到暗探注意和法租界巡捕搜查，最后一天的会议地点转移至浙江嘉兴南湖红船上。嘉兴南湖红船是中国共产党的"产床"，是党梦想起航的地方。

不必细谈18岁的毛泽东孤身北上，吃着米饭配辣椒遇见李大钊，在图书馆里逐步接受共产主义思潮的熏陶；也不必详说大戏院门口长衫青年邓中夏，组织省港大罢工被捕入狱后，吼道："我就是烧成灰，也是共产党人。"

第一代中国共产党人的身上流着侠之意气。他们用手中佩剑，斩除恶瘤，推动社会进步，在风雨如磐中，担起民族救亡图存的重任。

瞧，新月初升，照我中华。

贰 1949

电影《无问西东》里王敏佳坚持每年过生日，去天安门与毛主席"合影"。在那个时代的中国，几乎每一个北京城外的照相馆里都有一副天安门布景。对于中国人来说，天安门、主席、中国共产党，像月亮，月照千湖。

1949年3月23日，毛泽东等中共领导开始着手建设属于人民的政权。彼时的北京城破落肮脏，死气沉沉，百业凋零。经过91天会战，《南渡北归》中描绘的战前北京睁开了眼睛。红墙黄瓦映照下，古城一派浮华、平和、温馨，少了迷迷蒙蒙，多了一丝清明。

那时候的中国还不曾进化为"基建狂魔"，建国筹备工作的确困难重重。那张长5米宽3米的五星红旗上大大的五角星确实不平整。《我和我的祖国》里"前夜"一章所述林治远故事真实且感人，我们的国旗的确是经历了艰难分娩。阅兵指战员们每天练习超过15小时，平均每人踢破3双鞋，这才有了阅兵仪式上的魔鬼方阵，令世人震颤。

抗战时我们小米加步枪，靠着坚定的信念，不屈的意志，终于取得战争胜利。建国初期，我们一穷二白，可是背靠人民群众，团结一致——你出锅碗，我出瓢盆；你指挥，我出力，也终于让世界刮目相看。

瞧，从故宫角楼穿过的月儿肥了，像御猫似的。

叁 1978

王开岭说："一个大变革时代，最需要这样几种人：改革派、保守派、理想家、实业家。其比例和组合，决定着一个时代的精神格局和走势。"①

1978年12月18日至22日的党的十一届三中全会上，邓小平作出实行改革开放的历史性决策。习近平总书记在庆祝改革开放40周年大会上的讲话中提出，这"是基于对党和国家前途命运的深刻把握，是基于对社会主义革命和建设实践的深刻总结，是基于对时代潮流的深刻洞察，是基于对人民群众期盼和需要的深刻体悟"。②

在《把自己作为方法》一书中，人类学家项飙阐述"理论"之意，其为现在图景，同时在背后透出未来。中国共产党于1978年提出"改革开放"，继而，党的十八大以来，以习近平同志为核心的党中央基于当今世界复杂多变的形势，向世界倡导"人类命运共同体"理念，这些都是在准确把握了时代脉搏后提出的富有建设性的理论。而非美国等国家在推特上或脸书上随手一转，又或是在新闻记者招待会上随口一诹。

那一年，伟人在南海边画了个圆，成了一轮月。

肆 2008

还记得2008年烟花打出的脚印照亮北京上空，一步一步向着鸟巢走去，可不就是我们中国走向世界的身影？孔子门下三千弟子齐声诵出那句"四海之内皆兄弟也"和千年前那句"有朋自远方来，不亦乐乎"遥遥相扣，也推动了深化改革之举。

中国共产党在2008年点燃了那火炬，它至今仍在传递，至今不灭。

烟花璀璨，旁边有一轮月，正愈加明亮。

伍 2020

有国际观察家认为，中国共产党是一个愈挫愈奋的政党，具有脱离险境的神奇力量，能不断创造出让人难以置信的传奇业绩。诚如斯言。庚子鼠年，荆楚大疫，中国共产党果断下令打响了防控阻击战。面对突如其来

---

① 王开岭：《古典之殇》，太原：书海出版社，2010，第31页。

② 《习近平：在庆祝改革开放40周年大会上的讲话》，新华社，2018年12月18日，https://baijiahao.baidu.com/s?id=1620163279595189417&wfr=spider&for=pc。

的严重疫情，中国共产党统揽全局、果断决策，以非常之举应对非常之事。

习近平总书记在总结中国抗疫战争时提及："抗击新冠疫情斗争取得重大战略成果，充分展现了中国共产党领导和我国社会主义制度的显著优势，充分展现了中国人民和中华民族的伟大力量，充分展现了中华文明的深厚底蕴，充分展现了中国负责大国的自觉担当。"[①] 连用四个"充分"，足见习总书记对我党的自豪，对人民的自豪。

是的，中国共产党如明月照耀中国已百年，它也希望以更大的亮度照耀世界。

百年峥嵘，而今迈步从头越

张文彦，财政税务学院财政 2019 级本科生

中华民族五千年沉浮中尝尽荣辱。近代中国落后于世界发展潮流，备受列强欺凌，一代代共产党人前仆后继，铺就了一条复兴之路。而今，在新时代，古老的民族迸发出无与伦比的生命力，在变革中走向未来。

一

1840 年鸦片战争爆发，列强用炮火轰开了清朝紧闭的大门，惊醒了国人的幻梦，也开启了中华大地百年耻辱的序幕。从《南京条约》到《辛丑条约》，从鸦片战争到八国联军侵华战争，越来越多中国人开始觉醒，开始寻求救国图存之道路。

思潮翻涌，暗流潜藏。当英国大肆走私鸦片，当八国联军横行于街巷，当列强侵略和欺压中国时，有林则徐禁烟；有魏源睁眼看世界；有洋务派

---

① 《习近平：在全国抗击新冠肺炎疫情表彰大会上的讲话》，新华社，2020 年 9 月 8 日，https://baijiahao.baidu.com/s?id=1677257093527450498&wfr=spider&for=pc。

中体西用；有戊戌六君子掀起百日维新；有孙中山先生高呼"三民主义"，发动武装起义，推翻清朝统治，成立中华民国，颁布《临时约法》；有先进知识分子兴起新文化运动，提倡民主科学，反对专制愚昧，拉开新民主主义革命的帷幕。

复兴之路道阻且长，但各界先进人士的不断求索，在历史长河中熠熠生辉，散发着光芒，启蒙了思想，解放了灵魂，促进了民族意识的觉醒。近代中国变革以求救亡图存，偏重向外国学习，逐层深入，一脉相承。从器物制度到思想文化，从早期朴素维新思想到康梁维新思想，从君主立宪到民主共和，从"驱逐鞑虏，恢复中华"到新三民主义，变革不仅体现在不同理论之间的沿袭与继承，还体现在理论内部的不断完善。可这些理论或实践最终被证明与中国国情不符，留下了一曲曲荡气回肠的悲歌。长夜难明，何处寻光？

1921年，中国共产党诞生，从此中国革命面貌焕然一新。

二

新民主主义革命时期，中国共产党迅速发展，联合工农和知识分子，大力开展工农运动，积极推进统一战线的建立。在国共两党的共同推进下，国共第一次合作形成，反帝反封建运动蓬勃发展，国民运动高潮迅速到来，北伐战争势如破竹，几乎歼灭了三大军阀主力。但列强扶植蒋介石，支持其于1927年4月叛变革命，大肆残忍杀害共产党员和革命群众，国民革命失败，共产党元气大伤，不得已在南昌起义，开始独立领导武装革命，并在斗争过程中逐渐孕育了"工农武装割据"思想，摸索出一条"农村包围城市，武装夺取政权"的特色革命道路。1933年，第五次反围剿失败将党推向了生死攸关的转折点，但是遵义会议后，揭开了革命新局面的序幕，创造了人类历史的奇迹。十四年艰苦卓绝的抗战中，毛泽东思想被确立为党的指导思想，带领人民走向胜利。1949年4月23日，人民解放军占领南京。1949年10月1日，中华人民共和国成立，五星红旗飘荡在天安门广场，中国人民站起来了！

新民主主义革命时期，变革下的复兴之路越走越长，中国共产党在血与火的淬炼中成熟、积淀。新中国成立，改变了世界格局，壮大了世界和平、民主和社会主义力量，开辟了中国历史的新纪元。这是马克思主义的胜利，是中国共产党的胜利，更是人民的胜利！

三

新中国成立后，党和国家大力推进政治经济建设，政治上确立了政治协商制度、人民代表大会制度、民族区域自治制度等国家民主制度，构建起民主政治框架，奠定中国特色社会主义政治制度基石。经济上用三年时间恢复国民经济，完成三大改造，实现了新民主主义社会向社会主义社会的转变，初步实现工业化，建立起社会主义制度。探索社会主义的历程中，有失误也有成就，有曲折也有光明。

十一届三中全会的召开，成为中国特色社会主义建设的伟大转折。它将全党全国工作重心转移到经济建设上，吹响了改革开放的号角。对内改革大刀阔斧，从农村到城市，从家庭联产承包责任制到国有企业改革，从单一的公有制到以公有制为主、多种所有制并存，从平均分配到以按劳分配为主、多种分配方式并存；对外开放轰轰烈烈，从经济特区到沿海开放城市；从沿海开放地区到沿江开放港口城市；从沿边开放地区到内地省会开放城市，对外开放体系基本形成，还将会不断扩大。因为改革开放，中国创造了世界经济增长史上的奇迹！

而今，中国特色社会主义进入新时代，社会主要矛盾变化，经济发展进入新常态，习近平新时代中国特色社会主义思想应运而生，为中华民族复兴这一伟大实践提供了纲领性指导。新发展理念，"一带一路"构想，人类命运共同体的构建，供给侧结构性改革，产业结构调整，创新驱动发展，政府职能转变，2020年全面建成小康社会，新三步走的战略构想……中国人在复兴之路上越走越远，共产党领导人民不断变革创新。"穷则变，变则通，通则久"，回望峥嵘岁月，中华民族正是在一次又一次绝境中不屈不挠，开辟出一条用鲜血和荣耀铸就的复兴之路，我们有理由相信：我们能从胜利走向辉煌！

百年风雨光辉路，星星之火照前程

张淼滢，法学院法学2019级本科生

1919年冬天，借着一盏昏暗的油灯，一位年轻的国文教员正在奋笔疾书。母亲提醒他：吃粽子要蘸着红糖水吃。他回复说："吃了吃了，甜极了。"说话时手中的笔仍不停。结果老太太一进门，发现这个小伙子满嘴都是黑墨水，原来是他把黑墨水当成红糖水吃了，自己却仍沉浸在书卷之中，浑然不觉。

这是习总书记在参观《复兴之路》展览时所讲述的"真理的味道非常甜"的故事。故事中的年轻人，是当时正在翻译《共产党宣言》的陈望道。1920年，第一部《共产党宣言》全译本在上海出版，中国共产党人的信仰道路由此开始。

如今，距离1921年中共一大召开已经过去了一个世纪，中国共产党迎来百年华诞。一百年，足以跨过一个人的一生，但是对一个政党来说，它还很年轻。中国共产党的一百年，是一个人民当家作主的社会主义新中国从无到有、从积贫困弱到国富民强的一百年。

一部中国近代史，是中华民族被侵略、被剥削的屈辱史，无数有志之士探寻救亡图存的道路。历史证明，只有马克思主义指导下的中国共产党领导的社会主义道路才是适合国情的正确道路，才能领导中国人民站起来、富起来、强起来。

但这个道路是无数人的流血和牺牲开拓出来的。从1921年到1949年，有名可查的共产党人烈士就达370万人。为了建立一个人民当家作主的新中国，无数人前仆后继，不畏牺牲。

在我看来，实践性是中国共产党百年来一直保持先进性的重要原因之一。中国共产党在任何时候都没有停下前进的步伐。新中国只用了3年时间，就完成了社会主义改造。第一个五年计划的完成使中国工业化取得巨大进展。改革开放时期，中国共产党坚持实事求是，从包产到户到经济体制改革，坚持实行改革开放，我们党坚决反对僵化马克思主义，立足国情寻求新的发展道路。改革开放40年，我国从落后的农业大国一跃成为世界第二大经济体，人民物质生活水平得到极大提高，全面建成小康社会取得伟大历史性成就。

党的十八大以来，全党不忘初心、牢记使命，在新时代践行全心全意为人民服务的宗旨。不断推进国家治理体系现代化建设，从严治党，真正做到了"以人民为中心"，取得了伟大的建设成果。2020年国民生产总值超过100万亿元，堪称奇迹的"全民脱贫"任务顺利完成。百年来，中国共产党始终牢记对中国人民的承诺，践行着"发展为了人民，发展成果由人民共享"的执政理念。

站在历史的角度，中国共产党的一百年，无疑是最了不起的国家振兴史和民族复兴史，但是在每一个普通人的眼中，党其实是身边的思想指引，是困境时的点点星光，我们对党最真实的记忆来自冲锋在抗疫、扶贫、救灾、建设等一线的中共党员。

新冠疫情是中国2020年绕不开的话题。疫情暴发以来，各地的党员组织成立党员突击队逆行武汉。在抗疫的每个角落，都能看到共产党员的身影，他们闻令而动，一张张请战书上鲜红的手印是他们的誓言,疫情不撤、组织不撤、党员不撤。

在家隔离的时光中，这样一幅场景令我永生难忘。社区有位老人突发急性病，一位党员同志临危不乱，了解现场情况后，她戴好口罩迅速将老人带了出来，中间有人想帮忙，被她谢绝了，她笑笑说："我是党员，这是应该的。"她的笑容和信念令在场的人都感受到了希望，我们相信党中央做出的战略部署，相信所有在一线抗疫的党员和工作人员，相信我们一定能战胜疫情。

百年献礼·党的光辉照我心

在我的记忆中，刚入党的姑姑曾讲述她作为党员宣誓时的场景，我当时想象的画面至今无比清晰：我宣誓，我志愿加入中国共产党，拥护党的纲领，遵守党的章程，履行党员义务，执行党的决定，严守党的纪律，保守党的秘密，对党忠诚，积极工作，为共产主义奋斗终身，随时准备为党和人民牺牲一切，永不叛党。

伴随着宣誓声，我眼中浮现出为了理想信念而英勇战斗的一代代共产党人：将田契铺约付之一炬的澎湃；在狱中写下"中国一定有个可赞美的光明前途"之后英勇就义的方志敏；始终坚守"一号接待员"岗位，为村民们的切身利益奔波的吴天祥；眼窝深陷的时代楷模张桂梅……中共的历史，是人民的历史，更是这些共产党人用生命书写的传奇。他们伴随着中共一起走过了百年，始终不变的，是他们对人民的拳拳之心。他们是人民的赤子，是散布中华大地不灭的火种。

"现在是共产党人向全世界公开说明自己的观点、自己的目的、自己的意图并且拿党自己的宣言来反驳关于共产主义幽灵的神话的时候了。"[1] 中国共产党过去一百年用实际行动直面所有质疑和非难，写下了壮烈的史诗。如今，我们仍面临许多发展难题，实现"两个一百年"目标和中华民族伟大复兴的中国梦还任重道远，我们新时代的青年要以党为旗帜，走向山海、走向宇宙、走进每家每户，到有人的地方去，到没有人的地方去，为新时代的建设贡献自己的力量。

没有共产党，就没有新中国，就没有我们现在的美好生活。在党百年华诞之际，全国各地高举党旗，宣扬党的先进理论，当代青年将继承党的红色精神，愿党旗永飞扬，党的光辉普照中华大地，共迎繁华盛世！

---

[1] 马克思、恩格斯：《共产党宣言》，北京：人民出版社，2018，第7页。

党史回眸

报刊日记

周滨倩，工商管理学院工商 2019 级本科生

今天是 1948 年 6 月 15 日，我正式创刊，成为华北中央局机关报，同时担负着党中央机关报职能。1937 年平型关大捷以来，我从《抗敌报》到《晋察冀日报》；从为宣传组织全民作战，鼓舞边区军民抗日斗志的第一份党报，到及时为老百姓提供新闻报道和舆论走向的日常报刊，毛泽东同志亲自为我题写了现在的名字——"人民日报"。张弛有度的笔画、苍劲有力的大字让我深知自己的使命与担当，我是党向人民传递信息的重要窗口，是全党全人民关系的纽带，是沐浴着党的光辉，真正属于人民的报刊。

今天是 1949 年 9 月 30 日，中国人民政府成立盛典即将在首都北京隆重举行，为我题写报头的毛泽东同志，正式当选中央人民政府主席，他的画像被印在今天的封面上，眉宇之间都凝聚着领导者的风范，"毛主席万岁"的标语快和我的名字一样大了！这是群众发自内心的呼唤，是对新中国建立的期盼，是对共产党的无限信任。我想，共产党代表着中国民众的意愿和利益，它的引航者也一定将带领着全党全民族走向伟大胜利，一路高歌前行。

今天是 1949 年 10 月 1 日，报童在大街小巷里穿梭着，我被他紧紧地攥着，高扬在空中。街道里的每个人好像都朝着一个方向走去，如同信仰一般，藏不住的骄傲与自豪在每个人的脸上交织洋溢着。与往常不同，今天卖完报纸后，馋嘴的小孩没有去东边巷子吃一碗热气腾腾的馄饨，也没有在街坊口顺走一块糖，被腿脚不好的老头举着拐杖教训。

今天发生什么啦？

买报人攥着我走到天安门广场，广场上红旗翻动。我第一次见到这面旗帜，如同火种般照耀着大地，左上角的黄色五角星尤其明亮，周围还有四颗较小些，就好像拥护共产党的团结人民。忽然，全场安静，我听见乐队开始奏响，听见"中华人民共和国中央人民政府在今天成立了"。听见掌声雷动，我探了探头，看见了主席台上熟悉的面孔，是毛主席！他伟岸的身躯，如同巨人一样站在主席台上。五星红旗缓缓上升，全场肃穆，目光聚焦在那面血红的旗帜上，乐队声停，国旗恰好到达，礼炮声也随之响起，一共28响。中国人民从此站起来了！没有共产党就没有新中国。在党的带领下，中国人民耳边终于响起了铿锵有力的回声，响起了胜利的号角。我很庆幸我诞生在此，诞生在党引领着中国人由浅滩入海，一路扬帆鸣笛的时代。我感受到买报人的手好像又攥紧了些，我看着他，新中国的主人翁，眼睛里有些湿润，嘴角却又带着笑意。

今天是1956年11月15日，中国共产党第八届三中全会召开。今天大部分版面都印上了毛主席的讲话思想，他说把办报看成大事，作为党的宣传窗口，要多提倡勤俭建国，反对铺张浪费，提倡艰苦朴素、同甘共苦，而不是片面地宣传改善人民生活。前面胡同里的张大哥，一个年轻党员，每月都去邮局征订报纸，细细研读，写下笔记。今天，关于党的作风建设，开展党内整风运动的部分被他重点标记了，写下"不要脱离群众"。看完后，我被他平整地放在书桌上，开始细细地打量四周，一套桌椅，一张单人床，没有太多物件，最多的就是报刊和书。坚持党的指导思想，保持同甘共苦、脚踏实地的党员作风，他应该是很好地实践到底了。

今天是1964年10月16日，我国第一颗原子弹爆炸成功。

今天是1967年6月17日，我国第一颗氢弹爆炸成功。

今天是1970年4月24日，我国首颗人造地球卫星发射成功。

每每到了这样的时刻，我总会被印成红色，和五星红旗、和党旗一样的红色。人们说，中国土地上有了自己的蘑菇云，东方红响彻了太空。两弹一星，证明了中华民族的实力，证明了我们不是弱者，证明了党的正确引领。在苏联卫星上天的一年多时间里，党便做出关于发展卫星事业的重要战略决策，"我们也要搞人造卫星，搞一点原子弹、氢弹、洲际导弹，我看十年工夫是完全可能的。"毛泽东的胆识与胸怀，党的战略部署，开启了中国人的空间时代。

今天是1978年12月22日，中国冲破了长期"左"倾错误的束缚，重新回归到正确的道路。邓小平同志——党和政府新的领导核心，重申了党解放思想、实事求是思想路线，把广大干部思想从过去一度盛行的个人崇拜和教条主义的精神枷锁中解放出来，发出"把全党工作的重点和全国人民的注意力转移到社会主义现代化的建设中来"的号召。报头下的又一次长篇大论，我的心情跌宕起伏，中国共产党再一次以傲然之气担当起天下大义，把深受"文化大革命"沉痛打击下的中国又一次拉回正轨，终不负康庄大道。

今天是……

现在是2021年，中国在党的引领下探星摘斗，一路扶摇。今天，我翻看着从前，翻看着百年来中国共产党走过的道路，我不禁感叹党如今的稳健步伐，更让人坚信着中国共产党领导中国人民开辟的中国特色社会主义道路是正确的，必须长期坚持、永不动摇；中国共产党和中国人民扎根中国大地、吸纳人类文明优秀成果、独立自主实现国家发展的战略是正确的，必须长期坚持、永不动摇。第一个一百年已经到来，还会有第二个、第三个……我相信着，在党的光辉照耀下，中国的未来，一定是晴空万里，阳光正好，一定会有更多的辉煌在等待着书写创造。

这篇日记，永远都不会画上句号。

我是党员

杜明悦，信息与安全工程学院管理科学与工程2019级硕士研究生

坐在温暖舒适的房间，窗外不时有几声悦耳的鸟鸣，在键盘上敲下这

百年献礼·党的光辉照我心

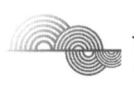

些文字的同时,我回顾了自己入党的经历。今天,我已经拥有两年的党龄了。思绪飘向窗外,看着窗外的水杉树郁郁葱葱,心中默想:2021年,是建党100年,党的岁数比爷爷奶奶的岁数还要大许多。我是党员,也已经两年了。

2021年是建党100周年,每年的建党节是7月1日。党的生日要追溯到1921年7月23日,中国共产党第一次全国代表大会在上海举行。参加会议的各地代表有:李达、李汉俊、张国焘、刘仁静、毛泽东、何叔衡、王尽美、邓恩铭、陈潭秋、董必武、周佛海、陈公博等。他们代表全国50多名党员参会。共产国际代表马林和尼科尔斯基列席了会议。会议进行过程中,突然有法租界巡捕闯进了会场,会议被迫中断。于是,最后一天的会议便转移到浙江嘉兴南湖的一艘游船上进行。经过讨论,大会通过了中国共产党的第一个纲领和决议,并选举产生了党的领导机构——中央局。党的一大宣告了中国共产党的正式成立。中国共产党第一次全国代表大会于1921年7月23日召开,而党的诞生纪念日是7月1日。那为什么7月1日成了党的诞生纪念日呢?把7月1日作为党的诞生纪念日,是毛泽东于1938年5月提出来的。当时,毛泽东在《论持久战》一文中提出:"今年七月一日,是中国共产党建立十七周年纪念日。"这是中央领导同志第一次明确提出"七一"是党的诞生纪念日,这便是党的生日的由来。

险恶的环境使其无法自由地选择诞生日,但正因为如此,更显出中国共产党应势而生的意义,这些苦难和这个日子成为中华儿女心中永恒的纪念。建党100年间,我们的生活发生了翻天覆地的变化。有一次,我放假在家,和奶奶搬着凳子在院子里晒太阳,阳光微醺,树影斑驳。我对一个智能音箱说:"天猫精灵,放一首轻快的歌。"奶奶问:"它什么歌都能放吗?"我回答:"大多数都能,您想听什么歌?"奶奶说:"那看看能不能放《没有共产党就没有新中国》?"我笑着鼓励奶奶自己尝试对天猫精灵说话。奶奶颤巍巍地用普通话说:"天猫精灵,天猫精灵,请放一首《没有共产党就没有新中国》。"天猫精灵回复:"好的,这就为主人播放。"奶奶被逗得哈哈大笑,夸天猫精灵比人还要聪明。一边听歌,奶奶一边感叹说:"幸福哦,现在的日子我已经满足了。做梦也想不到如今的世界可以变成现在这样，现在的人生活太幸福了，不像我们年轻的时候苦。"是的，常听奶奶说他们那个时候没有电灯，连煤油灯都舍不得用。因为需要挣工分，奶奶即使是怀孕的时候也仍然下地干农活。爸爸上学需要走十几公里的山路，没有任何交通工具。那时家里孩子多，连被子都不够盖。奶奶经常说他们最感谢的就是党的改革开放政策，党的改革开放帮助他们从农村走了出来，才有了现在的生活。放眼如今，一条条宽敞的沥青马路，一栋栋高耸入云的大楼，一座座纵横交错的立交桥，地铁、动车、智能设备和无线网给人们的生活带来巨大的便利，而这翻天覆地的变化，都是中国共产党引导着中华儿女脚踏实地，一步一个脚印实干出来的！党如同母亲一般引领中华儿女走向光明的未来，而中华儿女的心中也无时无刻不牵挂着党。

最近在微博上看到一个热搜，标题为"我是党员，需要什么奖"。事情是这样的：一个网友和他父亲从村里亲戚家回城的路上，远远看见一片火光。因为北方天气很干燥，地边都是干枯的植物，一点火星都很危险，他爸爸想起来车里有铁锹就开车过去了。刚过去的时候非常危险，沿路边的麦秸秆和植物烧了十多米长，火势最猛烈的地方挨着一片树林，下一秒就可能引燃到树枝上。他爸爸一铁锹一铁锹地铲土，大概扑了快半个小时。他觉得那时候的爸爸就像电影中的救世主一样，朝着火光走去。他开玩笑地对爸爸说："这一定得给您颁个奖。"他爸爸说："我是党员，需要什么奖。"有网友在评论中说道："给党员爸爸点个赞""党员，已是最好的勋章""感动，庆幸生活在中国这个社会主义国家"……从这些评论中可以看出，党员从来都不是一个头衔，危难之际更是一种责任、一股信念。"我是党员"从来不是一句空洞的口号，而是责任，更是担当！

对新冠肺炎疫情的有效防控，同样展示了我党的伟大之处。危难时刻，党员同志都冲在了抗疫前线。在这一话题的微博评论中，也有网友说道："去年疫情，我爸和村里的其他党员24小时在村口帐篷里轮流值班，一天都见不上面，每天吃的都是泡面。"对比国外疫情，我国早已在党的带领下度过了最艰难的时刻。战疫给我印象最深的时候是2020年大年三十的晚上。吃完晚饭后，我坐在沙发上，不像以前那样有兴致观看春节联欢晚会，而是在微博上随时关注疫情的最新动态。看到医护人员在本该和家人团聚的晚上却坚守在一线，看到他们冒着生命危险救死扶伤，看到他们青春的脸庞却被护目镜和口罩压出一道道血痕，看到全国各地的医护连夜奔赴武汉，让我们对这场艰难的战疫拥有了必胜的决心！而这些白衣天使中，有很多人也是党员。直到今天，我依然记得那年元宵晚会上的一句话：你看见了什么？记住了什么？你为什么感动？又为什么彻夜难眠？我想说：我看见了他们，记住了他们，为他们而感动，又为他们彻夜难眠。

党，总是在危难之际带领我们渡过难关；党，让我们生活在一个和平幸福的国家；党，让我们知道不论何时何地，都有祖国作为坚强的后盾。

对新时代的追梦人来说，我们要在党的光辉中汲取力量，在精神上受鼓舞，以抓铁有痕、踏石留印的劲头，才能承担起党赋予我们的建设祖国的重任。我是党员，我们是党员。我们，是新时代中国青年，我们要继承和发扬红色精神，坚定理想信念，练就过硬本领，投身强国伟业，在实现中华民族伟大复兴中国梦的新长征路上奋勇搏击。

百年征程，皆在脚下

王斯琪，金融学院管工 2020 级本科生

栉风沐雨一百载，共襄盛举绘史篇；披荆斩棘踏浪来，流年不改初心在。

百年的乘风破浪，百年的力挽狂澜，百年的不屈不挠，百年的艰难奋斗，终换来中国如今的盛世繁华。我们，新时代下的中国人民，终于可以站在历史的交汇点上向无数的革命先辈们挺起胸膛，昂首呐喊：这盛世如您所愿！您曾经希冀的钢铁产量，我们达到了；您曾经渴望拥有的飞机火箭，我们造出来了；您曾经期盼的全面小康，我们成功了……中国不再是那个任人欺凌，任帝国主义侵略者铁蹄肆意践踏的中国。她已经扶摇直上成了一个富强民主、人民安居乐业的中国，而这一切的背后都源于我们的中国共产党的英明领导与那一代代不忘初心，牢记使命的中国共产党员们的不懈奋斗！我很幸运生在这样的中国，成为神州大地上的中华儿女。

历史的卷轴慢慢展开，让我们跟随时光的脚步重温那一段峥嵘岁月。1840年，帝国主义用坚船利炮打开了中国封闭已久的国门。从此，中国开始沦为了半殖民地半封建社会，国土沦丧，百姓流离失所，曾经自诩天朝的大清国顷刻之间成为刀俎下的鱼肉，巨额赔款，割地奉送，主权丧失……正是危急存亡之秋也。但是中国人民并没有坐以待毙，地主阶级从师夷长技以制夷的洋务运动开启中国近代化的探索；资产阶级从轰轰烈烈的百日维新到武昌首义打响革命的第一枪，但最终未能改变中国半殖民半封建社会的性质。直到俄国十月革命的一声炮火给中国送来了马克思列宁主义，同时一个新的政党也在悄悄孕育。1921年7月23日，中国共产党第一次全国代表大会在上海召开了，中国共产党诞生了！从此中国的历史开启了崭新的篇章。从1927年南昌起义打响武装反抗国民党反动统治的第一枪，到在农村建立星星之火可以燎原的革命根据地；从艰苦跋涉、突破重围的两万五千里红军长征，到给予日本帝国主义侵略者重创的百团大战。中国共产党用自己的行动，向中国人民诠释着时代所赋予他们的使命与担当。终于，1949年10月1日，毛泽东主席在天安门广场上庄严宣告：中华人民共和国成立了！中国从此洗雪了百年屈辱，在世界中站稳了脚跟。

在欢庆新中国成立的同时，新的挑战也接踵而来。面对以美国为首的西方资本主义国家政治孤立，经济封锁，中国共产党临危不惧，沉着分析国内外局势，对外制定合理有效的外交政策，派遣中国志愿军前往朝鲜作战；对内促进政治民主化，制定"一五"计划，提倡开放多样的文化，为建设新中国谋篇布局。经过多年探索，中国共产党不断积累经验，总结教训，合理规划，终于探索出了一条中国特色社会主义的发展道路，开启了社会主义新征程。

1979年，那是一个春天，有一位老人在中国的南海边画了一个圈。邓小平同志大胆突破思想束缚，指明社会主义国家也能发展市场经济，拉开了改革开放的序幕。从此,深圳有了一夜崛起之城的神话,一幢幢高楼大厦拔地而起,一条条交通大道纵横交错;农村城市体制改革相继开展,经济特区、沿海经济开放区如雨后春笋般涌现,四面八方的外国友人汇聚于中国;从沿海到内陆,从南方到北方,中国的城市化进程不断加快,人民的幸福感与获得感不断提升……短短数十载,中国的经济发展步入了快车道,成为仅次于美国的世界第二大经济体。中国的综合国力不断提升,在国际上的话语权日渐提高,影响力日益加大。

百年之前的中国战火纷飞,民不聊生,今天的中国国泰民安,欣欣向荣。这种巨大变化源于伟大的中国共产党,源于为人民服务的中国共产党党员。一百年来,涌现出许许多多兢兢业业,身先士卒,亲力亲为,为中国革命、改革和建设事业作出巨大贡献甚至付出宝贵生命的共产党员。于我而言,中国共产党员的先进事迹不只停留在书籍和课本中,也真实地存在于我们身边。

一次采访的机会让我有幸拜访了金融"终身成就奖"获得者周骏教授。作为共产党员,周骏教授的一生都奉献给了中国金融事业。谈起党,他曾回忆说:"1949年5月武汉解放,12月进入了研究生班金融组。当时我们这个学校来的都是年轻人,工作热情很高,都是思想进步青年,后来被保送到中国人民大学学习,期间深入了解了马克思恩格斯主义及其有关著作,成了坚定的马克思主义信仰者。"从党史到新中国史,从改革开放史到社会主义发展史,周骏教授神采飞扬、精神矍铄地讲述着他眼中的中国。谈到部分事件时,周骏教授拿出一个手掌大小的蓝色记事本,用一个个真实准确的数据介绍了我们党的领导和团结全国人民取得的一系列伟大成就。周骏教授的一生都坚定地维护中国共产党的领导,信仰马克思主义。他曾说:"马克思主义是真理、是科学,不是宗教信仰,科学的信仰是要发展的。"周骏教授用自己的言行向党为国作出了自己的贡献,在自己所熟悉的领域推动着中国金融事业的发展。

除了学者领域,基层的党员干部对党的工作在基层人民群众中的开展发挥了不可替代的作用,使党的各项方针政策能在基层中贯彻落实,是维系党与人民的重要纽带。

　　数十天的社区实习工作让我真正体会到了基层党员干部的不易与重要作用，基层的党员干部心系广大的人民群众，深入了解人民群众生活的酸甜苦辣。在居民上访时，党员干部们能专业耐心地解答居民生活中所遇到的问题，及时解决困难与疑惑；在寒暑假时，党员干部们会主动为社区内的留守儿童开办兴趣培训班，教孩子们画画写字，疏导他们的心理问题；在工作之余，党员干部们会前往空巢老人的居所，陪老人聊天谈笑，解决一些生活上的困难；在上级党政机关发布相关惠民的政策时，党员干部们能入户对每位群众进行政策宣讲，促进群众对国家政策的了解……人民群众生活的方方面面都有基层党员干部的身影，他们联系着党与人民，关注着人民群众的柴米油盐，了解着人民群众的生活诉求。所做的一切工作，只为能看到群众脸上的笑容，他们用行动拉近心与心的距离，使广大的人民群众对党充满信心与信任，坚定地维护中国共产党的领导，他们始终行走在一线，为党的事业作出了不可磨灭的贡献。

　　历史的卷轴缓缓合上，回顾党的光辉百年历程，目睹身边党员的真实事迹，我能感受到纵使岁月变迁，党对祖国、对人民的使命承诺永不改变。中国共产党一路走来，深深地改变了中国，改变了中国人民的生活。如今，我党不断推动国家治理能力与治理体系的现代化，不断使习近平新时代中国特色社会主义思想深入人心，坚决打赢脱贫攻坚战，全面建成小康社会，坚决打赢防疫攻坚战，维护人民群众的生命健康安全，坚决从严治党，保持党的先进性与纯洁性，发挥党员的先锋模范作用……这一项项重大举措与顶层设计表明了新时代下我党实现中华民族的伟大复兴的坚定决心与自信。

　　百年历程，皆在脚下。作为新时代的中国青年，我们要积极向党组织靠拢，践行社会主义核心价值观，坚持正确的人生观价值观，为党为人民献出自己的一份力量。脚踏实地，求真务实，继续前进在党的伟大征途之上，以史为帆，奔赴下一个山海！

百年献礼——党的光辉照我心

杨鼎，新闻与文化传播学院新闻学 2020 级硕士研究生

1921 年中国共产党成立以来，中国发生了翻天覆地的变化。在党的带领下，中华人民共和国成立，人民真正当家作主，经济水平提升，社会政治体制不断完善，生活水平不断上升，社会生活日新月异，中国国际地位提升。2021 年是建党 100 周年，回望这 100 年，是党的精神激励着中国人民大跨步走向光明的未来。在建党 100 周年之际，作为一名中国共产党党员，我们要时刻坚定信念，用党的光辉照耀人生道路，不忘来时路，担负起青年使命，不忘初心筑梦新时代。

一、回望历史，不忘来时路

中国共产党的成立是中华民族发展史上一个开天辟地的大事变；有了中国共产党，中国革命才有了先进坚强的领导核心，才有了科学的指导思想；党的成立，深刻改变了近代以来中华民族发展的方向和进程，深刻改变了中国人民和中国民族的前途和命运，也深刻改变了世界发展的趋势和格局。

中国共产党的成立是无数仁人志士努力的结果。从早期马克思主义队伍的建立，李大钊、陈独秀等新文化运动精神领袖的出现，到"科学民主"的口号带领中国青年为中华之崛起而奋斗，再到无数国家领导人为改变中华民族的命运进行艰辛探索。以毛泽东为代表的中国共产党人将马克思主义中国化，形成了毛泽东思想。在毛泽东思想指导下，中国共产党人带领人民完成了新民主主义革命，推翻了三座大山，建立了中华人民共和国；完成社会主义革命，确立了社会主义基本制度，为当代中国的一切发展奠定了政治前提和制度基础。以邓小平为核心的党的第二代领导集体开创了

中国特色社会主义理论体系，在改革开放的实践中找到了中国特色社会主义道路，继续发展中国特色社会主义制度。中国特色社会主义进入新时代后，习近平总书记提到要增强"四个意识"，坚定道路自信、理论自信、制度自信与文化自信，进行伟大斗争、建设伟大工程、推进伟大事业、实现伟大梦想。正是在无数仁人志士的努力下，每个时期都坚持了崇高理想信念，在以人民为中心和实事求是的精神中促进中国革命、建设和改革，不断推动中华民族伟大复兴。在建党100周年之际，作为新时代青年，在党的带领下，我们不能只看前路，同时还要不断回望历史，铭记历史。

二、坚定信念，争做优秀者

为民族谋复兴，为人民谋幸福是中国共产党人的初心和使命。从小长辈就教导我要为他人着想，为人民服务。所以在学生时期，我就一直告诉自己要不断提升自我。同时我也深知，作为一名社会主义事业接班人，要时时刻刻要求自己，为同学们做榜样，力争成为最努力最优秀的那个人，所以我早早加入共青团，担任了班级干部，得到老师和同学们的一致肯定。也正是在不断学习中，我知道，党的精神激励着人们不断前行。从小跟着爷爷奶奶长大的我，会听老一辈讲述那个年代的故事，其中让我受益颇深的是爷爷。他虽然不是党员，但是却像党员一样存在我心中。在我们这个小县城里，他是一名为他人无私奉献的老师，为了让每一个孩子不掉队，能够学到知识，每天加班到凌晨。爷爷曾经告诉我，他虽然没有加入中国共产党，但是依然要坚守初心使命，接受党史教育和精神洗礼。爷爷的无私奉献让我产生了加入中国共产党，为更多人奉献的念头。

人的一生都在不断的进步当中，如果有那样一个信念一直支撑着你，再困难的时候也不会轻易说放弃，我想这就是中国精神和中国力量吧！作为党员，我深知若要实现伟大复兴的梦想就必须不断努力。大学毕业之后，我毅然决然选择了考研，纵然有很多人不理解，但是人生就是要不断挑战自己，不断让自己变得更优秀，虽然历经了两年，最终才达到目标，但是在这种拼搏的过程中，我收获的不仅仅是知识，更多的是坚韧不拔的毅力，也让我感受到了"坚持就是胜利"的喜悦感。

除了学业有所进步之外，我知道生活中也需要坚定的信念。大学期间，我曾参加过多次志愿者活动和公益活动，加入"我如春风踏歌来"大型公益活动，深入了解四川羌族的教育情况和民风民俗。在考上研究生的那一年，我有幸参加了"大学生义工旅行"西藏免费体验官活动，加入了义工旅行团队。在短短为期一周的时间内，作为体验官，我感受到了西藏文化和中国发展，正是党领导下的中国特色社会主义建设，才让祖国的大好河山更加美丽，我们的社会更加日新月异。作为新时代新青年，党的光辉一直照耀着我前行的每一步，也让我在信念中不断肯定自我、提升自我、优秀自我。

三、青年担当，实现复兴梦

2020年是不平凡的一年，新冠疫情的爆发使得全国上下人心惶惶。在过去一年里，党团结带领全国各族人民，进行了一场惊心动魄的抗疫大战，经受了一场艰苦卓绝的历史大考，付出了巨大努力。举国上下都做出了巨大贡献，为中国特色社会主义伟大胜利而不懈奋斗。

病毒突袭而至，疫情来势汹汹，人民的生命安全和身体健康面临严重威胁，是党带领人民渡过难关。党员同志更是以身作则、为人民服务，贡献力量，实现青年担当。在我身边就有这样几位英雄人物，他们用平凡事迹展现出党员风范和党员担当。其中有一位是我们家的顶梁柱，我的父亲。虽然我的家乡不在武汉，但也身处湖北。由于疫情，作为银行员工，他每天坚持查看网点安全情况；作为党员同志，他冲在一线，每天到网点巡查自助设备是否正常，对设备进行消毒，查看存款数字，回放网点视频监控，检查网点消防器材，确认网点安全状况。在确认网点安全后，还对客户风险等级、反洗钱预警信息进行分类上报，并进行核销工作。在长达一个月的时间里，他始终如一，家人都担心他的安全问题，但他却用行动证明了党员担当。他说："在家里我是丈夫，是父亲，我对家人有责任；而在单位，我是男同志，更是一名党员，我应该走在你们前面。"他在疫情期间默默无闻、无私奉献，用自己的党员信仰践行一名银行员工的担当精神。作为新一代青年，我要学习爸爸的担当精神，肩负起实现中华民族伟大复兴中国梦的责任。

青年是国家和民族的希望，在这次抗疫斗争中，青年一代的表现也让我明白我们要拥有不怕苦、不畏难、不惧牺牲的精神。参加抗疫的医务人员中有近一半是"90后""00后"。我有一位朋友，她作为同济医院的一名护士，疫情发生时刚入职医院。面对突如其来的疫情，她没有退缩，她说如果我们都退缩的话，就没有人来帮助那些需要帮助的人了。在这种时刻，好像生死都不再重要。穿着防护服的她，用实际行动扛起如山的责任，展现出青春的风采和中华民族的希望。

人无精神则不立，国无精神则不强。在这场同严重疫情的殊死较量中，中国人民举国同心，展现了万众一心、同甘共苦的团结精神。正是肩上这份担当，让中国在这场抗战中取得了胜利。

当今世界正经历百年未遇大变局，世界格局不断变化。在建党100周年之际，我们要不忘来时路，坚定信念，争做优秀者，在新时代新征程上披荆斩棘、奋勇前行，绘就一幅团结就是力量的党魂图和时代画卷。

丹宸良策花千树，圆梦舒齐百姓心

车诗睿，经济学院经法2019级本科生

时光的琴弦弹奏着一曲曲千古绝唱，翻开中国古老的历史传记，矗立着的丰碑铭刻了祖先文化智慧的结晶，伟大的思想者赋予中华文明的丰功伟绩永世长存。

红船举帜未能忘，十秩沧桑风雨狂。

1917年俄国十月革命的胜利给中国送来了马克思列宁主义，马克思列宁主义在中国的广泛传播，为中国共产党的建立奠定了思想基础。1919年爆发的五四运动，促进了马克思主义同中国工人运动的结合，为中国共产党的建立做了思想上的准备。1920年初，李大钊、陈独秀等开始了建党的探索和酝酿。8月，陈独秀在上海成立了中国共产党的发起组。10月，李大钊在北京建立了共产主义早期组织。1921年3月，在俄共远东局和共产国际的建议和支持下，各共产主义早期组织的代表会议召开，发表了关于党的宗旨和原则的宣言，确立了党的工作机构和工作计划，表明了党组织对社会主义青年团、工会、行会、文化教育团体和军队的态度。1921年7月23日，在上海召开了中国共产党的第一次全国代表大会。这次大会，宣告了中国共产党的成立。中国共产党成立是近代中国社会进步和革命发展的客观要求，是开天辟地的大事变，中国共产党的正式成立照亮了中国革命的前程。

中国共产党的诞生，在中国人民追求民族复兴的道路上是最伟大的历史事件，从此，中国革命有了正确前进方向。

1937年7月7日，抗日战争全面爆发。日本侵略者的铁蹄踏上了中国的国土，侵略者蛮横进攻、屠杀平民，中华民族浴血奋战，最终在中国共产党的领导下经过艰苦卓绝的战争，夺取了抗日战争的全面胜利！

在新民主主义革命时期，中国共产党领导人民经过28年的浴血奋战，推翻了帝国主义、封建主义和官僚资本主义的反动统治，建立了中华人民共和国，使人民成为国家、社会和自己命运的主人，中华民族从此开启了发展进步的新纪元。在社会主义革命和建设时期，中国共产党领导人民建立社会主义基本制度，使占世界人口四分之一的东方大国实现了中国历史上最广泛最深刻的社会变革。在改革开放和社会主义现代化建设时期，中国共产党领导人民开创了中国特色社会主义道路，初步建立起社会主义市场经济体制，大幅度提高了我国的综合国力和人民生活水平，实现了从温饱不足到总体小康再向全面小康迈进的跨越。

2020年，新冠疫情席卷全球。当疫情在中国爆发时，中国第一时间向世卫组织报告疫情，并进行严密防控，尽可能降低对全球其他国家的影响。在全球疫情严重之时，许多国家面临防疫物资紧缺的局面。中国作为世界大国，积极支援各国抗疫工作，共向27个国家派出29支医疗专家组，已经或正在向150个国家和4个国际组织提供抗疫援助，向200个国家和地区出口防疫物资。在这场关乎世界各国的人民安危的抗疫战中，中国秉持人类命运共同体的理念，积极地为抗疫工作做出贡献，携手全球战胜疫情。中国取得全面的抗击新冠疫情的胜利也被各国媒体争相报道。英国《独立报》刊发专栏作者哈米什·麦克雷的评论文章称，世界各国应该学习中国抗击新冠肺炎疫情的举措和经验，"中国的抗疫成就值得尊敬"。美国"工人"网站发表题为《中国如何赢得抗疫胜利，这对世界意味着什么》的文章称"中国如何在很短时间内成功遏制住疫情？关键因素是效率、科学、协调、承诺、人民战争、合作以及有效的领导"。而这一切，都是因为中国有中国共产党的领导，还有千千万万的无私奉献的共产党员！

上下同心圆大梦，凯歌声里奏峥嵘！

回首过去、展望未来。在中国共产党的带领下，在不断攻坚克难的艰辛里，在不懈奋斗的过程中，一点一滴的改变，富裕的生活、祖国的强大，改革开放取得的举世瞩目的成就，激发了十四亿中华儿女对建设社会主义现代化强国、实现中华民族伟大复兴的强烈愿望和巨大信心，激励着全天下中华儿女不断前行、共同走向美好幸福的明天。

2021年，奋进的中国迈上新的征程，奋斗的中国共产党迎来百年华诞。中国共产党100周年，"奋斗百年路，启航新征程"，伟大的中国共产党，以习近平同志为核心的党中央总揽全局、协调各方，以上率下、层层推进，全面加强党的领导，深入推进党的建设新的伟大工程，进一步增强党的凝聚力、战斗力和领导力、号召力。一个更加坚强有力的党，正领航着"中国号"巨轮，在实现中华民族伟大复兴的征程上劈波前进。作为新时代的大学生，我们要坚决拥护党的领导，铭记党的初心和使命，以党为标杆和榜样，旗帜鲜明地永远跟党走。时代呼唤英才，希望在于青年，新世纪的大学生，应进一步认清自己的历史使命，明确成才的目标，确立为国家、为民族奋斗的志向，努力成长为对党和国家、对人民有所贡献的人，不负众望，勇担使命。

党的光辉在我心，吾辈青年必自强！

圆梦更当公仆任，誓教天下共辉煌！

百年路砥砺奋进，新征程扬帆启航

张若晨，经济学院经济 2020 级本科生

盼望着，盼望着，2021 年来了，党的百岁生日近了。

胸怀千秋伟业，恰是百年风华。今年是中国共产党成立 100 周年，百年征程波澜壮阔，百年初心历久弥坚。回望百年风云，我们党在内忧外患中诞生、在磨难挫折中成长、在攻坚克难中壮大，带领人民不断从胜利走向胜利。

上海石库门的中共一大并没有因为法国巡捕的干扰而作罢，鲜艳的党旗依然在南湖红船上冉冉升起。十月革命一声炮响，为中国送来了马克思列宁主义，一个勇担民族复兴大任、必将带领中国人民创造人间奇迹的马克思主义政党——中国共产党应运而生。一百年来，中国共产党不忘初心、牢记使命，带领人民创造了一个又一个发展奇迹。

从 1921 年的立党为公敢为人先，到 1927 年的星星之火可以燎原；从 1949 年的开天辟地万象更新，到 1978 年的解放思想、实事求是；从 2008 年的同一世界同一梦想，到 2020 年的脱贫攻坚全面小康。党的百年，是奋斗的百年。从抗美援朝"打得一拳开，免得百拳来"，到武汉长江大桥"一桥飞架南北，天堑变通途"；从"一国两制"港澳回归，到"神舟"升天、"嫦娥"揽月、"天问"奔火；从港珠澳大桥连接粤港澳大湾区，到"一带一路"构建人类命运共同体。党的百年，是希望的百年。

可能有人会问：中国共产党在"三座大山"的压迫中诞生、在枪林弹雨中成长、在风云动荡中能够永葆青春，靠的是什么"法宝"？我以为，中国共产党有三样"法宝"：一是坚信"星星之火，可以燎原"的理想信念；二是敢于承认错误的勇气和担当；三是"咬定青山不放松"的顽强韧劲儿。有了这三样"法宝"，中国共产党便能青春永驻。

中国共产党带领人民创造美好生活

"1979年/那是一个春天/有一位老人在中国的南海边画了一个圈/神话般地崛起座座城/奇迹般聚起座座金山"。人们都说，没有共产党就没有新中国；而我要说，没有共产党就没有现如今中国人民的幸福生活。"解放思想，开动脑筋，实事求是，团结一致向前看，首先是解放思想。"①邓小平同志的话言犹在耳畔。党的十一届三中全会作出了实行改革开放的重大战略决策，实现了伟大的历史转折。

改革开放的春风让我国的恩格尔系数低下了头。老一辈的穷苦日子我没有经历过，但听长辈提起过，当时吃白面馒头都是奢望的人们，又怎能想到如今顿顿可以有荤菜；二十年前，道路上还看不到几辆汽车，而现如今，不论是城市还是农村，都已是车水马龙；昔日为了果腹的窝窝头、地瓜干，如今成为健康美食备受青睐……2020年，全面建成小康社会取得伟大历史性成就，决战脱贫攻坚取得决定性胜利。现行标准下近1亿农村贫困人口全部脱贫，832个贫困县全部摘帽。我们还要咬定青山不放松，脚踏实地加油干，朝着共同富裕的目标稳步前行。

如今，中国特色社会主义进入新时代。新时代，是奋斗者的时代，是追梦人的时代。而新时代的中国梦，必须由我们这一代人来实现。有人说，"一代不如一代"，还有人说，我们"00后"生于非典、考于新冠，"命运多舛"；而我要说，新时代的"后浪"是能担当起大任的！正如习总书记所说："青年一代有理想、有本领、有担当，国家就有前途，民族就有

---

① 1978年12月13日，邓小平在中央工作会议闭幕会上的讲话《解放思想，实事求是，团结一致向前看》。

希望。"不管是年轻的中国女排,还是"世界围棋第一人"柯洁,亦或是诗词才女武亦姝、"00后"援鄂护士刘家怡,以他们为代表的新时代中国青年必将在中华民族伟大复兴的征程上创造更加出彩的成绩!

中国共产党带领我们战胜艰难险阻

从唐山大地震到非典,从汶川大地震到新冠肺炎疫情,我们党始终把人民生命安全和身体健康放在第一位,化解了一次又一次风险挑战。

经历了这次新冠肺炎疫情,我对党有了更进一步的认识。我的爸爸妈妈都在医院工作,特别是妈妈,一直奋战在抗疫第一线。疫情发生以来,广大党员身先士卒,基层党组织发挥战斗堡垒作用,牢牢守住疫情防控的第一道防线,让党旗在抗疫一线高高飘扬。

中国共产党为我指明前进的方向

进入大学以来,我担任了班级的文艺委员,并成了志愿者协会的干事,深切地感受到为人民服务的快乐;我每天都会观看《新闻联播》,了解国家大事和国际局势。中国抗击新冠肺炎疫情取得的突出成就、珠穆朗玛峰中国新高度、嫦娥五号成功带回月壤,都大大地增强了我对党和国家的自豪感,更加坚定了我想要成为一名共产党员的决心。因此,我迫不及待地递交了入党申请书,希望能早日成为一名光荣的中国共产党党员。

站在时代的十字路口,作为一名新时代的大学生,我会坚持马克思主义科学信仰,坚定不移听党话、跟党走,让青春在党和人民最需要的地方绽放绚丽之花。

奋斗百年路,启航新征程。脱贫摘帽不是终点,党的百年华诞更不是终点,而是新生活、新奋斗的起点。我们要更加紧密地团结在以习近平同志为核心的党中央周围,高举中国特色社会主义伟大旗帜,向着实现第二个百年奋斗目标、实现中华民族伟大复兴奋勇前进!

顾史看今朝：中国共产党人的爱国精神和人民情怀

陈笑云，新闻与文化传播学院网络与新媒体 2018 级本科生

在时代的呼唤和人民的期盼中，中国共产党于 1921 年诞生。一艘红船越过艰难险阻，穿行万水千山，终铸就领航中国的巍巍巨轮。百年的奋斗历程，中国共产党人融汇了自己的智慧和血汗，将社会主义精神与中国实际相结合，在民族复兴的期盼中走出了中国特色社会主义的康庄大道。

生在中华，何其有幸。不论是在历史的书册里，还是老一辈人的口口相传，抑或当下的亲身所感，回望中国共产党的历史，是中国百年来的沧桑巨变。中国共产党领导革命走向胜利，建立了新中国，开创了中国发展的新篇章。以爱国主义为核心的民族精神和以改革创新为核心的时代精神，融汇其间，成为中国共产党人的行动内核和凝聚中华民族万千儿女的精神纽带。

在百年的历史长河中，无数中国共产党人秉持着爱国精神和人民情怀，与时代共振，为祖国和人民矢志奋斗，谱写的是一幅幅个人与社会相连的奉献故事，汇聚的是国家建设和发展的不竭动力。

与时代共振，为祖国的建设添砖加瓦

1978 年的十一届三中全会，为中国开辟了一条中国特色的社会主义现代化建设道路。随着改革的推进，1980 年中共中央决定在深圳、珠海、汕头和厦门设置经济特区。如今，深圳已经走过了四十年的建设和发展。四十年前也有这样一批人，肩负着党和政府的重托第一次踏上这片土地，将这个昔日的荒滩渔村建设成了高楼林立的现代化都市。

我的舅公是当时最早前往深圳的两万多名基建工程兵中的一员，"那时条件还是很苦的，物资也很匮乏，但年轻嘛，一门心思想的就是把它建设好"，谈起那段岁月，我的舅公眼中依然闪着理想和信念的光，"那时候没有地方住，就拿竹子搭棚屋；建设工具紧缺，就是拿脸盆也要上去挖"。是他们的付出和汗水让这片荒野变成了高楼林立、大道畅通的现代化都市，他们的故事也在我的心里塑造了为党为人民敢打敢拼、开拓进取的精神形象。

后来他和他的战友们集体转业，留在了深圳，像螺丝钉一样融入了这座城市的各行各业，也有幸能够见证这座城市的飞速发展。对外开放的推进，资本市场的萌芽，经济特区大大小小的机遇也让当时的人们尝到了改革开放的甜头。而这只是一寸缩影，中国的改革开放，让中国的经济有了突破式的发展，也让千千万万的中国人民涌入发展的浪潮，先富带动后富，越来越多的人因此过上了更加富足和谐美好的生活。

以人民为中心，紧紧依靠群众的力量

为中国人民谋幸福，为中华民族谋复兴是中国共产党人的初心和使命。在当今百年未有之大变局中，更能深感中国共产党人以人民为中心的担当和胸怀。

2020年新冠肺炎疫情冲击全国，习近平总书记第一时间作出重要指示，强调"把人民群众生命安全和身体健康放在第一位"，并要求广大党员发挥战斗堡垒和先锋模范作用。不论是新闻报道中，还是在实际生活里，许多的中国共产党人始终坚守在抗疫防疫第一线，真正将为人民服务的根本宗旨落到了实践中。

在2020年初，新冠肺炎疫情蔓延的日子里，作为外科医生的姑父主动申请在当地的医院值守。一年的时间悄然而逝，当我从校园返家，在家人们围坐的餐桌上重遇他时，仍能清晰地看见他面颊上深深的口罩压痕。这些压痕似乎提醒着我那段他坚守医院的岁月，早出晚归是常态，疫情形势严峻时更是吃住都在医院里。谈起这段经历，他总会回答："这是我应该做的。"

在今年的疫情大考中，中国共产党人坚持冲在抗疫的第一线，用实际行动生动诠释了"全心全意为人民服务"的根本宗旨，不论是在医院的值班室，还是在交通枢纽的岗亭里，抑或社区的街道处，他们的身影始终同人民在一起。

紧跟历史步伐，为祖国为人民奋斗

回望历史，党在时代浪潮中的英勇决策、探索进取远不限于此，百年历史中的一桩桩一件件，无不肩负着人民的重托和祖国发展的期盼。习近平总书记曾说："共和国是红色的。"我想这一抹红色孕育在实现中华民族伟大复兴的斗争中，也在探索和实践中将党的爱国精神和人民情怀不断升华。

革命时期，中国共产党在马克思主义传播和中国工人运动的背景下应运而生，在纷乱的中国大地上率先吹响了社会主义的号角，捍卫广大无产阶级的利益；在抗日战争的烽火中，以毛泽东为主要代表的中国共产党人凝聚经验和智慧，以不懈的努力和决心带领人民群众走向革命的伟大胜利。

而到了如今，以习近平同志为核心的党中央，坚持统筹推进"五位一体"总体布局和协调推进"四个全面"战略布局。党和国家的事业取得了历史性成就，中华民族伟大复兴展现出前所未有的光明前景。毫无疑问，中国共产党开拓创新、勇于担当、开放包容、兼容并蓄的精神品格贯穿了中国特色社会主义事业的建设和改革步伐，而创新和改革永远都是进行时。

回望百年风华，新时代的中国共产党也必将承载着祖国发展的目标和人民群众的期盼，在实现中华民族伟大复兴的航道上行稳致远。

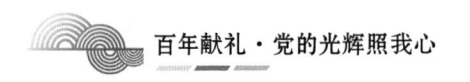

坚守历史，展望未来

涂孟君，新闻与文化传播学院汉语言文学 2018 级本科生

长江汤汤，黄河浩荡；

王朝翻覆，叱咤疆场；

百年屈辱，涅槃之凰；

乘风破浪，展望荣光。

我中华大地，泱泱万里；

我中华儿女，生生不息。

巴颜喀拉山顶的冰雪终年不化，历史从这里开始，满腔的热血化作奔腾的黄河，咆哮，怒吼，冲刷了五千四百六十四公里的土地，直至东海，融入无际的大洋。

大河孕育文明，尼罗河流域的古埃及，印度河流域的古印度，两河流域的古巴比伦，还有黄河流域的中国，四大文明古国傍河而生，依河而存。

中华民族最初的形态就是自黄河开始的，历经炎黄五帝的统领，版图逐渐扩大。直至西周，以"尊王攘夷"为号征战边疆，北到阴山，南临吴越，东至海滨，西止陈仓，中华大地自临海沿河延伸至草原沙漠，奠定了千余年的土地根基。秦始皇一统江山，玄衣纁裳，拂袖间，天下归一；汉武帝雄才大略，封狼居胥，海内皆平；唐太宗四方征战，神武不凡，战马上，荡平群寇，所向无前。泱泱之中国历经无数英雄豪杰血洒祖国大地，历经千年王朝更迭，终于傲然屹立于世界的东方。

然而，近代中华大地也在历史的洪流中屈辱地跌宕、沉浮，让我们不能忘,也不敢忘。一纸《南京条约》将香港岛生生割离;《马关条约》让两岸人民隔海相望;百万土地被沙俄割占,与祖国永别。这些深深恋着祖国的土地,是否会在沉沉的夜里,朝着黄河奔流的地方一声声地呼唤着母亲?

但中国人民没有屈服,中华儿女们用双手,用肩膀,用汗水,用鲜血,一路披荆斩棘,终于迎来了中华民族真正站起来的曙光。1949年10月1日,新中国成立的宣告在天安门上空久久不散,中国,将又一次创造奇迹,又一次重续上下五千年的辉煌。

时至今日,两弹一星是祖国的骄傲,神舟飞船是祖国的自豪,港澳回归是祖国的安慰,高铁航母是祖国的宣告。而我们,为梦想奋斗,为社会贡献,为祖国坚守的中华儿女,便是祖国的明天!

坚守,是边疆沙场上誓死保卫每一寸土地的战士,是铁骨铮铮永不屈服于帝国主义的青年,是帕米尔高原上守护祖国边境的官兵,是驻守在天安门广场上的护旗手。他们所坚守的,是绵延不绝的中华大地,是不容侵犯的中国尊严。

展望,是勤奋刻苦为中华之崛起而读书的学生,是不畏艰辛烈日当头仍苦苦建设祖国的工人,是刻苦训练时刻准备奋战前线的军人,是无数为实现中华民族伟大复兴而不懈努力着的中华儿女。他们所展望的,是正在崛起的中华民族,是不可阻挡的伟大复兴。

黄河之水天上来,奔流入海不复还。中华民族,是涅槃的凤凰,随黄河之水乘风破浪。她披荆斩棘,从历史中走来;她不忘初心,要到未来去。

百年献礼·党的光辉照我心

百年风雨——看中国共产党领导的必然性

李心怡，哲学院国际政治 2019 级本科生

2021 年是中国共产党建党一百周年，回顾往昔，可谓是雄关漫道真如铁，自 1840 年西方列强的坚船利炮叩开清政府的大门，中国人民就陷入了苦难之中。第二次鸦片战争、中法战争、甲午战争、八国联军侵华战争等屈辱让祖国的河山支离破碎，数以百计的不平等条约一步步蚕食着中国的主权和领土，犹如条条锁链缠绕在这昔日的东方巨龙身上。外有帝国资本主义肆无忌惮的侵略，内有清政府封建势力的软弱无能，中国人民在内忧外困的阴影之下喘不过气来，爱国志士齐齐发出"四万万人齐下泪，天涯何处是神州"的悲愤呐喊。

中国共产党的诞生始于中国革命发展的客观需要。1840 年鸦片战争以后，中国由封建社会开始逐步沦陷为半殖民地半封建社会。为实现救亡图存，我们进行过洋务运动、戊戌变法、辛亥革命和新文化运动，从学习技术到政治制度再到文化，从封建地主到民族资本家，可实践证明这些道路在中国都行不通，中国的农民阶级和民族资产阶级由于他们的历史局限性和阶级局限性，都无法领导民主革命取得胜利，一时间中国的发展走向了困境。

无产阶级的产生和发展，为中国共产党的建立奠定了阶级基础。现代工厂的开设标志着工人阶级就此产生，有数据显示，至 1919 年产业工人的数量已经攀升到了 200 万人左右，他们分布在中国各地，等待着挽救民族危机的机会。这样的机会早已悄悄酝酿：1917 年俄国十月革命后，马克

思列宁主义在中国广泛传播，催生了1919年由学生和工人发起的五四运动，使马列主义充分同中国工人运动相结合，也为中国共产党的建立奠定了思想基础和阶级准备。1921年6月，共产国际的马林等人建议召开党的全国代表大会，正式成立中国共产党。7月23日，来自北京、汉口、广州、长沙、济南和日本的各地代表在上海召开了中国共产党的第一次全国代表大会，宣告了中国共产党的成立。中国共产党的成立具有划时代的意义，是中国历史上"开天辟地的大事变"，使得中国革命的面目从此焕然一新。

中国共产党的领导是历史的选择，也是人民的选择。中国共产党的成立不仅带来了坚强的领导核心，也带来了崭新的革命道路——即走新民主主义革命道路。备受压迫的中国人民从此有了明确的前进方向，中国革命在无产阶级的领导下向前发展，从新民主主义革命向社会主义革命不断推进。正如毛泽东同志所说：由于无产阶级的领导，从根本上改变了革命的面貌，引起了阶级关系的调整，使反帝国主义和反封建主义表现出空前的彻底性。从此，领导反帝反封建的革命斗争、争取民族独立和人民解放、实现振兴中华的伟大使命，成为中国共产党前进的方向。中国共产党以马克思列宁主义为指导思想，结合中国革命具体实践，制定了正确的革命纲领和革命策略。在继承与发展中，中国共产党逐渐形成了以马克思列宁主义、毛泽东思想、邓小平理论、"三个代表"重要思想、科学发展观和习近平新时代中国特色社会主义思想为核心的行动指南。

中国共产党的领导具有先进性。在中国特色社会主义的探索和发展中，中国共产党始终是领导者、开创者和建构者，没有中国共产党，就没有中国特色社会主义。党一切工作的根本宗旨就是全心全意为人民服务，我们在党的领导下不仅取得了新民主主义革命的胜利、获得解放成为国家的主人，还建立起了适合本国国情和实践经验的制度。无数的历史经验证明了中国共产党领导的优越性和社会主义制度的优越性。以新冠疫情为例，2020年初新冠肺炎疫情爆发，并以难以遏制之速向全国范围扩散，在这样的紧急关头，习近平总书记深入一线进行调研和指导，对疫情防控工作做出重要部署；党中央从实际出发，加强顶层设计，成立中央应对疫情工作领导小组，分类指导各地做好疫情防控工作；各级党委和政府积极行动，在中央的直接领导下成立了党政主要负责的领导小组；各级党组织和广大党员干部充分发挥战斗堡垒和先锋模范作用，奔波在防疫前线；普通的党员群众也毫不松懈、冲锋在前，做出了很好的表率——正是中国共产党坚强有力的正确领导，抗疫动员才能协调一致、有序进行，全国上下才能团结一心、共渡难关。

历史证明党的领导之所以能够始终充满活力和创新力，关键在于中国共产党始终坚持贯彻与时俱进的思想路线。中国共产党是一个不断发展的政党，它始终坚持理论与实践相结合的原则，根据时代的发展和具体实践的变化调整理论政策，保持自己的先进性和时代性，不断推进实现民族独立、人民解放和国家富强、人民幸福的目标。

昨日是而今日非，今日非而后日又是矣。数代腥风血雨，河山飘零，中华民族走过花香鸟语，也踏过千里冰封，即使历经千年煎熬，也困厄不塞，我们始终相信光明。

伟大创举

百年献礼·党的光辉照我心

脱贫攻坚路，奋勇向前人

张琪琪，法学院国际法学 2020 级硕士研究生

脱贫调研行，亲身鉴答卷

已是十二月的深冬，坐在前往河南睢县的大巴车上，透过车窗向外张望，冬日的阳光微弱，我搓搓手，驱赶寒凉，心里回忆着老师安排的脱贫调研任务，想象着今日睢县乡村会是什么样的景象……

河南睢县，我来过一次。那是 2009 年，不听家人劝阻的姑姑选择远嫁到商丘睢县下的乡村。出嫁那天，车队行至睢县界内，本就狭窄的道路，因为大雨，变得泥泞不堪，车子在风雨中飘摇。车行六小时，终于到了姑父家所在的村子，放眼望去，整个村子的房屋在风雨中显得破败不堪，姑父家里更是一贫如洗。

司机制动刹车的惯性力把我的思绪拉回来，原来是到了调研地点。窗外，一行人向我们走来，走在最前面的人，头发花白，腰微微下弯扶着腿，尽管蹒跚却依旧满脸笑意地向我们走来，在他们的招呼声下，随行的调研人员都陆续进入了村委会议室。经介绍，原来走在最前面有腿伤的人就是这个村的驻村第一书记。接下来，由他给我们一一介绍村里的扶贫建设工作开展情况。他没拿任何手稿，神采飞扬地向我们介绍脱贫户家庭的各方面情况，说起村里的特色产业——粉丝厂，更是满脸自豪。翻阅相关档案之后，我们便带着脱贫调查问卷深入农户家进行实地调研。

首先，我们走访了房子稍显老旧的一家农户，屋内布置简单整洁，但家具一应俱全。问及老两口生活情况，老两口笑着说："党的政策好呀！孩子们在党的帮扶下上了大学，我们在村里粉丝厂打零工就丰衣足食了。"

并且接着说,"多亏了第一书记,带领村民建了这个厂房,给村里带来不少收益,他自己有空也亲自去厂房工作,因为一次意外受了腿伤,还落下了残疾。"我心头一颤,不由感叹,有如此优秀的党员,何患人民不幸福呢?接下来我们又走访了多家农户,能够实际感受到党的精准扶贫政策给村民生活带来的巨变。回到村委,我把百姓对驻村第一书记的夸赞转述给他,他哈哈大笑,跟我讲:"党的干部,就是为人民服务!"

距离到睢县调研已经两年了,时至今日,我还清晰记得脱贫攻坚给睢县农村带来的翻天覆地的变化,记得脱贫攻坚道路上心系百姓、鞠躬尽瘁的第一书记。

——2019年12月河南睢县脱贫调研纪实

感山水巨变,叹历史荣光

睢县的变化,是全国农村脱贫攻坚的一个缩影!

在党和全国人民的共同奋斗中,我国在现行标准下,9899万农村贫困人口全面脱贫,832个贫困县全部摘帽,12.8万个贫困村全部出列,区域性整体贫困得到解决。2021年2月25日,习近平总书记在全国脱贫攻坚总结表彰大会上庄严宣告,我国脱贫攻坚战取得了全面的胜利,这是彪炳史册的人间奇迹,是世界史上绝无仅有的历史丰碑!

时间是最公平客观的度量衡,丈量着中华民族在中国共产党的领导下攻坚克难、一往无前的步履;标注着各级党员同志身先士卒、敢为人先的艰辛;沉淀着乘风破浪、阔步向前的脱贫攻坚精神。

2012年11月,党的十八大提出到2020年实现全面建成小康社会的宏伟目标,这一年,全国农村贫困人口共计9899万。2013年11月,我党正式提出"精准扶贫"。接下来陆续开展贫困识别和建档立卡工作,召开一系列脱贫攻坚会议,印发有关脱贫攻坚的文件,全国上下在党的领导下,齐心协力、众志成城打响脱贫攻坚战。截至2020年,全国累计选派300多万名第一书记和驻村干部,每年近200万名乡镇干部和数百万村干部奋战在扶贫一线,扶贫小额信贷累计放贷7100多亿元,支持1500多万贫困户发展产业，贫困人口住院医疗费用实际报销比例从50%提高到80%左右，累计救治贫困患者2024万人，建档立卡贫困人口人均纯收入10740元，相较2015年，年均增幅比全国农民收入高20个百分点。这一系列的数据均表明，在党领导下，我们打赢了脱贫攻坚这场战役，解决了中华民族千百年来的绝对贫困问题，这是中国共产党的伟大光荣、中国人民的伟大光荣、是中华民族的伟大光荣！

心里有百姓，甘当马前卒

自精准扶贫实施以来，一批批的党员干部前赴后继扎根一线，深入农民田间，夜以继日为老百姓排忧解难，其中有1800名同志的生命定格在了脱贫攻坚征程上。一个个先进党员真实生动的感人事迹展现了共产党人的初心使命！

巴塘草原第一驻村书记戈肖峰，深入基层联系群众为贫困户制定精准脱贫方案，带领牧民实现生态畜牧业与市场对接，提高建档立卡贫困户孩子入学率……直到重病期间犹在担心组织的工作没有完成，终因身体透支，疲劳过度，在扶贫一线结束了生命；河南南阳花沟村第一书记李恩成，围绕"两不愁三保障"，落实危房改造，兴办农民学校和超市，修建自然村道路，对贫困户进行技能培训，带领农民发展特色产业，致力于打赢花沟村脱贫攻坚战。

习近平总书记说："贫困是人类社会的顽疾，反贫困是古今中外治国安邦的一件大事。"[①] 从古至今，环顾全球，没有哪一个国家能在这么短的时间内实现几亿人的脱贫。那么，中华民族为什么能实现这样的"人间奇迹"呢？这离不开党的坚强领导，离不开全党全国各族人民的团结奋斗！

——谨以本文献礼中国共产党建党100周年

---

① 《习近平：在全国脱贫攻坚总结表彰大会上的讲话》，新华社，2021年2月25日，https://baijiahao.baidu.com/s?id=1692670116845574355&wfr=spider&for=pc。

漫漫百年路，悠悠报国情

陈吉，财政税务学院税务专硕 2020 级硕士研究生

春去秋来，流光一瞬。随着时间流逝，我们的党建立就要快一百周年了。这一百年里，我们脚下的这片土地发生的变化之大可谓是沧海桑田——从饱受战乱到平静祥和、从黑暗昏聩到海晏河清、从国贫民弱到欣欣向荣，中国方方面面的面貌都发生了翻天覆地的变化。现如今，国际舞台上有更多话语权，国防力量足以保卫祖国安全，人民群众安居乐业，交通线路四通八达，商贾往来络绎不绝，文化艺术百花齐放，黄钟大吕与山歌村笛交相辉映。"夜光之珠，不必出于孟津之河；盈握之璧，不必采于昆仑之山"，在这个时代，精英涌现，人民真正实现了平等自由。这是百年来最好的时代，最朝气蓬勃、最有希望的时代，而带领我们铸就这个时代的，正是中国共产党。

筚路蓝缕，以启山林。百年来，中国共产党的路途不可谓不坎坷，磨难不可谓不艰巨，局势不可谓不复杂，而即使是这样的艰难险阻，共产党人一如既往地保持着纯净的灵魂。从艰苦卓绝的革命岁月，到热火朝天的建设年代，再到繁荣发展的改革时期，中国共产党一路走来，始终与人民心连心、同呼吸、共命运，把为人民谋幸福、为民族谋复兴作为矢志不渝的初心，带领人民从"站起来"到"富起来"，再到"强起来"。

党带领人民"站起来"。在封建旧制下，人民群众地位卑微、生活困苦、尊严沦丧，承受着帝国主义、封建主义和官僚资本主义"三座大山"的重压，遭受着"华人与狗不得入内"的屈辱。在那个黑暗的时代，整个国家像是行将就木的病人，头顶的阴云织成了密封的囚笼，笼中几乎所有人都昏昏睡去……但总有人不甘如此，他们是黑暗中的星火，用燃烧了鲜血和生命的火种，点燃了四万万国人抗争的信念，唤醒了中华民族灵魂深处的血性。

在那样一段"四海翻腾云水怒，九州震荡风雷激"的岁月里，中国共产党继承先烈的遗志，作为一支新生的力量走上历史舞台，将星星之火烧成燎原的烈焰。打土豪、分田地、当家做主人，党带领广大人民完成了伟大的社会主义革命，确立了社会主义制度，消灭一切剥削，彻底结束了旧中国半殖民地半封建社会的历史，彻底改变了旧中国一盘散沙的局面，彻底摆脱了列强强加给中国的不平等条约，实现了中国从几千年封建社会向人民当家做主的伟大飞跃。

党带领人民"富起来"。新中国是在一片废墟上建立起来的，其时经济瘫痪，人民生活困苦，同时还面临资本主义的封锁和围堵。在一贫如洗、举步维艰的严峻形势下，中国共产党带领人民开展了伟大的社会主义建设。在内外交困的情况下，它咬着牙打下了社会主义工业化的坚实基础，为日后经济的良性发展提供了必要的保障；在苏联撤回专家、销毁资料的情况下，它用算盘打出了"两弹一星"，极大地保障了我国的国防安全，战略空间得到了及时雨般的提升；在一系列国际会议中，它积极参与国际事务，提出了符合各国普遍国情、掷地有声的提议，获得了各国参会代表的广泛接受和支持。

到了八十年代，中国共产党审时度势、解放思想，大力推进改革开放，极大地解放和发展了社会生产力，实现了中国经济的快速腾飞。改革开放使人民生活改善，社会安定有序，民族团结进步，国家繁荣富强，人民群众过上了有里有面、有滋有味的生活。

党带领人民"强起来"。在新的历史时期，我们面临的世情、国情和党情都发生了新的变化，面对这些新变化、新机遇和新挑战，党中央创造性地提出了一系列治国理政的新理念、新思想和新战略：努力实现"两个一百年"奋斗目标、积极推进"五位一体"总体布局、协调推进"四个全面"战略布局、倡议"一带一路"、开展"三严三实"和"两学一做"学习教育……党中央治国理政的宏伟蓝图正在一步步落到实处、取得实效。中国作为一个发展中国家，在短短几十年里摆脱贫困并跃升为世界第二大经济体，国际地位和国际影响力显著提高，中国人民的自豪感和自信心不断增强。

一百年风雨兼程，一百年漫漫求索，一百年卓越辉煌。中国人民从站起来到富起来、强起来的伟大飞跃，本质上就是中国共产党一心为民、不忘初心、砥砺前行的时代壮美画卷。

2020年，在即将迎来建党百年、完成脱贫攻坚和实现全面小康的关键一年，中华大地爆发了新冠肺炎疫情。在这种危机局势下，党领导人民积极抗疫，当机立断加强武汉管控，及时遏制了疫情的进一步扩散，随后协调各方调动医疗人员和物资驰援武汉，在最大程度上保障了全国人民的生命安全，最终在共同努力下取得了这场战"疫"的重大胜利，让全世界看到，我国制度的优越性以及在处理危急情况时爆发出来的巨大能量。

建党百年是我党前进路上的一座里程碑。靡不有初，鲜克有终，在这之后，我们仍然要不骄不躁，不忘党的光荣历史，不忘党的根本宗旨，不忘党的传统本色，继续朝着"两个一百年"奋斗目标前进。瞻顾遗迹，如在昨日，作为一名入党积极分子，我怎能不为我们党百年来取得的成就感慨万千？恭贺党的百年华诞，祝愿我们的祖国繁荣昌盛，党和人民再创辉煌！

田野里的守望者

张军军，法律硕士教育中心法律2019级硕士研究生

贫困是人类社会的顽疾，脱贫始终是古今中外治国安邦的一件大事。自2015年党中央提出打赢脱贫攻坚战的目标以来，我国已成功在2020年完成全国所有贫困人口的脱贫工作，顺利收官。很荣幸我曾参与到这个大事件中，作为一名志愿者为脱贫工作奉献自己的力量。时间虽然很短，但收获却令我一生受用。

2016年，是河南省滑县的一个不平凡之年。为了深入贯彻落实党中央脱贫攻坚政策，河南省将滑县列入第一批脱贫名单。为了缓解政府脱贫工作人员紧缺的压力，滑县县政府与我们学校联系，希望能够选派一些志愿者参与当地脱贫工作。我很荣幸被选中并参加此次工作。在赶赴滑县之前，学校为了让我们更好地参与脱贫工作，特地以讲座的形式为我们介绍脱贫工作相关内容。老师们的讲解，让我对脱贫工作有了一个大概的了解。但是，实践工作是千变万化的，怀着对脱贫工作的热情和忐忑的心情，我们出发了。

到了滑县，我被分到白道口乡，当天乡里主管脱贫工作的副乡长来接我们。副乡长姓吕，为人很亲切，整个人看起来很干练。一路上，他为我们简单介绍了白道口乡的基本情况。在谈话中，我们了解到白道口乡的经济发展在全县位列前茅，但人均收入却很少。究其原因，主要是村民收入来源多依靠农业，当地其他产业缺乏发展，贫富不均。而这些也正是当地脱贫攻坚所要解决的问题。

车缓缓行驶，车外是一眼望不到头的农田。北方的夏季是种植玉米的时期，当时正值夏季中旬，绿油油的玉米苗像一个个等待检阅的士兵努力生长。

到了白道口乡后，我们便开始工作。乡里考虑到我们是年轻人，体力好、头脑灵活，所以让我们开展贫困户资料整理和下乡调查的工作。虽然我来自农村，但是我在整理建档立卡户年收入的时候才知道一亩地的年产粮量、成本和收入，这些资料很直观地把问题展现了出来。

下乡调查是收获最多的工作。在工作中，我和基层脱贫干部、村民面对面，真实地感知他们的需求和对脱贫工作的评价。

在调查中，我们接触到一些村干部，这些村干部在党中央的领导下，切实将脱贫工作落到实处。记得是一个雨天，为了不耽误后续工作进度，乡里负责同志带着我们冒雨下乡调查。刚出发时雨淅淅沥沥，走到半路雨势大了起来。由于带我们来的同志当天还有其他事情，我们在村头便坐上了来接我们的村主任的车。一打开后车门，车底部都是水。我们上车后，村主任似乎有些不好意思，说是昨天雨势大，去村里看贫困户的房子，车窗没关好，导致车里进水了。聊天中我们还了解到，在我们来之前，也是一个雨天，一家贫困户的房子漏雨，乡里的同志和村干部连夜将贫困户一家安置好，简单将他们家的房子用遮雨布盖了一下。天晴后，政府立即拨款为那家贫困户修缮房屋。现在即使再下大雨，他们家的房子也不会漏了。

评价脱贫工作的标准，就是要把人民满意放在首位。在我们的调查中，有一户建档立卡户，家里人口多，劳动力少，平常就靠几亩地过活。村里将他们家列为建档立卡户后，乡里统一提供外出务工机会。我们去调查时他家正在盖房子，言谈之中无不是对党的政策的感激。

托尔斯泰曾说过，幸福的家庭是相似的，而不幸的家庭各有各的不幸。在调查中我们曾遇到过一个贫困户，是一位中年男子，双腿由于车祸被截肢坐在轮椅上。我们去他家调查时，他整个人的精神状态很好，看到我们过去笑呵呵的，家里收拾得也很干净。跟我们一起的当地同志说，他年轻时出车祸腿截肢了，老婆也走了，也没有孩子，就他一个人。即使他身体这个样子，他还曾经给别人做一些手工活，开着电车到各个乡镇卖油条。现在，在政府的帮扶下，他开了一个小卖部，挣的钱也能维持生活，一个人将日子过得有滋有味。说到这儿，村干部也与有荣焉似的。确实，这样积极生活的人也会感染其他人，看到脱贫工作取得这样的成效，也让人感觉更加有奔头、有信心。

当然，在工作中我们也遇到过一些困难。有的村民由于文化程度低，不能很好地理解国家政策。如何将国家脱贫优惠政策传达到每家每户，成为了我们下乡调查的又一项任务。我和我的同事们通过整理当时国家出台的各种扶贫政策，将这些政策转化成通俗易懂的话传达给村民们。我们不仅要讲得好，更要保证村民听得懂。那段时间，我们每天晚上都会交流工作心得，在工作中遇到的问题大家也会集思广益。村干部和工作人员也给了我们很多的工作建议和意见。

时间在工作中慢慢流逝。在这段时间里，我亲身感受了中国脱贫攻坚第一线的工作状况，见证了中国发生巨变前的历史时刻。

坐在回家的车上，看着窗外一人高的玉米，我不禁感慨万千。这些奋斗在脱贫第一线的基层干部们，他们和群众心连心，深深地扎根在这片土

百年献礼·党的光辉照我心

地上，用汗水浇灌着这片土地。他们和当地的群众一起，谱写脱贫攻坚的秋收之歌。

丹心百年，一往如初

江瑞，金融学院金融专硕2020级硕士研究生

你诞生于风云际会的上海，瑞金因你的出生变得不再平凡，嘉兴南湖也增添了熠熠辉光；雪山草地留下了你曾经的光亮，荒漠戈壁如此多娇；陕甘宁老区有你存在过的记号，金沙江畔还有你留下的弹壳。你用血肉换来我们的和平生活，另一个意义上来说，我是在拥抱着你的血肉。

你，就是中国共产党！

一百年在中国的历史上算不得是悠久，对于我来说，却算得上是漫长的一生了。从我第一次接触你，我尝试着将你与祖国、与人民分离开来，可你却总是倒向他们一边。第一次的接触好像怀春的少女，对你是怦然心动，内心满溢欢喜，弄不清真正接触你的原因，但又像是充满了神秘感，不断吸引我靠近。

本科时，我尝试靠近你，我了解到你在哪里诞生、你为什么而奋斗、你为人民所做的一切。在你的领导下刚成立的新中国，就遇到了朝鲜战争，你知道，保家卫国责无旁贷。上甘岭上，挺胸而出的那个影子在火光下显得那么高大；金刚川旁，那座无声的桥，桥下的流水却是那么动听，唱着歌颂你的歌。那一天，三八线也最终成为你的成名线，那条线在那，它不动，却是你存在的最好证明。青山岿然不动，流水潺潺有声。

军事已然强盛，更需要科技支撑。1956年，你提出了"向科学进军"的口号，随着钱学森先生等众多科学家的回归，你的实力不再单薄。1964年，周总理在政府工作报告上提出的四个现代化战略目标，至今仍刻在中国共产党人的脑海里。从一穷二白，到在国际上崭露头角，都是你一点一滴的积累，日复一日的自新取得的。

"终日乾乾，夕惕若厉"。[①]现在想来，这句话好像是在说刚刚成立的你。

老子曾说过："知人者智，自知者明，胜人者有力，自胜者强。"[②]从弱到强，在不断超越自己的路上，你也少不了壮士断腕。小平同志第一次提出改革开放的时候，国内有很多质疑的声音，国外反动势力也虎视眈眈。面临着国内外巨大的挑战，以小平同志为核心的第二代领导集体，带领全党和全国各族人民，以摸着石头过河的探索精神，不断寻找改革开放的正确道路。在南海边画的那个圈是你新的起点，是你浴火涅槃的出生地。珠三角、长三角、京津冀、东三省经济区纷纷成立，做你涅槃之后的翎羽，待你振翅而飞的那一天，当空凤啼。

你一路走来筚路蓝缕，成就堪称传奇。云贵边陲、川藏贫瘠、陕甘宁缺乏活力，新疆、青海更是偏处内陆，可是这些统统都难不倒你。

虽然云贵边陲，但那里有你深深扎根的党员。南仁东埋头挺进贵州山区，肩挑天眼建设的重担，让那块沟壑纵横的贵州山水，拥有了遥望宇宙的力量；张贵梅揣着你的梦想走进山区女高，怀着一身的病痛，硬是要将边陲之地的孩子推出山区，梦想总比山高。

虽然川藏贫瘠，但是川藏人有着顽强的斗志，努力建设着川藏人自己的家园，张渠伟局长在渠县的脱贫攻坚会议上立下军令状，走进没有硝烟的脱贫战场，没有路的荒地也被走出了路，始终心系的是十四万群众的脱贫。川藏党员用自己的方式不断将贫瘠的土体变得富饶。成都逐渐崛起成为新的国际大都市，这便是无数川藏党员最有力的声音。

虽然陕甘宁已然是革命老区，缺乏新的活力，陕北窑洞是你刚成立时的居住地，无数的开路先锋们就是在这样的艰苦环境下，才开辟出了你要走的道路。而今人们追寻红色足迹、追忆红色历史，从红色文化出发开辟

---

① 出自《周易·乾》中"九三，君子终日乾乾，夕惕若厉，无咎"。

② 出自老子《道德经》第三十三章。

出新的天地，雄关漫道真如铁，而今迈步从头越。无数陕甘宁党员，推动红色旅游，带动红色经济，让你存在过的地方，重焕红色的光辉。

虽然新疆、青海地处偏远，经济不好带动，民族齐心之下，中欧班列在2019年正式启动；西气东输、西电东送等无数的开发工程，内陆不再闭塞，和整个中国连在一起，这是血脉的联系，时时相继；青藏铁路，是克服无数艰难险阻建成的，从完整意义上来说，这不仅仅是一条铁路，更是一根血管，流动的是无数青藏党员的心血！

一百年的岁月征程，大大小小的事最终都汇入岁月的洪流，或波涛点点，或骇浪朵朵。你有强大的吸引力，如丝丝春雨润中华大地，如阵阵春雷醒华夏之魂。一百年缓缓而过，我没有什么足以献给您，惟余一颗丹心，给您百年献礼。

百年献礼——党的光辉照我心

李想，工商管理学院农业管理 2020 级硕士研究生

我来自大别山地区的河南省商城县。这是一个带有红色印记的县城，在抗战时期，中国共产党在商城县诞生了河南省第一支工农红军，建立起了河南省第一个县级苏维埃政权。这是一个刚刚摘掉贫困帽子的县城，在党精准扶贫政策的推动下，2018 年，我的家乡成功脱贫，2020 年，全县实现整体脱贫摘帽，110 个贫困村全部退出贫困序列，全县贫困人口实现全部脱贫。精准施政稳脱贫，我们那人民生活水平从"苦哈哈"到"乐呵呵"，生活困难从"没人帮"到"不用慌"，原本穷乡僻壤的县城变成了现在的幸福家园。说起我们那儿，说起我们党，我有很深的感触。

都说父母是孩子的第一任老师，我第一次了解中国共产党是因为妈妈的启蒙。妈妈是一名乡村小学教师，由于偏远山区经济落后、交通闭塞，学生上学需要徒步十几里的山路,学校教育资源贫乏,一个年级往往只有一个老师任课。还记得小的时候,妈妈白天在学校任课,晚上还需要照顾那些因为离家远不得不住校的学生。无数次我都在想,我是不是不如妈妈的学生重要?终于我在那日向妈妈发问,她的回答却让我记忆犹新:"再穷不能穷教育,大山的孩子,需要我们老师守护,她们才更有希望走出这座大山,成就属于自己的未来。"事实上,习近平总书记在河北省考察扶贫任务的时候已经提出治贫先治愚,我们这一代要有好的生活,首先就要有文化。党也在加大对农村贫困地区的教育支持力度,为的是能够让每个人都有出彩的机会。

那时候的我似懂非懂,但党的光辉已经悄悄照亮我幼小的心灵。我知道,如果想走出大别山,走到外面的世界去看看,只能通过读书这条路。

2016年,我考上了大学,邮递员送来了录取通知书,街道的党支委书记送来了贫困助学金,妈妈的学校也迎来了好消息!通过电话她告诉我,学校里迎来了一批重点大学毕业的老师,学生们不再需要担心贫困会让他们失学了,在校生和在校老师的生活也得到一定的保障,这都是得益于党政策的支持。

这时候我才明白习近平总书记说的扶贫先扶志、扶贫必扶智指导思想背后真正的含义,正是党给了像妈妈一样千千万万在教育扶贫一线岗位工作者最大的底气。只有把孩子培养成才,才能在根本上摆脱贫困。党的教育扶贫背后是千千万万的孩子有学上,可以用知识更好地武装自己,千千万万个家庭找到经济来源和精神希望。

现在我长大了,对党也有了更深刻的认识,如果说异地搬迁等方式能有效帮助贫困群众铺设摆脱贫困的道路,那么教育扶贫则更像是一盏盏点亮了通往美好未来的路灯。

我是党精准扶贫政策的亲身经历者,也是受益者。

小的时候,家乡呵护我成长,长大了的我在选择研究生专业的时候,毫不犹豫选择了农业专业,立志做一名农村事业建设者和接班人。我坚信星星之火可以燎原,虽然我的力量很微小,但是我一直在路上,用我所学,

百年献礼·党的光辉照我心

为国家所用，脚踏实地，仰望星空。我也已准备好在研究生学习结束之后，回到家乡怀着激昂热血，勇敢承担使命，用自己的力量为中国特色社会主义建设事业添砖加瓦。

这只是我的故事，我们县的故事，我们只是党扶贫政策其中的小小缩影，中国还有千千万万的家庭也都受到了党的真切关怀，得以过上幸福美好的生活！

青年是国家的希望，民族的未来。作为新时代的青年，虽然我离首都北京很遥远，但是党的光辉真的照到了我。我们更应不忘初心跟党走，青春筑梦新时代。有一分热，发一分光，就令萤火一般也可以在黑暗里发一点光，不必等待炬火，此后如竟没有炬火，我辈青年便是那束光！

我们党，我们村

郝鑫丰，工商管理学院企业管理 2020 级硕士研究生

我们村在鄂东南大别山脚下。村子不大，只有几十户人家。周围有成群的山，还有一湾清澈的湖。如今，村子里生活的多是年纪较大的老人，他们当了一辈子农民，将自己的大半生奉献给了这片土地，现在子孙绕膝，安享天伦。他们扎根于此，用朴素而热切的目光注视着这片土地上一代人的成长，见证这个遥远偏僻村庄近百年的变化。

记得小时候，大人们顶着烈日在地里忙碌，老人们在树荫底下摇着蒲扇乘凉，孩子们听他们讲着故事。在旧社会，村里田地都归地主所有，农民只能给地主打工，常年辛苦劳作，却食不果腹。当时国家战火纷飞，人们过着提心吊胆的生活。后来中国共产党成立了，这是中国历史上开天辟地的大事，从此中国革命的面貌焕然一新。党领导着全国各族人民经过长期艰苦的斗争，消灭了压榨剥削农民的地主，把土地分给了广大农民；经过 28 年的浴血奋战，推翻了封建主义、帝国主义和官僚资本主义"三座大山"，建立了新中国，人民终于翻身做主人。

故事讲到最后，老人们常常热泪盈眶。或许是因为那些悲惨苦难的经历，他们知道当下和平安宁的生活是何等的来之不易！老人们还常常教育我们，"你们小娃儿要好好读书，将来努力成为一名光荣的共产党员"。也正是那时候起，一颗爱党爱国的种子便在孩子们心中悄然萌芽。

上学后，听说了父母少时的故事。当时生活十分贫困，村民们吃着大锅饭，种田是唯一的谋生方式。父母白天在地里帮忙，晚上在煤油灯下学习。直到后来党和国家做出在农村实行家庭联产承包责任制的重大决定后，农民的劳动积极性大大提高，粮食产量年年攀升。随着改革开放的春风吹遍神州大地，全国经济发展势头正盛，村里一些人选择外出务工或经商。在党和国家政策的引导下，村里的生活条件发生明显变化，不仅接了电，还通了路。交通的便利也打开了粮食的销路，村民们的生活实现了温饱。

进入 21 世纪，党和国家宣布取消农业税，发布了各种减轻农民负担的政策，村民的物质生活得到很大的改善。许多家庭告别土砖屋，住进红砖房，还添置了电视机、冰箱等家用电器。另外，国家给村里拨款建立了一所新小学，从此田野间少了一群渴望写字的"放羊娃"，校园里多了阵阵琅琅书声。

转眼间来到 2021 年，短短十几年里村子发生了翻天覆地的变化。一条宽阔的柏油路穿过村子，路旁是一排排整齐明亮的房子。村口新建了一个垃圾收集站，每天都有专车运走垃圾。村子从曾经的"脏乱差"变成了现在的"净好新"，在建设新农村的同时，保留了乡村风貌，留住了青山绿水。

为了实现共同致富，村委会鼓励大家种植大棚蔬菜，火龙果、葡萄等经济作物，农民每年都会收到国家补贴。每当到了水果上市时节，村里还会集体举办水果采摘节，不少周围县市的游客慕名而来。同时，村民们的业余生活也在不断丰富。村委会开办图书角和电子阅览室，村干部经常向村民普及农作物种植、害虫防治知识等等。

总之,现在村民的钱袋子鼓起来了,生活美起来了,日子也更有盼头了。"有了稳定的收入来源,衣食住行都有了保障,我们农村环境越来越美丽……党的农村好政策让我们过上了好日子",近十年村里的变化大家有目共睹,村民们都由衷地感叹党和国家对农民的关心和照顾。

农为邦本,本固邦宁。习近平总书记曾说过:"任何时候都不能忽视农业、忘记农民、淡漠农村。"[①]党中央始终高度重视"三农"工作,把坚持农业农村农民优先发展作为"国之大者"装在心中、扛在肩上、落到实处。从统筹城乡发展到全面建成小康社会,从脱贫攻坚到乡村振兴,一直以来,党和国家的政策不断向农村农业农民倾斜,在发展经济社会的同时实现好、维护好、发展好广大农民的根本利益,千方百计让广大农民过上富裕幸福的日子。

在党的领导下,经过一代又一代人的不懈努力,不仅我们村,全国各地的农村都奏响了从贫困到温饱再奔向小康的凯歌。进入了新时代,大家勠力同心开启新篇章,争取早日把村子建设成为"产业兴旺、生态宜居、乡风文明、治理有效、生活富裕"的社会主义现代化新农村。

历经百年沧桑,中国共产党从嘉兴南湖上的一条红船,成长为领航中国行稳致远的巍巍巨轮。我们村从贫穷落后、破旧不堪的小村庄,变成了安居乐业、衣食无忧的幸福家园。时值中国共产党百年华诞,全国范围内打赢脱贫攻坚战,乡村振兴战略实施方兴未艾,全国各族人民乘势而上迈向全面建设社会主义现代化的新征程。

千秋伟业,百年正是风华正茂。实现中华民族的伟大复兴,把蓝图变为现实,需要一步一个脚印,踏踏实实干好工作,需要始终坚持党的领导、积极拥护党的决定、认真落实党的方针政策。天道酬勤,日新月异。我相信,沐浴在党的光辉下,这个鄂东南的小村子明天会愈发幸福美好,我们国家的未来会愈发繁荣富强。

---

① 《习近平在吉林调研时强调 保持战略定力增强发展自信》,新华社,2015年7月18日,http://politics.people.com.cn/n/2015/0718/c70731-27324856.html。

奶奶的"吃饱穿暖"

曹晓宇，法律硕士教育中心法硕（非法学）卓越班 2020 级硕士研究生

去年年夜饭快要结束的时候，我问奶奶："您有没有什么想要做的事情？比如想去哪，想吃什么，或者想见什么人？"我们都在等着她的回答，想听听奶奶的新年愿望。奶奶愣了一会，说了一句："能吃饱穿暖就行了。"我们听到这个出乎意料的答案都笑了起来，我说："奶奶现在这都是最基本的了。"但是奶奶揉了下眼睛没有说话。

提到"吃饱穿暖"这四个字，或许现在看来觉得是理所当然，但奶奶是真真切切从那个"吃不饱穿不暖"的年代过来的。奶奶时常说起从前的事，以前家里不是很富裕，孩子也多，吃饭连吃饱都算不上，更别说吃得好了。孩子们上学自然也成了一种负担，家里供不起全部的孩子上学，只能让老大早早开始操持家务。现在大姑偶尔还会开玩笑地埋怨几句："我那么聪明，上学指定能上好。那会只要能识几个字就可以做生意，当时我最大，你奶奶就不让我上学，让我照顾家里。"奶奶也遗憾地说："那时候挺难的，你那么聪明，脑袋灵活，就是做生意的料，要是在现在怎么着都得让你上上学。"但是在那个时候"吃饱穿暖"都是一种奢侈的理想。

奶奶见证了从"吃不饱穿不暖"到"吃饱穿暖"的整个过程。看到电视里突然出现的高楼大厦、霓虹灯、人工智能等景象，奶奶总会表现出不可思议的神情。即便是看过很多遍了也会有同样的惊讶，我时常想："这有什么惊奇的啊。"但是再转念一想，奶奶之所以感到惊讶，是因为社会变化之大、变化之快，短短的几十年间发生了翻天覆地的变化，这是她那个年代完全想象不到的。

时间过得很快，奶奶的头发花白了许多，腿脚也不那么利索了，但是她逐渐学着认字唱歌。过年的时候大家凑在一起写对联，奶奶总要认一认，读一读，边读边问："是不是这样读的？对着呢吧。"我们在旁边期待着、肯定着，觉得家里有个老人真的是一宝。近几年村里基础设施建设不断加强，自然也没有把我们落下，家门口铺上了柏油路，马路旁装了路灯，我们再也不用担心路坑坑洼洼的，奶奶会摔倒了。现在田里也没什么要操心的了，奶奶每天没事就会出门走走、转转，找左邻右舍聊聊家常，享受着她的老年生活。不仅如此，奶奶还用上了智能手机，她以前怎么也想不到，远在千里的儿女能通过一个小小的设备看到她。刚开始奶奶用手机视频的时候，总是忍不住地把手机贴近耳朵，我们提醒了很多次，慢慢地她才习惯面对屏幕。

我们都在给奶奶一个学习、适应飞速发展的社会的过程，而不是使劲地拉着她立刻融入进来。科技在发展，有这样一群人，他们对于新鲜事物接受程度缓慢，但也在很努力地适应这个日新月异的社会。因此必须有双向的努力，社会才能发展地越来越好，老人才能真正享受科技进步的成果。今年3月5日，十三届全国人大四次会议上，李克强总理做政府工作报告，报告中明确指出："推进智能化服务要适用老年人残疾人需求，并做到不让智能工具给老年人日常生活造成障碍。"① 政府十分贴心地将老年人的日常生活困难纳入政策制定考量范围，充分体现了为人民服务的理念。

老家的空巢老人有很多，有些腿脚不方便的，儿女最担心的是他们在家生病也没人知道。现在政府高度重视这件事情，隔一段时间社区工作人员就会到家里面去看看，帮助照顾老人生活。有些老人家里用电出现了问题，政府很快就会派工作人员修理。一天不行就两天，一个人不行就两个人，直到修好为止，看着老人家里电通了，他们心里才踏实了。如今看病花不了多少钱，但是去医院的路程对于一个老人来说不是那么容易的事情，村里的工作人员就会一天一天带着去医院，陪着检查、拿药、吊水，结束后

---

① 李克强：《政府工作报告——2021年3月5日在第十三届全国人民代表大会第四次会议上》，新华社，2021年3月12日，http://www.gov.cn/gongbao/content/2021/content_5593438.htm。

再送回家。每天按时来家里接,然后去医院,直到老人康复为止。即便已经康复了,工作人员也会时常路过到家里来看看,关心老人身体健康。这种贴心的行动,不仅让在外工作的儿女们心里踏实了,家里面的老人也感到幸福感满满。再遇到困难,他们知道该去找谁,也知道事情肯定会处理好,便也能无忧无虑享受生活。在全面完善基础设施的同时,党更没有忽略那些需要他们的群众。

脱贫攻坚战在今年取得胜利,年初剩余的551万农村贫困人口全部脱贫、52个贫困县全部摘帽。党在工作中不仅在抓一小部分"吃不饱穿不暖"的群体,也在抓那些虽已"吃饱穿暖"但依然存在返贫风险的群体。党在决策中不断为这些人的生活便利扫除障碍,使他们的生活不仅仅停留在"吃饱穿暖"上。物质方面跟上了,但这是远远不够的,不论是党和政府还是广大的人民群众都将继续朝着实现中国梦这个共同目标努力前进。

今年的政府工作报告指出:"解决好吃饭问题始终是头等大事,我们一定要下力气也完全有能力保障好14亿人的粮食安全。"我把这句话完完整整说给奶奶听了,奶奶说:"好!好!看着这几十年间的变化,这条路便是对的,跟着走就行了。"

百姓的幸福感从何而来

孙宇飞,财政税务学院税务专硕 2020 级硕士研究生

从"美丽中国"的提出到"美丽乡村"的建设,党始终坚持"绿水青山就是金山银山"的生态文明理念。基层一直贯彻着党的工作,加强农村生态建设、环境保护和综合整治。近些年乡村振兴战略如火如荼地开展,这一工作也在我的家乡顺利展开,推行农村城镇化建设,基础设施、基本公共服务实现城乡一体化,同时保护原来的自然生态环境,家乡变得越来越有魅力，百姓的日子过得越来越幸福。

　　建设美丽乡村工作保留了当地的环境特色和格局，保护了原本纯粹的烟火气。旧房危房得以改造，基础设施添砖加瓦，绿化错落有致，池塘翻新加固，从山脚到山顶铺上石板路，在山腰搭建起凉亭，老街保留原始的河道，周围修建成有古韵的老房子，白墙青瓦，石壁凿刻，增添山水画和毛笔字，将家乡的魅力文化和底蕴故事娓娓道来。清晨，沏上一壶自家采的茶，悠亭闲棋，拉琴唱曲儿，舞太极健身。晚间，在古色古味的老街上漫步，欣赏着流光溢彩。退休的老人闲来浇花喂鸟，含饴弄孙，我想陶渊明的隐居生活也不过如此吧。

　　旁有水库建设。"观西湖美景，喝千岛碧水"，这是杭州栉风沐雨历经十余个年头筹备和建设的民生工程，水库河湖建设贯彻落实了"两山理论"和"八八战略"等重大决策部署，以水土保持为本，将山水美、工程美、园林美和人文美融于一体，让杭城的百姓都能喝到优质的水源，共享生态红利，绿色福利。工程全面开展水环境整治及生态修复工作，每家每户落实生活污水截污纳管、集中处理，开展工业企业关停、第三产业及种植业整治和一级保护区内农户征迁工作，保证水质。此外，家乡垃圾分类工作全面展开，垃圾集中处按照厨余垃圾、其他垃圾、有害垃圾进行分类管理，村民们积极配合，认真学习，农村发展紧跟城市步调。

　　我们总能听到老百姓对党的认可和赞赏，尤其在老一辈的口中。的确，在共产党领导下，百姓的日子越过越好。有丰富的文娱生活，有安心的生活保障、养老保障、医疗保障等。老百姓的回答和感受是"全心全意为人民服务"这一宗旨落到实处的真实反馈，只有老百姓真真切切体会到了幸福感，才说明每项政策都落到了实处。

　　哪有什么岁月静好，只不过有人替你负重前行。全面小康社会是靠着中国共产党和人民的浴血奋战、攻坚克难、智慧结晶而建设起来的。没有抗战时期解放军的殊死拼搏，哪来现在的和平年代；没有领导人的正确指引，哪来现在的社会发展；没有边疆战士的守卫，哪来安定的生活；没有医护人员的勇敢奔赴，哪来生命的延续。2020年突如其来的疫情，中国防疫堪称典范——政府主导、迅速动员、多方配合、团结一心。作为党员的医务人员纷纷请战，坚定的眼神，让人感受到力量。党员志愿者坚守在村口、小区口，监测体温，严防把控，同时建立起一支运送生活物资的队伍，保障人民生活。病毒无情，人却有情。网上很火的一张医患两人共赏夕阳的图让我感触颇深，日子虽艰难，但生活处处提醒我们要充满希望，因为不是只有你一个人在战斗，而是我们一起并肩作战。但这场战疫还未结束，国外的疫情还在蔓延，保护人类命运共同体，中国尽全力贡献力量。经历这次疫情，我看到了很多，也体味到了很多，包括国与国之间制度政策的差异，还有人与人之间的力量传递。党和国家真正尊重人权，尊重和保障公民的生命权、健康权。国外有些政客把新冠肺炎疫情当作政治博弈的工具，这是极不负责任的表现，疫情是全球的灾难，国际社会应理性、冷静认识疫情。

百姓的幸福感正是从社会主义制度的优越性和共产党的执政能力中来。这二者相辅相成，使得民生工程平稳落实，增进人民福祉。因此未来几年，在做好疫情防疫的同时，要继续推进农村建设工作，保护好优良的生态环境，提升整体发展质量，画好爱国爱乡的同心圆。

沐浴党的光辉，豪情迈向未来

刘晓为，法学院环境与资源保护法学 2020 级硕士研究生

不知不觉，中国共产党即将迎来一百周岁诞辰。百年来，中国共产党陪伴中华民族走过了艰辛而辉煌的风雨历程，从百业待兴到如今越来越接近世界舞台中央，见证着一代又一代中华儿女的成长喜乐。中华民族的繁荣昌盛、中国人民的幸福安康和中国共产党有着千丝万缕的联系。如今，在中国特色社会主义道路上，以习近平同志为核心的党中央还将继续带领全国人民砥砺前行，豪情迈向未来。

回望过去，我们倾听先辈们与党走过的峥嵘岁月。光阴似箭，日月如梭。时间在悄无声息中溜走，历史却在先辈们的功绩里留下了不可磨灭的痕迹。一百年前，革命志士们将马克思列宁主义与中国工人运动相结合，开启了中国历史上开天辟地的大事变——中国共产党成立。自此，共产党带领人民推翻"三座大山"，赢得新民主主义革命胜利，建立了伟大的新中国。这离不开伟大革命领导者高瞻远瞩的政治远见和勇于开拓的非凡魄力，也离不开革命战士忠贞爱国、坚如磐石的革命精神。"没有共产党就没有新中国"，是所有中华儿女对共产党的认可和褒奖。

一路走来，新中国历经坎坷，像一个婴孩在摸索中坚定前进。彼时国内百业待兴，对外国际关系形势严峻，桩桩件件都在考验着共产党。然而正是这些考验让共产党厘清了发展方向：确立社会主义道路，实行人民代表大会制度、发展市场经济、实行改革开放等政策，从政治、经济、文化、科技等方面为中国的强大奠定了坚实的基础。

现在，我们感受着中国社会的日新月异。作为一名出生于20世纪末的青年，我感受过处于发展变迁关键期的中国社会，也有幸正感受着处于大发展、大变革、大调整时期的中国社会。从寻呼机到智能手机，从自行车到汽车、高铁，从现金找零到二维码支付，每一个当下习以为常的生活习惯和方式，都是知识经济时代逐渐转变为大数据智能时代最亮眼的标志。目前中国社会主要矛盾转变为人民日益增长的美好生活的需要和不平衡不充分的发展之间的矛盾，体现了人民生活水平显著提高。短短几十年间，中国快速成长、腾飞，在世界整体发展中扮演着不可或缺的角色，这无时无刻不在体现着中国共产党领导的正确性、先进性。

然而发展之路并非一帆风顺。非典、汶川地震、新冠疫情、西昌火灾……这些事件都已经或者正在成为过去，但是它们对整个国家和社会的影响是巨大的。一方面，灾难的发生固然会让我们蒙受损失；但另一方面，从这些事件中我们可以领略到中华民族虽历经磨难却百折不挠、自强不息，中华儿女敢为人先、舍身奉献、勇敢善良，中国特色社会主义制度所彰显出来的集中力量办大事的独特优势。以新冠疫情为例，病毒侵袭来势汹汹。以习近平同志为核心的党中央发挥总揽全局、协调各方的领导核心作用，从中央到地方，全国一盘棋，防疫工作有力有序展开；火神山和雷神山两座医院迅速建成；无数个医疗工作者毅然奔赴前线与病毒抗争；无数社会工作者牺牲休息时间为防疫贡献自己的力量；公民严格遵循党和国家的指挥居家防疫，充分表达着对祖国的热爱和对前线工作者的尊重。在全社会万众一心、守望相助的努力下，我国在最短的时间内控制住疫情，时至今日依旧保持疫情防控常态化。"防疫"在此刻是我们每个人义不容辞的责任，但未来它将成为对中华民族由衷的赞词。灾难面前，有太多震撼人心的人和事，他们都被铭记在我们心中，记录在国家的成长史册里，化为千言万语、千姿万态告诉世人："任何艰难困苦都打不倒英雄的中国人民！"在全国脱贫攻坚总结表彰大会上，习近平总书记庄严宣告："经过全党全国各民族人民的共同努力，在迎来中国共产党成立一百周年的重要时刻，我国脱贫攻坚取得了全面胜利。"从此，中国这艘航船又将由共产党引领着开始新的一次航行。

如今，正值四时之始，春来万物生，正是总结过去、期盼未来的好时节。今年是建党一百周年，"十四五"规划、"两步走"战略将从今年起步，在全面建成小康社会基础上向着"基本实现社会主义现代化"和"全面建成社会主义现代化强国"两个战略目标前进。在庆祝共产党百年华诞的重大时刻，在"两个一百年"奋斗目标历史交汇的关键节点，我们应继续保持清醒，时刻鞭策自己，继承和发扬爱国精神和民族精神；继续秉持以人民为中心的价值取向，践行群众路线；坚定不移贯彻创新、协调、绿色、开放、共享的新发展理念；坚持和拥护中国共产党的领导，让党充分利用优势和时代发展机遇去开拓新的百年光景。

作为国家的主人，我们要有强烈的主人翁意识，将国家长远发展大计和个人人生幸福紧密联系在一起。正所谓"有国才有家，有了强的国，才有富的家"。未来的国家发展道路上，我国还会面临无数挑战，需要全体中国人民同呼吸、共命运、心连心，共同奔赴下一趟征程。

百年献礼·党的光辉照我心

百年峥嵘，党旗飘扬

谢释然，信息与安全工程学院电子信息 2020 级硕士研究生

百年前，中国共产党诞生了。他犹如春雷，唤醒了沉睡的雄狮；犹如朝阳，为寒冬中的旧中国带来希望的曙光。从此，神州大地有了新的领路人，带领人们走向一个又一个胜利。历经百年的艰苦卓绝，百年的奋斗不止，中国从风雨飘零到祖国统一，从忍辱负重到举世瞩目，从贫穷落后到繁荣昌盛。中国，发生了天翻地覆的巨变。

百年峥嵘岁月，百年风雨如磐。百万雄师过江时的呼喊已经久远，但气势犹存。从社会主义改造到改革开放，党向世界宣示中华民族的蓬勃生命力。从"中国制造"迈向"中国智造"，5G 移动网络、复兴号列车、新能源汽车……一个个利民工程，编织起中国人民走向幸福的网，托举起中华民族伟大复兴的中国梦。从恢复联合国合法席位、加入世界贸易组织再到"一带一路"建设，中国一步步发展成为举世瞩目的大国。自然灾害与疾病无法击倒我们，在党的领导下，我们同舟共济，众志成城，一方有难八方驰援；北斗卫星系统的全球组网到嫦娥五号探月取土成功返回，在党的领导下，中国航天事业迎来一个又一个春天。当铁锤与镰刀交织，中国就彻底苏醒了。

中国共产党是坚强的政党。自 1921 年成立以来，党从只有几十个人的党组织发展成为拥有几千万党员的政党。自党的十八大以来，以习近平同志为核心的党中央坚持以人为本，为民服务，全力建设富强民主文明和谐美丽的社会主义现代化国家。

"一个时代有一个时代的主题，一代人有一代人的使命"。在以习近平同志为核心的党中央的引领下，社会主义建设道路一步一个脚印，一代

又一代党员、群众不忘初心，在神州大地上谱写中华民族伟大复兴的乐章，中国特色社会主义事业步入了伟大的新时代。

新时代，中国推动建设新型国际关系，彰显大国风范。

中国提出构建人类命运共同体的崇高理念。"中国人民不仅希望自己过得好，也希望各国人民过得好。"习总书记在老挝一家中国援建的医院看望重见光明的患者时这样说道。中国还通过 G20 峰会、"一带一路"等平台与周边国家积极交流，实现与其他国家的共赢；参加东盟 +3（东盟成员国与中日韩三国）抗击新冠疫情领导人特别会议，为各国合作抗"疫"提供了指导方向，与各国分享宝贵的抗"疫"经验。

新时代，中国的科技和军事实力迅速发展，创造奇迹。

自新中国成立，党就重视发展科技和军事硬实力。如今，中国实力已不容小觑。计算能力世界第一的神威·太湖之光计算机、月球取土的嫦娥五号、北斗卫星等科技成果都达到了世界顶级水平。辽宁舰、战略核潜艇、能实现水下发射的"巨浪"导弹等先进军事设备守卫我国领土。这些成就使中华民族巍然屹立于世界东方。

新时代，中国体育事业大放异彩，文化软实力不断提升。

北京奥运会成功举办，让全世界不仅惊叹其精彩，还叹服中国精心的筹备和部署。中国在跳水赛事上名列前茅，世界乒坛被中国横扫，女子排球逆境翻盘，夺得了 2015 年世界杯、里约奥运金牌，而后又在 2019 年世界杯强势夺冠。文化繁荣是政治经济发展成果的体现，新时代中国文化事业蓬勃发展。党和国家重视精神文明建设，文化建设向高品质方向发展，现代公共文化服务体系不断完善。党以"培养担当民族复兴大任的时代新人"为使命，建设新时代社会主义现代化文化强国。

回首 2020 年，实现全面小康的任务完美收官。这也是党中央统筹推进"五位一体"总体布局和协调推进"四个全面"战略布局的阶段性成果，是脱贫攻坚战略效果的显现。建档立卡、产业扶持、教育扶贫……一项项精准扶贫策略让民众在教育、卫生、文化、科技等方面得到更好保障。

如今，扶贫效果逐渐凸显，这期间少不了扶贫干部们的汗水与辛劳。

为深入了解精准扶贫工作的开展，我曾有幸去恩施市屯堡乡进行了一次实践调研。在那里，我看到许多心怀民众的青年埋头扶贫事业，为扶贫事业想策略、干实事。这项工作具有一定难度，因为群众理解与配合需要时间，干部摸索到合适的扶贫策略也需要实践。虽然困难重重，但是共产党就是这样一个血液里流淌着不认输、不服输精神的政党，共产党员艰苦奋斗，用汗水探索了一条通往出口的路。这里的扶贫干部也不例外，政务大厅里除了负责统筹规划的几位干部，其他扶贫干部都长时间扎根在群众之中，与帮扶对象保持密切联络。他们背靠组织，面向群众；他们将扶贫方针牢记于心，落实到位；他们利用从"外面"学到的知识，将扶贫理论与实际结合起来；他们大多正处于青壮年时期，把人生最美的时光投入到扶贫事业中。

党为我们指明了一条前进的方向，带领中国重拾尊严，带领我们共建美好生活。当时间的脚步来到2021年，在这个崭新的时代里，我们享受着先辈们用"苦"为我们换来的"甜"。作为一名中国共产党员，我深深地为我们繁荣兴盛的国家而骄傲，为我们心系民众、不断自我革新的共产党而自豪。

焕发爱党磅礴伟力，奏响爱国时代强音

赵佑萱，财政税务学院财政2019级本科生

走过百年风雨，因初心不改而朝气蓬勃；迈向伟大复兴，因矢志不渝而一往无前。

山岳嵯峨，江河浩荡。在这片纵横千里的广袤沃土上，中华民族兴起生长、代代相继。礼乐文物，衣冠典章，风流异域殊方；德盛国强，物阜民丰，声闻西海东洋。有回答"我从何处来"的民族起源故事，有昭示"我何以屹立不衰"的民族英雄传奇；有义战历史，宣示勇敢、正义、爱好和平的民族性格；有民心向背的故事，深刻昭示"我何以众志成城"；还有胸怀天下的视野，使我们的民族以开放的姿态屹立于世界民族之林，树立堂堂正正的形象。

自强不息的民族精神

河海以其奔涌成其壮阔，山岳以其险峻成其巍峨。自强不息的精神是中国百年伟业的凛然意气、凌云志气和冲天豪气。

自强不息代表了中国由内而外，由外而内，内外结合，互相作用的行事作风。大禹治水，愚公移山，精卫填海，夸父追日，这些是中国人耳熟能详的神话故事。它们之所以流传千年万年，是因为它们所代表的价值观能够为历代中国人所认可——中国人遇到问题从来不靠别人，也不靠神仙，总是靠自己解决问题。面对滔天的洪水，靠自己的力量战胜它；大山挡住了交通，自己想办法开拓它；大自然给我们恶劣的条件，我们改造自然。无论是良渚水坝，还是都江堰郑国渠，还是变荒漠为良田，无论是基建狂魔，还是南海造岛，我们一直用我们自己的双手在耕耘着土地。我们从来不指望神，也从来不逆来顺受，脚踏实地，只争朝夕。

历史上，我们的民族不止一次陷于水深火热之中。当生灵涂炭，神州陆沉，是谁救万民于水火，扶大厦之将倾？不是别人，更不是神，而是我们自己，是诞生于人民群众之中的英雄。让我们去拼命奋斗的不是宗教，一直是我们最伟大的人民群众心中的信仰，可歌可泣的故事的背后都是人民群众的光辉，而不是什么神灵的保佑。

江山留胜迹，我辈复登临。在实现中华民族伟大复兴的新征程上，应对重大挑战，抵御重大风险，迫切需要迎难而上、挺身而出的精神。我们民族拥有大智慧、大胆识，愿意为民赴汤蹈火的人数也数不清，这样的人是我们的英雄。我们信英雄，我们信自己，我们相信自己可以成为英雄。

自强不息精神不老，百年大党风华正茂。从开闸破局冲破逆流，到迎风搏击千里浪涛，再到奔流不息天地一新，自强不息的精神，是从神话时代就烙印在我们骨子里的基因，是我们一次次倒下又终究会一次次重回巅峰的民族精神。

社会主义的制度建设

并负垂天翼，俱乘破浪风。国家使命感与牺牲精神是社会主义的历史使命、时代召唤、人民期待。

从革命年代为民族解放奋不顾身，到为建设新中国而筚路蓝缕，胼手胝足；从改革开放新时期击水中流，锐意进取，到步入新时代立鸿鹄志，做奋斗家。在物资极度匮乏的年代，这个国家却没有因此而内卷，没有战乱，没有分崩离析，反而忍辱负重自力更生，给后代拼出来干出来一个完整的工业体系。是什么让一代人吃三代苦创造五代人的奇迹？因为我们有一个坚定的领导核心——中国共产党，是因为五千年中华文明传承让家国情怀与民族复兴的使命感成为浸透在每一个中国人血液里的基因，是我们为千秋万代谋幸福的社会主义制度。

为什么我国可以迅速控制疫情？就是因为有党中央的坚强领导，更有一批具有高度责任感和使命感的基层工作人员来执行防疫政策。基层工作人员具有极高的组织素养，更具有使命感极强的家国情怀，在防疫期间将防疫工作安排得井井有条——苟利国家生死以，岂因祸福避趋之。

当中国人的奉献牺牲精神随着这个伟大的文明一代代传承下来，和代表了广大人民根本利益的中国共产党相结合，迸发出了社会主义——为多数人为千秋万代谋取长远幸福的制度架构。

如月之恒，如日之升。回望百年，中华民族创造了改天换地的人间奇迹，中国人民书写了感天动地的奋斗史诗。面向未来，更光荣的使命等着我们去担当，更伟大的奇迹等着我们去创造。

慨然抚长剑，济世岂邀名。当代中国，爱国主义的本质是坚持爱国和爱党、爱社会主义高度统一。当今时代，奋斗是最生动的许国，奉献是最可贵的报国。面向未来，波澜壮阔的新时代，既是我们责无旁贷的大使命，更是我们建功立业的大舞台。让我们接过历史的接力棒，在百舸争流中劈波斩浪，在千帆竞发中勇立潮头。做冲锋陷阵的闯将，当攻城拔寨的尖兵，赓续自强不息的民族精神，接过社会主义的伟大旗帜，书写俯仰无愧的报国华章。历史不会终结，因为新的历史正在书写——重整行装，中国声音更加响亮！

年年花胜去年红

王端琰，财政税务学院财政 2020 级本科生

岁月不居，时节如流。自1921年中国共产党成立之日起，百年忽焉已至，但就在百年之间，中国从一个积贫积弱的国家一跃成为当今世界第二大经济体，一百年披荆斩棘，一百年风雨兼程，终有今日之辉煌。

今年是中国共产党成立的一百周年，百年征程波澜壮阔，百年初心历久弥坚。从上海石库门到嘉兴南湖，一艘小小红船承载着人民的重托、民族的希望，越过急流险滩，穿过惊涛骇浪，成为领航中国行稳致远的巍巍巨轮。一百年风雨兼程，综合国力的巨大跨越令世人瞩目：从载人航天到探月工程，从量子科学到超级计算，从蛟龙下海到北斗升天……每一次跨越都源自无数民众的支持，但更重要的是中国共产党的领导，唯有党的方向领导正确，民众的努力才有可能获得回报。而这方向的根本目的都是建设强大的中国，使人们生活更舒适便捷，这正是中国共产党人对初心和使命强有力的诠释：为中国人民谋幸福，为中华民族谋复兴。

"我将无我，不负人民"，一个"我"字尽显习总书记对党、国家、民族的赤诚肝胆。"无我"是"无私"，是"忘我"，是国家领路人责任重于泰山的兢兢业业；"无我"是"无畏"，是"舍我"，是党和人民需

要之时的毫不犹豫、一往无前；"无我"是"无畏"，是"真我"，是始终把人民放在第一位，全心全意为人民服务的精神。"我将无我，不负人民"出发点在人民，落脚点亦在人民，一个自始至终都在为民考虑的国家越来越繁盛强大是不无道理的。"功成不必在我，功成必定有我"，前者不计名利，后者敢于担当，二者统一于建设新时代特色社会主义事业中，完美诠释着全心全意为人民服务的宗旨。

今天的中国繁荣昌盛，我们的经济、军事、科技……让任何一个国家都不敢小觑。正所谓弱者无外交，也没有话语权，虽然弱肉强食的丛林法则从未变过，但我国一直保持着大国风范，从不主动挑起事端。面对中美贸易战，我们的态度明确：谈，敞开国门；打，奉陪到底。不卑不亢，不惹事也绝不怕事，因为我们坚信命运共同体，相信文明因多样而交流，因交流而互鉴，因互鉴而发展。正所谓各美其美，美人之美，美美与共，天下大同。当一种文明在遇到事情后拒绝和平友好的沟通交流，只是一味标榜自己先进正确，展现出一种睥睨天下而又"独善其身"的姿态时，这种文明将会因与世界格格不入而被孤立，最终无法延续，所以和羹之美，在于合异，事物贵在和谐，这样才能"天下无敌"。

如今中国在与疫情斗争中，凭借中国速度、中国效率、中国力量负起了大国的责任与担当。越是危难关头，越是关键时刻，越能彰显领导核心的作用，在过去的一年里，中国共产党带领中国人民进行了一场无硝烟却仍惊心动魄的抗疫大战。疫情发生后，习总书记坚持把人民生命安全和身体健康放在第一位，统筹战疫全局，党中央悉心指导，有力督察，第一时间成立中央应对疫情工作领导小组，先后主持召开多次重大会议，为打好武汉保卫战、湖北保卫战提供了根本遵循和科学指引。

今年我有幸参观了武汉抗疫展览馆，展览馆的结语触动人心，令人振奋："一个民族之所以伟大，根本就在于在任何困难和风险面前都从来不放弃、不退缩、不止步，百折不挠为自己的前途命运而奋斗。伟大的抗疫斗争，让我们更加自豪——中华民族历经磨难、不屈不挠，中国人民勤劳勇敢、自强不息，中国共产党坚持人民至上、生命至上。伟大的抗疫斗争，让我们更加警醒——大战仍在继续，前路并非坦途，中华民族伟大复兴绝不是轻轻松松、敲锣打鼓就能实现的，必须做好付出更为艰苦努力的准备。伟大的抗疫斗争，让我们更加团结——有中国共产党的坚强领导，有中国特色社会主义制度的显著优势，有14亿中国人民的万众一心，中华民族必将在新时代的伟大征程上一路向前，任何人任何势力都不能阻挡中华人民实现更加美好生活的前进步伐！"这一段话既是对抗疫斗争的总结，对抗疫取得最后胜利的肯定，也是对未来的期待，对伟大祖国美好未来的憧憬。

今日花开不败固然可喜，但如何让花儿永远明媚鲜艳，甚至更加娇媚，才是我们更应该去思考去努力达成的。"年年岁岁花相似"，未若"今年花胜去年红"，只求"今年鲜花之盛"，不如追求"年年花胜去年红"。

正所谓青年兴则国家兴，青年强则国家强。100年前，《新青年》呐喊："以青春之我，创建青春之家庭，青春之国家，青春之民族。"毋庸置疑，如今时代的接力棒传递到我们手中，站在"两个一百年"的历史交汇点，我们是时代的桥梁与纽带，面对激流，我们要有"长风破浪会有时，直挂云帆济沧海"的勇气；面对挑战，我们要有"石障山屏难阻挡，千回百转总东流"的坚毅；面对重担，我们要有"苟利国家生死以，岂因祸福避趋之"的担当。最酷的青春，不应该用"佛系"定义，而应让奋斗的汗水浇灌梦想的种子。在生命最旺盛的日子里，就应像爬山虎一样，向着心中的梦想不断向上攀缘，把青春的绿色铺满征途。

值此中国共产党建党百年之际，吾辈唯愿祖国在党的领导下在发展的道路上一往无前，花开不败。

百年献礼·党的光辉照我心

颂歌献给亲爱的党
——歌声中的百年献礼

夏文轩，法学院法学 2020 级本科生

鲜红的旗帜，肃穆而又庄严；交织的镰刀与铁锤，铸就着九千万党员的忠诚；穿越血与火的历史烟云，历经改革建设的风雨洗礼，七月，荷韵悠扬的季节，我们迎来亲爱的党的一百周年华诞。

百年征程波澜壮阔，百年初心历久弥坚。1921 年 7 月，中国共产党第一次全国代表大会在上海召开，后被迫辗转到浙江嘉兴南湖的游船上完成会议，中国共产党诞生了。这条船因而获得了一个永载中国革命史册的名字——红船。这一帆红船，是百年奋斗历程的起点，是启蒙之船、理想之船、奋斗之船、革命之船、复兴之船；这一帆红船，也打开了一扇时空之门：艰苦抗战、新中国成立、举办奥运、抗击疫情……这一帆红船，从苦难中驶来，驶向辉煌盛世。

人间正道是沧桑。一百年的风雨兼程铸就一百年的光辉历程，中国共产党作为实现中华民族伟大复兴"中国梦"的领路人，是历史的必然选择，更是人民的必然选择。在这实现第一个百年奋斗目标的伟大胜利的关键节点，我愿在一首首高亢激昂，脍炙人口的歌曲中，回顾中国共产党团结带领中国人民不懈奋斗的光辉历程，展望党和人民事业发展的光明前景，将我最真挚朴素的情感融入歌声中，献给亲爱的党。

"没有共产党就没有新中国，没有共产党就没有新中国。"

——《没有共产党就没有新中国》

百年前的中国，列强侵略，军阀混战，政治腐败，民不聊生，国家命运岌岌可危，我们的党就是在这种环境下诞生！您诞生于灾难深重的旧中国，成长于艰苦斗争的环境，经过长期曲折的道路，终于开创了中国历史的新时代！"从古以来，中国没有一个集团，像共产党一样，不惜牺牲一切，牺牲多少人，干这样的大事"。[①]

我们在共产党的领导下，彻底结束了旧中国半殖民地半封建社会的历史，彻底结束了旧中国一盘散沙的局面，彻底废除了列强强加给中国的不平等条约和帝国主义在中国的一切特权，实现了中国从几千年封建专制政治向人民民主的伟大飞跃。正如这"颂党第一歌"歌中所唱到的，倘若没有我们伟大的共产党人的流血牺牲，没有共产党人的英勇抗战，就没有我们的新中国。

"共产党，像太阳，照到哪里哪里亮，那里有了共产党，呼儿嗨呦，哪里人民得解放。"

——《东方红》

1949年10月1日，中华人民共和国诞生了。我们经历近代一百多年艰苦卓绝的斗争，终于迎来了中华民族浴火重生的曙光。不知过去，无以图将来。在几代中国共产党人的领导下，我们团结奋斗，使新中国发生了近代以来从未有过的、翻天覆地的历史性变化。

在以毛主席为核心的党的第一代中央领导集体带领下，中国人民迅速医治战争创伤、恢复国民经济，创造性地完成了由新民主主义革命向社会主义革命的转变，使新中国进入社会主义社会，成功实现中国历史上最深刻、最伟大的社会变革，为当代中国一切发展进步奠定了根本政治前提和制度基础。而后我们脚踏实地谋发展，为中国发展富强、中国人民生活富裕持续努力，实现了中华民族由不断衰落到根本扭转命运、持续走向繁荣富强的伟大飞跃。

"共产党好，共产党好，共产党是人民的好领导，说得到，做得到，全心全意为了人民立功劳。"

——《社会主义好》

[①] 毛泽东在4月21日召开的七大预备会议上的讲话，求是网，2021年5月8日，http://www.qstheory.cn/laigao/ycjx/2021-05/08/c_1127422149.htm。

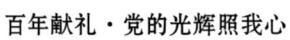

在完成了社会主义革命后,我们党团结带领中国人民进行改革开放,极大地激发了广大人民群众的创造性,极大地解放和发展了社会生产力,极大地增强了社会发展活力,人民生活显著改善,综合国力显著增强,国际地位显著提高。

在党的领导下,我们开辟了中国特色社会主义道路,形成了中国特色社会主义理论体系,确立了中国特色社会主义制度,使中国赶上了时代,实现了从站起来到富起来、强起来的伟大飞跃。

"我们走在大路上,意气风发斗志昂扬,共产党领导革命队伍,披荆斩棘奔向前方。"

——《我们走在大路上》

一百年前,我们对争取民族独立和人民解放、实现国家富强和人民幸福的渴望是多么强烈。今天,我们比历史上任何时期都更接近中华民族伟大复兴的目标,比历史上任何时期都更有信心、有能力实现这个目标。我们相信,中华民族伟大复兴的中国梦一定要实现,也一定能够实现。

"路漫漫其修远兮,吾将上下而求索"。身为一名中南大学子,身为一名入党积极分子,我一定会做到不忘初心、牢记使命。不忘初心,是记得来时的路;牢记使命,是知道前行的方向。我们伟大的共产党是这样走过来的,我也将坚定地走下去!

路的变迁

向澧,工商管理学院农经 2018 级本科生

我的家乡桑植是位于湖南省西北部的一个小县城,乘着脱贫奔小康的东风,家乡的特产现在能通过便捷的交通销往全国乃至世界各地。人民的腰包鼓了起来,精神生活也变得丰富多彩。然而在百年以前,甚至是在我童年时期，家乡的道路远没有现在这样便捷。

曲折探索之路（1921-1949）

桑植地处山区，地势险峻，建国之前从未进行过大规模的筑路工程，除了城中心的官道是青石板路，绝大部分乡镇都是泥土、石头堆成的羊肠小道。然而就在这一条条狭窄的小路上，彰显了红二方面军一往无前的坚定，见证了军民团结一心的温情。

1935年11月，为策应党中央和红一方面军的长征，红二、红六军团在桑植县刘家坪召开突围誓师大会，万余人部队由此出发，实行战略转移。他们的目标是要从内线转到外线，打到敌人后方，减轻党中央和红一方面军的军事压力。红二、六军团在当时并没有一块完整根据地，他们坚信最好的根据地就在自己的脚下。凭借桑植地势复杂的特点，他们以机动灵活的战略，为中国革命保存了大量的有生力量。

与此同时，桑植的百姓也为支持长征做出了力所能及的贡献，部队的资源与服务中心工作和军需，小到一双草鞋，大到口粮布匹，许多都依靠老百姓贡献支持。不仅如此，很多百姓更是冒着生命危险，为红军在大山中引路，躲开敌人的追击。有的地方坡度太陡，百姓们便用石灰、桐油和石头搭上台阶，为红军铺路。红军在百姓的帮助下，借助各种岔路和有利地形，将国民党军队困在大山深处，成功实行了战略转移。没有人知道究竟还要多久才能迎来胜利的曙光，但他们为了民族的解放上下求索，构筑了一条曲折的探索之路。

团结奋进之路（1949-1978）

1949年10月1日，中华人民共和国成立，人民当家做了主人，建设家乡的热情空前高涨，团结友谊的氛围非常融洽。在桑植，人民为了让从前的羊肠小道变成有利于人民生产生活的宽敞大路，在乡村干部的领导下，起早贪黑，投身于道路建设。我的爷爷就是曾经参与修路的一位共产党员。

那时，爷爷每天凌晨三四点起床，备好两三个蒸红薯，便出发前往工地与乡亲们会合。往往赶到工地的时候，天将破晓，回到家的时候，天已经漆黑。那个时候，乡下没有修路的大机器，材料全都依靠人们肩挑背负。现在看上去毫无风险的工作，在那个年代我的家乡，却是一项大工程。有人在修路的过程中，被山上的落石压死；还有人被山上的毒蛇咬伤，因为救助不及时而不幸死亡……但是，在这样艰辛的环境下，人们硬是将从前错不开身的羊肠小道，拓宽成了一米多宽的道路，足够马车、手推车在路上行走、运输。

到了六十年代，随着社会的进步、科技的发展，拖拉机、大货车等农用车辆渐渐普及，为了让这些现代机械进村入户，家乡又掀起了新一轮的道路建设热潮。当时的大多数人虽然还在温饱线上挣扎，但是对道路建设的热情却丝毫不减。我的老家在官地坪镇，从镇上到家仅两公里的距离，但是在修路爆破时还是牺牲了一名筑路工人。在工具没有更新、修路条件艰难的情况下，筑路工人克服重重困难，将道路再度拓宽成四五米的机耕车道。

变革求新之路（1978-2012）

1978年党的十一届三中全会，提出要将党的工作重点转移到社会主义现代化建设上来，对内提出改革，对外进行开放。八十年代，桑植农村也迎来了家庭联产承包责任制，农民的生活越发富裕，以前的机耕车道也渐渐不能满足人们所需。为满足百姓的需求，也为了更长远的发展，政府决定将公路修往每一个村、每一个组。

我记得我六七岁的时候回老家官地坪镇探亲，大巴车只能开到镇上，剩下的石子路、田坎路都要自己走。但是不知道从哪年开始，每次回到老家，路都有了新的面貌。从最开始的石头路，到后来铺上混凝土，水泥路终于修成，我们可以直接把小汽车开到家门口。曾经走过的小路现在只能在田间地头看见，渐渐变成了历史的回忆路、人民下乡体验的旅游路。

致富图强之路（2012 至今）

我的家乡属于全国百贫县，在近些年的发展中生产生活条件与周边区县的差距逐渐凸显。家乡的党组织和广大人民群众意识到这一差距，为了不让差距越拉越大，为了家乡的发展，积极响应国家的精准扶贫政策，不断努力找路径、寻项目。

我的家乡以前没有高速公路和铁路，最近几年在党和国家的关心、帮扶下，于 2017 年开通了第一条高速公路——张桑高速；在 2019 年开通了第一条高速铁路——黔张常铁路，并设立了桑植县高铁站。

家乡新修的高速路、高铁路与原有的进村入户路有效对接，形成了便捷的交通网络，成了真正的致富路、幸福路。家乡的土特产，如获得国家地理标志保护的"桑植萝卜"，现在可以销往全国各地；生产在高山地区的白石腊肉，成了湖南人逢年过节必备的抢手货；从前山上无人问津的粽叶，现在成为远销东南亚各国的致富金叶子……

正是这一条条的道路，便捷了人们的生产生活，连接了内部与外部，共享了曾经走不出大山的各种资源。几十年前桑植人民传唱的一首民歌中，唱到"山是万宝山、地是刮金板"，在中国共产党的带领下，在一代代人民的共同努力下，终于变成了现实！

百年赞歌——党旗飘飘济沧海

唐悦，经济学院国际商务 2019 级本科生

敬爱的中国共产党：

您好！

遥寄百年之前，顶天立地的中国共产党员不畏艰险，于患难华夏中敲

百年献礼·党的光辉照我心

响嘹亮晨钟、冲破晦暗迷雾、震荡腐朽灵魂。身负一只铿锵的铁锤、一把刚劲的镰刀，伟大的党以漫卷赤旗为人民引领万丈光芒。百载韶华呼啸掠过，前行航线上人民始终追随星火红旗，激流勇进上下求索，于神州大地上奏响奋进凯歌。一道道枷锁被斩落、一页页篇章被揭开、一个个奇迹被创造，历史车轮滚滚向前，您的光辉却永不泯灭，如今岁值您的百年诞辰，我有一曲赞歌，想谱给您听。

敬爱的党组织自1921年成立以来，始终不忘为民的初心、不负群众的嘱托，于革命、建设、改革之路上夺取了重大胜利。百年奋斗历程，是一部集坚持、积累、发展与创造于一体的宏大史诗。在您的指引下，中华儿女挥洒汗水、凝聚力量，开辟了去芜存菁的中国特色社会主义道路、形成了与时俱进的中国特色社会主义理论体系、确立了独具一格的中国特色社会主义制度。喧闹的街市渐渐取代冷寂的村落、斑斓的文化日益丰盈空虚的精神，民生福利逐渐完善、政治风气更加清明、国际地位稳步上升，我们应当为这一切举世瞩目的成就而自豪。

作为一名平凡学生，我深切感受到这般辉煌成就并非浮于口头或纸上，而是真正地体现在日常生活中的点点滴滴。遥想20世纪70、80年代，改革开放初入正轨，无数青年志士挥洒汗水，为华夏昌盛添砖加瓦。当时我的父母作为两名农村里的贫寒农家子弟，也赶上了时代发展的列车。据母亲回忆，当时的村副主任田老先生于集体大会中，言辞恳切地表达了希望年轻人能投身于改革开放、在新兴经济发展中发光发热的心愿。田老先生的鼓励，给了当时因贫穷辍学在家的母亲一份希望。怀揣着梦想与热情，父母结伴踏上了去广东谋生的旅途。所幸功夫不负有心人，在那里，他们闯出了一片属于他们的天地。归乡后，父母仍挂念着田先生的引路之恩，在先生的忌日时总会于他的墓碑前献上一束鲜花。一番诚挚的话语、一份关切的心意，像田老先生这般的党员，是人民前行路上的引路长灯。

时光流转至今日，最令我难以忘怀的，是您对保护"青山绿水"坚定的决心。数十载航程中，工业经济为人民带去了富足，但也摧毁了那一方方世外桃源：身处都市，却无法窥见璀璨星点，逃至山村，也难嗅芳草清香。这些忧虑，您看在眼里，痛在心里。终于，2015年10月十八届五中全会的召开，让您得以施展手脚去实现人民的心愿：林业改革、生态修复、绿色富民等政策落地生根，以雨后春笋之势席卷至全国。即便在我家乡的小县城，党员们也丝毫没有放松警惕、放宽标准。寒冬腊月，负责环境治理的叔叔阿姨仍冒着风寒逐户探访，只为普及采用清洁机器生产的益处、劝说百姓置换陈旧高污染设备，一次未果，便多次尝试，直至人民从心底上认同政策。他们从不因个别经营者的恶语相向而退缩，而是始终耐心地同百姓交流，希望能让人民感受到国家的高瞻远瞩。如他们一般的党员，是人民身旁循循善诱、用心交谈的智者。他们的体贴行为，即便在呵气成霜的时节，也依旧暖人心。

或许，作为汪洋大海中的一叶浮萍，我感知到的不过是汹涌波涛下的一小朵浪花。一百年风雨洗礼、一百年励精图治，东方雄狮逐渐从站起来、富起来向强起来迈进，这背后的思想支柱，是各民族在党的领导下同心共筑中国梦的强大精神力量。"中国梦"归根至底，是实现中华民族伟大复兴，这就要求我们必须走中国道路、弘扬中国精神、凝聚中国力量。我们要吐陈纳新开放包容，走出一条独属于华夏的道路。同时，区别于他国的"梦"，"中国梦"是国家命运、民族命运与个人命运休戚与共的命运共同体。全民抗疫攻坚战的成功，便是我们深切运用"中国梦"中的精神力量，视整个国家为命运共同体的现代化象征。

梦想来源于现实，又需受现实滋养。在祖国强盛、人民富足的今朝，以习近平同志为代表的中国共产党人愈发重视"中国梦"的力量，紧紧依靠人民，以举国之力共圆这个"梦"。

作为社会力量中最富朝气、最擅创新的青年群体，首先，我们要怀抱终身学习的心态，关心时闻武装头脑；其次，要学会融小我于大我，敢于有梦、勇于追梦、勤于圆梦。青年兴则国家兴，青年强则国家强，中国现代化强国之路靠我们去铺造。

历经风云变幻、穿越岁月烟云，作别昔日的迷惘苦痛，解禁千年的幽暗封闭。漫漫黑夜已成过往，炙热白昼已涌现至前，百年浮沉怎能遮盖您的耀眼,潮起潮落何以冲刷您的功勋。伟大的共产党母亲,这一刻,我愿为您送上最诚挚的祝愿,以一纸赞歌为依托,庆贺这个辉煌的百年华诞。党旗飘飘,激荡的不仅是岁月,更是儿女们的灵魂。时代浪潮中,我们愿谱写振兴华夏的新诗篇,让世界与人民,见证神州的沧海桑田,让鲜红的旗帜,飘扬在960万平方公里的壮丽河山上,让其承载中华民族腾飞复兴的梦想,以热血和汗水迎接新时代,直挂云帆,横济沧海!

此致

敬礼!

您膝下一名普通青年学子

2021年1月30日

载济世初心,承百年荣光

张培森,经济学院经济2020级本科生

红船迢迢,载济世初心;百年风雨,承百年荣光。一百年风雨兼程,一世纪沧桑巨变,从一路风雨如磐,到一路风雨无阻。2021年是中国共产党建党一百周年,在这特殊的历史节点,我们用笔触记录党的成长之路,也用画笔描绘远景,向党的一百岁华诞献礼。

回望历史,是为了更好的出发。从烟雨缥缈的嘉兴南湖,我们重温伟大的党走过风雨飘摇的岁月;从日寇侵犯的卢沟桥,我们重温硝烟弥漫的战场;从小渔村到大都市,我们重温改革开放的春风热土……在伟大的党一百周年华诞之际,我们用笔触再次探寻踪迹,中国共产党是如何带领中国人民以奋斗作桨、信仰为帆,写下风雷激荡的红色篇章。我们重新见证,中华民族是怎样在党的带领下以江山作纸、热血为墨,谱写崭新的历史画卷。

伟大创举

回望历史，是为了寻找一个答案。南湖碧波荡漾，红船静静停泊，谜底就在那一湖泱泱秀水中，就在先辈们的万里征程上。党的历史从星星之火到赤色全国，足迹遍布祖国的大好山河。我们用坚毅笃行的脚力、明辨是非的眼力、善思善为的脑力、激浊扬清的笔力，去寻找属于时代的答案。

回望历史，是为了我们党更好的出发。我们用笔触徜徉祖国，缩短现实的距离，去看看那些共产党留下足迹的地方，去看看那些因为党而变得更好的地方。

看！浙江嘉兴的南湖上，一百年前漂泊着一艘普通的红船，一百年后，红船仍然在那里，红船精神也依然在那里。漫步南湖畔，中共一大代表们的铜像久久伫立，仿佛在诉说着一个世纪前的那一次出发。彼时意气风发的有志之士，庄严宣告中国共产党就此成立。百年之前，时代强音久久环绕；百年之后，不忘初心牢记使命。

看！赣江环绕，金蟾望月，井冈山上飘扬的红旗，是一百多年前中国大地上最炽热的星；发源于井冈山的革命精神，融在骨血里、刻在胸膛里。如今越来越多的年轻人接过党旗，扛起责任，将井冈山精神代代传承，生生不息。新时代，这片红色土地上层层山峦青松茂密，万亩田畴郁郁葱葱，绿水青山正转变为金山银山，带动老区共同致富奔小康。红与绿交融，历史与现实映照，我们在这里读懂了中国共产党的井冈山精神。

看！跟随着历史的河流前进，我们来到延安——凝固在历史中的城市。延安革命老区枝叶扶疏，青山绵延。这种生命之色带来的振奋，激励着奋斗的延安人民，也激励着每一个到达延安的人。延安精神在毛主席的诗词中，在自力更生、艰苦奋斗的创业精神中，在南泥湾红色文化小镇的蓝图里。今天我们感谢党、歌颂党，不仅是因为美好的生活把歌唱，也是因为红色的基因深扎根。

看！跟随党的步伐，我们来到了我的家乡——河北。回溯历史，就是在回溯数十年来几代共产党人的"赶考"脚步。"赶考"在太行山，老区落后迎来发展，荒山成为果园；"赶考"在西柏坡，90后党员干部活力四射，新一代科技工作者加速当地发展。时代出考题，人民是考官，共产党是答卷人，"赶考"是历史赋予我们党的任务，是人民对我们党永不动摇的信任。

看！凤阳县小岗村18位农民的红手印，拉开了中国改革开放的序幕。我们看到整齐划一的高标准农田和蒸蒸日上的企业，我们看到"大包干"三代带头人至今仍有的那股敢为人先、勇于探索的闯劲。历史抉择，掀起改革潮；忠诚丰碑，探索发展路。在这片希望的田野上，共产党人勇往直前、改天换地的勇气传承至今。

看！当时代的巨轮在武汉鸣笛，我们伟大的党依旧秉承初心，砥砺前行。一百多年前，武昌起义打响推翻腐朽清政府的第一枪，如今，政府、国家、共产党员，还有千千万万的人支援武汉，打响了抗疫的第一枪！

看！我们来到浙江安吉，来到脱贫攻坚的最前线。2021年在党的领导下，脱贫攻坚战取得全面胜利。在这片土地上曾经发生的历史，曾经的落后与羸弱、怯懦与退缩，在中国共产党成立一百年的时间里都已经在我们的不懈努力下变成了繁荣、强大和自信。

回望历史，铭记先烈，让我们重温那段刻骨铭心的岁月，再次领略革命先烈的坚强斗志和伟大的爱国主义精神。我们应该做一名有责任有担当的青年人，要永葆责任感，不忘使命，成为实现"中国梦"的中坚力量，担当起中华民族伟大复兴的重任，为祖国的发展奉献青年人的生力。

回顾过去，我们雄心激扬；立足盛世，我们信心百倍；展望未来，我们豪情满怀。沧桑的岁月已留痕，繁荣的祖国正兴盛。吾辈新青年必将弘党风、践党行、报党志。红船迢迢，载济世初心；百年风雨，承百年荣光！

初心始照，光亮熠行

徐丽颖，新闻与文化传播学院汉语言文学2018级本科生

前仆了漫漫脚步，天堑终成通途；后继了生生信仰，初心终有回响。

伟大创举

一百年的起点，一百年的目光，一百年的气息，一百年的印记，一百年的光亮。

百年风雨飘摇，百年素履而往。

此刻我们的国，鲜明而光亮。"天通一号"2021开门红的航天力量，外交部硬朗而挺拔的中国态度，"新冠疫苗"凝聚中国速度与中国智慧，更有大国的姿态与力量。九百六十万平方公里的土地上，有我们的党在，有我们的国在，最深层的倚靠化为一种最为坚定的力量。

中国共产党从风雨中成长壮大，在历史的人民的必然选择中不忘初心、砥砺前行，带领中国开启了新时代的伟大篇章。1921年，那艘嘉兴南湖上的船，孕育了多少精神的底色。摇篮里飘摇，风雨里成长，中国共产党在一代又一代人的接力中不忘初心与使命，这是融化在每一个中国共产党人心中赤诚的理想信仰与爱国情怀，是每个人一百年来每一个日夜执着而往的源泉与力量。一百年，我们党团结带领全国各族人民进行的革命、建设、改革实践，写下了中华民族新时代的篇章。我们当代青年处于这样一个新时代中，更应心怀赤诚，让对党的忠诚，对国家的爱成为我们内心最坚实也最柔软的部分。每当五星红旗在国歌声中冉冉升起的时候，我们会因为自豪而热泪盈眶。

我们虽然未能切身经历遥远年代里中国共产党一路走来的艰辛，但却能在生命力量的传递中感受到中国共产党"为人民服务"的凝心聚力。疫情发生后，以习近平同志为核心的党中央始终把人民群众生命安全和身体健康放在第一位，把初心落在行动上、把使命担在肩膀上。党中央一声令下，广大党员干部挺身而出。这是"于千万人中上前一步，为千万人吾往矣"的凛然。他们是在用生命守护生命，用"无我"来对待每一个人民。那份初心没有因为任何形式的变化而改变，甚至拥有了跨越一切的力量。更是有许多90后00后青年党员在疫情中贡献着自己的一份力量。疫情防控的成效也再次证明，我们党能够驾驭各种复杂局面，能够克服各种艰难险阻，是引领中华民族走向伟大复兴的坚强领导核心。这些，都深深地影响着我，在我的心里留下信仰的种子。我深深地觉得每一名共产党员都是平凡却伟大。他们的秉气和精神是质朴而赤诚的。他们在不停发光，即使每个个体发出的光亮微薄，但凝聚在一起就能照亮大地。

  作为新时代的青年，我们更应当感受到百年风雨征程带来的新的力量、新的使命、新的责任、新的担当。青年兴则国家兴，青年强则国家强。习近平总书记在党的十九大报告中指出青年一代应努力担当起民族复兴的时代大任，在实现中国梦的生动实践中放飞青春梦想，在为人民利益的不懈奋斗中书写人生华章。这也是新时代对青年一代提出的新的要求，是我们党寄予新时代青年的使命与期望。在此次疫情中，我们国家在中国共产党的领导下共克时艰，全国人民团结一心、坚持不懈，更有许多的青年主动请缨，这是一种薪火相传，是不负使命的坚守，更是一种初心的接连与守望。在给北京大学援鄂医疗队全体"90后"党员的回信中，习近平总书记对青年一代寄予了厚望："希望你们努力在为人民服务中茁壮成长、在艰苦奋斗中砥砺意志品质、在实践中增长工作本领，继续在救死扶伤的岗位上拼搏奋战，带动广大青年不惧风雨、勇挑重担，让青春在党和人民最需要的地方绽放绚丽之花。"[1] 现在我们虽处于学生时代，但我们身上有着新时代赋予我们的责任与使命。我们的青春应当在奋斗中谱写，在努力中描画。我们要心中有党，有国，用知识充实自我、练就本领，争做新时代的学生楷模，在将来步入社会时，与这些值得我们敬佩与学习的新时代青年一样，把最美好的青春献给祖国与人民，让青春之花绽放在人民最需要的地方。

  一百年的起点，一百年的目光，一百年的气息，一百年的印记，一百年的光亮。

  我回想起前岁秋天，军运会的看台上每一次入水激起浪花后的掌声和欢呼，我第一次觉得我竟离我爱的国家的骄傲与荣光这么近，这么近。

  我回想起去年冬天，加强管控后，每一份平凡的伟大带来的感动与力量。我们在一种共同的指引下，相信并且始终相信春天她一定会来。

---

[1] 《在为人民服务中茁壮成长——习近平总书记回信在北京大学援鄂医疗队"90后"党员和青年学子中引发强烈反响》，《光明日报》，2020年3月18日，1版。

我回想起去年秋天，被授予共和国勋章的钟南山脸上平静的荣光，散发的是共产党人的信仰之光，是共产党的伟岸之光。

百年风雨飘摇，百年素履而往。

每一个属于中国的片段，每一步属于中国的足迹，每一份底气，每一份荣光，都有我们党的支撑与照亮。

漫漫脚步，生生信仰，天堑终成通途，初心终有回响。我们的党，会在前进的步伐里开拓每一个百年，坚守每一份初心；我们爱的国家，会如遥远的星河一样，百年又百年，依然璀璨而光亮。

家乡路上的驼铃

张宇，刑事司法学院公安 2020 级本科生

家乡是一个温暖又难以割舍的地方，她孕育了我们，是我们永远的避风港，她便是那屹立于祖国西北的新疆。古丝绸之路赋予了她别样的风情，香甜的瓜果使她广为人知，欢乐的歌舞彰显了她多样的人文情怀。百年来，在党的领导下她经历了无数蜕变，新时代的光为她照亮了更美好的前路！

从沙石小路到现代交通。多年前，我的家乡随处可见颠簸的沙石小路，极大地影响了通行效率。而现在，这里实现了柏油马路全覆盖，共享单车在各地普及，路上的汽车川流不息。自 2006 年党批准建设到 2018 年乌鲁木齐地铁 1 号线开通试运行，乌鲁木齐成了西北地区第二个开通运营地铁的城市，这提升了人们的生活质量，为新疆向着更高水平的现代化社会发展做出了引领式贡献！

从人烟稀少的荒地到人潮涌动的著名景区。仍记得，在我年幼时家乡的西北角有一片无人荒地，而当我成年之时再次路过那里时，我惊讶地发现这里已经建立起了国家 3A 级旅游景区并且有了自己的名字：碧琳城。各地的旅客们齐聚一堂，共同欣赏新疆的风貌。家乡的面貌焕然一新，时代的气息在每一个角落涌动！

从线下商超到线上购物。以前由于地理位置偏远，很多货物都无法在本地商超买到。而现在，短短十年间互联网经济在新疆不断发展，人们可以使用支付宝、微信支付等线上支付工具，网购也逐渐形成潮流，在本地无法买到的商品大多可以通过网购获得，同时本地的特产如葡萄干、巴旦木等也通过网上渠道销售到全国各地，这在很大程度上助力了新疆脱贫攻坚任务的圆满完成。如今，互联网已基本在全疆普及，在这个互联互通的时代，我相信我们一定可以开创一个信息化的西域！

从遥远边疆到丝路中心。曾几何时，新疆在许多人的印象中还局限于骆驼、牛羊、丝绸等传统事物。如今，随着科技进步与经济社会的不断发展，新的活力也不断产生。"天上瑶池人间阜康，人杰地灵物阜民康"。坐落在天山天池脚下，我见证了天山天池从无名山区到国家 5A 级旅游景区的巨大转变，我在这方面也加强了学习，向各地的朋友介绍了瑶池西王母文化。在夏季，人们可以在天山天池享受自然美景与少数民族民宿的独特风情。作为中国国际进口博览会与丝绸之路经济带的核心区，这里吸引了众多海内外商业公司，仅 2019 年就签署了百亿商业合作项目，有效促进了中外互联互通。在冬季，人们可以去天山天池国际滑雪场体验冰雪的乐趣。2016 年，我的家乡顺利承办了第十三届全国冬运会，来自全国各地的优秀滑雪运动员齐聚一堂切磋技艺。通过这届冬运会，冰雪运动成了家乡的一张新名片，不仅让许多没有见过雪上盛况的朋友领略了西域冬季的别样风光，而且助力了我国冰雪运动的蓬勃发展！如今，依托国家政策的扶持与天山天池的优质资源，新疆向着新型智慧省会城市的目标不断前进！

从教育资源稀缺到受教育程度高于全国平均水平。过去由于地理面积较大、民族众多、语言隔阂及南北发展不平衡等原因，新疆的教育资源十分稀缺。进入新时代后，党和政府不断加大对新疆教育的投资建设。自对口援疆建设以来，新疆成功实现义务教育全覆盖，且每年都会有内地优秀教师来疆教学交流，政府对家庭经济条件有限的同学还会提供额外的补助，保障每一位孩子受教育的权利。除此之外新疆与内地学校的联合教育也不断发展，已有内地新疆初中班、内地新疆高中班等多形式办学，成功实现了内地与新疆教育资源的共享。目前为止，新疆已经实现全疆受教育程度高于全国平均水平，教育基础设施建设基本完善，各民族间的文化水平差距不断缩小，教育发展稳中向好。同时随着教育的完善，各民族间的了解与交融也不断深入，这有力促进了民族团结，为社会的长期稳定和谐打下了坚实基础。教育是人成长的第一步，新时代在党的领导下新疆的教育不断发展，让更多的人受益终生！

新疆，我的家乡！在党的带领下这片古老多彩的疆域再次焕发生机！我们感谢党的大力支持和新疆各族人民的努力！在这个特殊的时间点我衷心祝福党的百年大庆，相信在不久的将来，家乡的明天会更美好！祖国的明天会更辉煌！你听，丝路上又响起了那清脆的驼铃声……

举水红船千帆过，杜鹃花撒万里情

高天乐，刑事司法学院公安 2020 级本科生

大江岸头，樵夫行舟万里。生长于鄂东水岸，她尽管只是一座小城，却阅遍了千百年的盛衰。她，就是我的家乡——麻城。在一代代革命志士、社会主义建设者的带领下，她从一个自古的山头小县逐渐建成大别山中心城市。在建党百年之际，麻城儿女更愿追溯红星的脚步，展望丰收的明天。

严正家风是党员干部应有的家庭操守。由于家里党员颇多，打小我便接触到了党性修养。在父辈们的熏陶教诲下，我见证了他们用自己的肩膀扛起家乡建设的旗帜，也逐渐懂人文、明事理、知廉洁清正。可以说，我

的党课就开始于那段懵懂的岁月。这个家，在国家政策与福利的趋渐完善中变得越发充实美好，但自爷爷那辈老党员传下来的清平淡雅之气却永不会变。

与老家共生长的，还有老城区的一人片土。近二十年，这里旧貌换新颜。在广大社区党员的提议与建设下，老城实现了真正的脱胎换骨。眼看着黄土泥泞变成水泥大道，旧区房也纷纷盖起了三层大居户。社区党员带头冲锋，帮助街道居民答疑解惑、规划居所。他们抢在修路的一线，戴起手套搬运物资。没有他们的殷切付出，就没有家园的蒸蒸日上。不光是老城区的一带风景，在麻城，有无数个这样的角落在党组织的带领下开进了快车道。也许，美好的回忆也来自那一个个为美好生活奋斗的坚实背影。

大街小巷都蕴藏着这座小城的伟岸情怀。在百年岁月前，在新民主主义革命的熏陶下，她也成了那星星之火，长波汇聚，终成烈焰。黄麻起义，打响了鄂豫皖地区武装反抗国民党右派的第一枪；中原逐鹿，千里挺进大别山揭开了全国性战略进攻国民党的序幕。地处华中要道的她，自古人来人往络绎不绝，引得无数豪杰驻足。车行国道，你会远望"中国将军第一乡"，在这里，我们瞻仰战功赫赫的中国十大将军之一——王树声。在改革开放的大潮中，一代代麻城人涌入新时期建设的洪流，一座座高楼拔地而起，新的建设蓝图徐徐展开，我们无不为这翻天覆地的改变感到由衷的骄傲与自豪。

城虽小，却有大格局，铸就了独特红韵。麻城是一座把中华优秀传统文化融入干部修养与行政理念的城市。无论对内行政还是对外交流，始终都把人民的利益摆在第一位。同时，这里也积极创建着孝感乡文化，以移民历史为依托修建城中公园，大力弘扬孝善精神。把人文情怀熔铸于行政作风，让家国情怀历久弥新。

最令人动容的，莫过于疫情来临时，党员干部们协力构建温情之盾。那时，全城的党员干部共同发扬"忠勇孝善，创新奋进"的麻城精神，及时对点排查、居户登记。这是一群不辞辛劳、代表人民的队伍，他们在麻城最为危难的时刻守住了麻城的幸福安宁。党组织经过多年的发展，其组

伟大创举

织与工作能力的卓越、思想意识的统一，为人民服务的理念的坚定，在这次防疫战斗中，得到见证。

在一个国家级贫困县，扶贫任务任重道远。父母同为麻城党员，光荣成为扶贫任务的主力军。跟随父母，我曾跋涉过麻城大小乡镇，亲眼见到许多穷困潦倒的人在党员干部的带领下走上了小康。他们走进工厂，奔赴技校。在兜底保障的同时，不断拔高其文化素养，保证扶贫先扶智。一年年，街道不再脏乱，乞丐也纷纷靠着劳动实现了改造。父母亲戚常年为家乡的扶贫事业而奔波，见证了2020年的脱贫摘帽。我看见了一个科技创新、经济活力的城市正在逐渐崛起。大别山医院、麻城中学、麻城广场、文化小镇……一个大别山中心城市正在缓缓屹立，成就着鄂东的明珠。

一代代仁人志士相会于此，奠定了麻城的水韵风华。麻城的青年学子们努力把自己的青春交给知识，化作力量！这种拼劲儿，为我们的家乡输送了无数的人才，打造着走在新征程上的魅力麻城。曾经的烈士靠着小米加步枪，在解放战场上披荆斩棘，换来的，是如今课桌前的书声朗朗。是的，新一代的红军战士正徐徐走来，他们在向这个社会发出豪迈的呐喊，带着麻城的精神面貌，乘风破浪。

青春飞扬，回馈家乡。如今从麻城走出去的大学生们正积极地把自己的知识与能力用于麻城的建设，助力乡村振兴与疫情防控，强化创业创新。他们有的深入村委会，帮助村民做好各类民主建设；有的投身社区环卫，把理论与实践相结合，投身在疫情防控的第一线。大学生们积极发挥党员团员的朝气，明确自我的发展方向，用自己的言行来践行"为人民服务"的宗旨。

在社会主义现代化建设的洪流中，一代代党员干部搭着红船从举水母亲河扬帆而过，在杜鹃花城成就了属于人民的故事。薪火相传，情怀不灭。麻城的故事也正在新一代党员抒写下变得更加灿烂。曾经，她把我们送到大别山外；未来，我辈也应带着知识与热血去回馈她，让她成为现代化强国建设征程中一颗闪亮的星！

这里，是渔舟唱晚，巨轮激浪；花撒千里，情结黄麻。

百年献礼·党的光辉照我心

以历史为骨，新时代筑起血肉之躯

覃天，刑事司法学院公安 2020 级本科生

我的家乡在湖北宜昌，是一座美丽的山水名城。这里有白居易、白行简、元稹三游留下的点点墨韵，也有着三峡夷陵的水复山穷。但谁又能想到在这种看似山清水秀、与世无争的城市里，也曾有过惊心动魄的动荡历史。

号称为中国式"敦刻尔克"的大撤退曾在这里上演，为中国抗日战争后续反击保存了宝贵的有生力量；宜昌军民曾在这里护送过张自忠将军的遗体，两岸白衣夹道而出，护送轻舟渡过万重山水。作为溯长江而上入川的门户，这里承载着千千万万人的厚重，也辉映着历史的斑斑轨迹。

历史在这座城市留下了种种痕迹。为了纪念大撤退，一座巨型的大撤退纪念碑平地而起。来来往往的人群在抬头望向这座雄伟的纪念碑时，历史的波涛夹杂着声声呐喊，回荡在人们的耳畔。同时，纪念碑也向我们的血脉里融注着一份历史的厚重。

可以说，宜昌人的骨子里是有一份历史感的，所以我能够毫不犹豫地说，我深爱着养育我的家乡，所以我能够毫不犹豫地去感恩对这座城市做出贡献的人们。我们会记得宜昌那时作为一个小码头而感知的血与泪，也会记得宜昌贫穷时所承受的灾难与饥饿，所以我们会更加珍惜当今的美好生活，更加去爱戴改变这一切的中国共产党。

当三峡大坝在这里横跨长江两岸，当宜万、汉宜铁路在这里飞驰而过，当宜昌成为全国文明城市，当宜昌成为世界的水电之都、钢琴名城，每一个宜昌人内心的热血在沸腾。每一个宜昌人的内心盼望着的光明未来已在中国共产党的引领下到来。我明白也笃定地相信每一个宜昌人都已经看到了宜昌这座充满历史感的古城在新时代焕发出了新的活力。

伟大创举

在中国共产党的领导下，每当人们行走在街道上，可以清楚地感受到宜昌已经发生了翻天覆地的变化。流动摊点已被干净整洁的集中化的市场代替；鱼米土坯逐渐成为如今的高楼大厦；礼让行人已成为司机们潜移默化的习惯，宜昌这座城市在新时代春风的沐浴下变化不可谓之不大。

随着改革开放政策的到来，宜昌积极响应国家政策，积极地利用作为长江重要枢纽的战略地位，将引资引技相结合，合理的促进了经济的高质量可持续发展。一个鱼米码头以一个肉眼可见的速度成长为一个可经风雨、独当一面的城市，这让每个宜昌人都喜上眉梢。

宜昌的发展实践也证明了改革开放的决策是正确的、科学的并且是符合客观发展规律的。中国共产党坚持走群众路线，以人民为中心，提出发展为了人民，发展依靠人民，发展成果由人民共享，坚持全心全意为人民服务的宗旨，风风雨雨的百年来不断坚持为中国人民谋幸福，为中华民族谋复兴，踏踏实实、勤勤恳恳的引领着整个中华民族走向复兴之路。

在所有为宜昌做出的种种努力中，最令我有切身体会的是宜昌成立了名为"三峡蚁工"的组织。这是近些年来才成立的组织，其目的和活动很简单，就是通过号召附近的居民一起在长江边上捡拾垃圾，从而以此治理长江的生态环境。习近平总书记指出宁要绿水青山，不要金山银山，而且绿水青山就是金山银山。而"三峡蚁工"用实际行动践行了该理念，有效地保护了长江周边生态环境，为沿江生态做出了巨大的贡献。

"三峡蚁工"的组织从一个人开始，再到一个家庭，再到一大群人。从一五年底至今已逾五个年头，很难想象，这样的一群人居然仅仅靠着自发自觉，自愿抽周末或是节假日的时间来长江边上捡拾垃圾，其捡拾垃圾的总量竟已超过了千吨。

而我有幸也参与过几次其组织的活动，起初只是抱着试一试的心态去捡着"玩一玩"，但当我拿着大的蛇皮口袋，戴上手套和长垃圾夹去一片一片的捡拾垃圾的时候，当我一连坚持了多次"三峡蚁工"活动的时候，我已经成为新时代为改变家乡做出自己贡献的一分子了。

有这样一个组织，能让参与其中的人拥有为家乡建设贡献出自己一份力的宝贵机会与真切感受，那无疑是一个优秀的组织。并且该组织也切实地为自己家乡与长江这条母亲河的生态保护做出了巨大的贡献。

这就是我的家乡在新时期的变化，它并非凭空出现，也并非一蹴而就。它的发展与改变承载着我们每一个人的努力，希望我的家乡宜昌能够在未来发展得越来越好。

执剑与嗅桂

祝睿，刑事司法学院公安 2020 级本科生

午后艳阳，寻一僻静幽凉之处翻开相册，入眼是一张张泛黄的相片。

轻抚着相片，家中长辈一时陷入回忆。半晌，她缓缓开口，轻声讲述着过去的故事：

我的家乡，它曾泥泞坑洼满路、人烟足迹稀少。我的祖辈们在这里，举起、挖下了第一铲。那时建起的，是一座座用泥墙草顶盖成的房、是一条条用山中碎石搭起的路。这路时常割伤我们，但我们得走，得努力地往前走、往外走。

我的家乡，它曾落后于时代。村中孩童闻鸡而起，日行十里，需翻山涉水，更有拦路蛇兽。无论谁家，五岁稚子便能拿起锄头，跟着父母在田间劳作。在白天：夏日头顶烈阳、冬日身披风雪。在黑夜：借微弱烛光，翻看泛黄残破的书本。我们在这里，一步又一步地走向了学堂，再苦再累，只为有朝一日能走出村庄。

我的家乡，它曾困于贫穷。昏黄烛光下是母亲早已弯下的脊背，她时而抬起的手在破旧的棉衣中穿针引线。燃烧的火堆旁是父亲饱经风霜的脸庞，因担忧生活而皱起的眉头成了一道道皱纹。

施工的轰隆声传来，长辈望向窗外。

伟大创举

　　那是1985年的春天，几位党员来到了我们村里，说了解到我们这条件不好，主动来带我们修好路、兴发展。要让家家户户吃饱饭，每个孩子有书读。

　　刚开始村里可没人信。我们知道共产党好，但也没想过能过上那么好的日子。当天晚上，村主任的家里烧完了好几根蜡烛。第二天一早，村里就开了动员大会，村里一些年轻人一咬牙，就跟着共产党了。

　　我看着长辈，她神色满是回忆，带着微笑。"那一定是个好结局了"，我这样想着。

　　后来啊，那几位党员带来了一个施工队，日日月月地修。村里人每家轮流，送点吃的去施工队里。那些人不肯收，说党员不该拿人民的东西，村里人实在是拗不过，只能让一些有空闲的人去做点力所能及的事情。

　　我们看着那条通往外面的路慢慢变得平整、干净了。许多孩子可高兴了，每天都说着以后也要加入共产党，当个有能力的人。

　　那条路修完后，村里人去城里要方便许多。许多人去了城里做一些小生意，孩子也去了城里读书。久而久之，大家的生活都好了许多。

　　相册一页页翻过，相片由旧变新，定格的场景也逐渐明亮。我拿过相册，笑着讲起今日的面貌："我的家乡，如今已是油柏大道通出村外，人来人往交结相助。在这里，有惬意的花间洋房，也有欢悦的游人公园。早有邻里相约晨跑，晚有广场相聚起舞。河道两旁修起石板路，种起杨柳树。夏日听蝉鸣，秋风送落花。我时常与同学结伴而游，谁人不道一句'山清水秀'？"

　　我的家乡，在政府资助下建起了宽敞明亮的大学堂。有稚童牙牙学语之声、有初试读书之声、也有自律求学之声。在义务教育政策的支持下，家家孩子有书读，也不必踏着黎明出门，带着星月而归。我们所看向的，不再是十里外的街，也不是百里外的市，而是世界，是未来。

　　我的家乡，已不受短褐穿结，箪瓢屡空之苦。饭桌之上荤素搭配，饭桌周围洋溢欢笑。逢年过节，孩子们更是可以收到喜爱的玩具。长辈们不用再每日在田里劳作，闲暇时可听钢琴、古筝之音，可观公园画师一作。

无奢侈之意，有小雅怡情。

而在2010年，那个全国相连的发展时代，我的家乡仍是一座跟在其他城市身后的小城，跌跌撞撞的，不知道该何去何从。它不像政治文化中心北京，不像对外贸易发达的上海、广州，更不像工业基础雄厚的武汉。它只有绵延的青山、盘踞的河流、几处温泉与无数的桂花树。

在2012年时，"第一批全国旅游标准化示范单位"的名单里，出现了它名字。我的家乡，它变得更加鲜活了：每年的旅游节，来自全国各地的车辆奔走在道路上。尤其是一些著名的温泉点附近，川流不息，人山人海。在十月金秋时，有人会特地赶来，只为游赏种满桂花树的十里长街。

当知道我的家乡能作为旅游景点发展的时候，我是由衷的感谢与高兴的。"金山银山不如绿水青山，绿水青山就是金山银山"。每一个从山里走出来的人，想必都能领悟到这句话的情谊。它不仅是一句简单的保护环境的标语，更是维系了人们对大山的眷恋之情。

时间老人眨眨眼，日子便如白驹过隙，倏尔远去。在共产党的带领下，我的家乡不再居于一隅，渐渐地发展，走向了全国。

执剑以不可当之势寻发展，嗅桂以山水情之谊爱家乡。我家乡的每一处变化，都离不开新时代社会主义建设的浪潮，离不开共产党人的辛勤工作。它从一个破落的小城，一步步到被提名为桂花之乡、被评为卫生城市。这巨大的变化，非亲眼见证而不可信。

我的家乡，咸宁——它在时代潮流里历苦难、寻发展，有困难重重、有拨云见日。先辈们筚路蓝缕，几代人书写千秋。在这长征路上或许有不足、有失意，但终究在发展、在前行。而如今，中国已在国际上展现出了强大的国力：无论是全面脱贫，或是在疫情防控时表现出的高效迅速。在这之中，无数共产党人的努力都是无法忽视的。

如今我已步入大学，当不断勉励自己，有不坠青云之志，不忘赤子初心，无时无刻紧跟党的步伐。我也希望某日，能像当初走到我们村中的共产党一样，在中国的某一处角落，留下自己的价值。

伟大创举

百年正是风华正茂

董昱萱，哲学院国际政治 2019 级本科生

2021 年是中国共产党成立一百周年，历经百年风雨，伟大的中国共产党在内忧外患中诞生，在挫折磨难中成长，在战胜风险挑战中壮大。

回首百年，从建党的开天辟地，到新中国成立的改天换地，到改革开放的翻天覆地，再到党的十八大以来党和国家事业取得历史性变革，中国共产党带领中国人民形成了中华民族的命运共同体，彻底改变了中国的命运。在党的带领下，中华民族将继续挥洒热血，砥砺向前，迎接新挑战，续写新篇章。

一、近现代艰苦奋斗，终圆梦今朝

《庄子·知北游》有言："白驹过隙，忽然而已。"1921 年 7 月，浙江嘉兴南湖红船上的会议昭示了中国共产党的诞生。中国共产党的建立，犹如春雷唤醒了沉睡已久的东方雄狮，拨开了数百年来笼罩于千万仁人志士心头的迷雾，树立了共产主义的伟大旗帜，点燃了神州大地上的星星革命之火。从此，有中国共产党做中华民族的领航人，指引前进的方向，给水深火热中的中国人民带来了光明和希望。

在国家危难之际诞生的中国共产党注定了她的不凡。以毛泽东同志为主要代表的第一代中国共产党人，团结全国各族人民艰苦奋战，推翻了帝国主义、封建主义和官僚资本主义三座大山，建立了新中国。十一届三中全会以来，以邓小平同志为主要代表的中国共产党人，总结新中国成立以来正反两方面的经验，实现了全党工作重心向经济建设的转移，实行改革开放，开辟了社会主义事业发展的新阶段。在邓小平理论的指导下，国家生产力迅速发展，中国由落后走向繁荣，人民生活水平逐步提高。

正是党的领导拨开了华夏大地的重重迷雾,将共产主义信念的火种撒向大地,以理想的火炬照彻强国之路,万里河山因而挺拔俊秀,雄浑壮丽,历史的长河因而波澜壮阔,豪情万丈。历经百年风雨,相信在中国共产党的正确领导下,沿着社会主义道路不断前行的新中国将再次创造奇迹,惊艳世人。

二、新时代飞速发展,未来可期

进入 21 世纪,中国共产党带领着中国人民踏上了脱贫攻坚、全面奔小康的道路。随着国家经济总量的不断上升,我国如今已成世界第二大经济体。新世纪的中国正在书写着中国共产党的光荣,中国发生的翻天覆地的变化,昭示着祖国发展更为广阔的前景。

从大锅饭到如今提倡绿色健康食品;从技术薄弱、科技工业水平低下到中国天眼、北斗卫星;从 1949 年 80% 的文盲率到全民教育、终身教育;从社会矛盾的变化到中国梦的提出……时代在进步,"美好"在变化,随着国家实力的不断增强,中国的发展势头不可阻挡。

从 1984 年射击运动员许海峰在洛杉矶奥运会上夺得中国第一枚金牌,到 2008 年北京奥运会的成功举办,这是中国在国际舞台上的华丽转身;从 1995 年中国申请加入世贸组织,到 2015 年亚投行成员国增至 57 个,再到 2020 年 RCEP 的签署,这是中国从世界潮流的跟随者向引领者的完美蜕变。

但是,任何事物都有两面性。正如张维为教授在《中国触动》一书中的深入分析,中国经济固然在展翅腾飞,但也出现了一些问题,如城乡发展不平衡、贫富差距扩大、食品问题、生产安全问题等等……这些问题无时无刻不牵动着党和群众的心。因此,党中央提出了一系列新发展理念,转变经济发展方式,谋求人口、环境和经济的协同并进,努力追求国家的协调发展。

而如今值此庚子之年,新年伊始,新冠疫情肆虐全国,一时间人心惶惶。在国家困难之际,中国共产党带领着全国人民举国同心抗击疫情,仅以三个月的时间便基本控制疫情,速度之快惊艳世界。进入新时代,相信在中国共产党的领导下,我们的祖国一定会成为繁荣富强之国,中华民族伟大复兴的中国梦一定会实现。

三、吾辈青年砥砺奋斗，勇往直前

历史的巨轮从未停歇，中国之崛起必将撼动世界。中国梦，我的梦，中国共产党，人民的政党。党与青年人的青春联结，迸发出强大的生命力，青年人正在党的召唤下谱写华夏民族的新乐章。

中国特色社会主义进入新时代。广大青年是"两个一百年"和中华民族伟大复兴的参与者、贡献者、见证者。在习近平新时代中国特色社会主义思想的指引下，中国开启了新征程，谱写了新篇章，也给广大青年提供了施展抱负、竞展风采的新天地。从习近平总书记的讲话中我体悟到当代青年要与党的历史使命同心同向，从当代青年榜样事迹中我体悟到要脚踏实地主动承担使命。经过2020年的两次大考，我们深深体会到了社会主义制度的优越性，更加深了对中国共产党的信任。在中国共产党的正确领导下，我们每位青年都应为中华民族的伟大复兴而奋斗。

历史的车轮滚滚向前，2020年是全民抗疫、共克时艰的一年，也是全面建成小康社会的收官之年。这一年里有困难，也有希望，有挑战，也有机遇，有收获，也有奉献。广大青年将怀揣一颗赤子之心，努力学习党的伟大精神，将理想抱负熔铸到脚踏实地的奋斗中，不断向前迈进。

呼啸的新时代已经来到，九万里风鹏正举，八千里路云和月，我们当矗立在世界之巅，歌唱盛世赞歌。不忘初心，砥砺奋斗，党的百年正是风华正茂。愿党的光辉永远照耀在中华大地上，愿中国的明天更加辉煌！

亲爱的祖国，亲爱的党

许思源，统计与数学学院大数据 2019 级本科生

一百年前，中华民族历经磨难。中国共产党的诞生，改变了整个中国的命运，开启了中华民族新纪元！没有共产党就没有光明，没有共产党就没有新中国！那是一个战火纷飞的年代，山河动荡，国土沦丧，无数仁人志士为了民族复兴，英勇无畏，舍生取义；那是一个动荡不安的年代，外敌入侵，国家受辱，无数英雄英豪纷纷起义，救民救国。1921年中国共产党第一次全国代表大会召开，中国共产党宣告成立！从此，旧貌换新颜，历史展新篇。

是党带领人民，走出黑暗时代；是党带领人民，建设新中国。国之初立，百废待兴。在中国共产党的领导下，1950年，中华人民共和国土地改革法颁布；1953年至1957年，一五计划实施，夯实了社会主义工业化的基础，为我国的经济建设做好了足够的铺垫。20世纪60年代，卫星升空，核弹爆炸，科技强国；1978年改革开放掀起新浪潮。回首当下，袁隆平院士的杂交水稻填饱十四亿人的肚子，屠呦呦女士的青蒿素拯救千万人的性命，莫言先生的作品发出中国声音，还有许多许多，无一不能体现祖国的强大，中国共产党的伟大。

在中国共产党的带领下，中国取得了许多举世瞩目的成就。2015年11月27日至28日，习近平总书记发表的重要讲话强调消除贫困、改善民生、逐步实现共同富裕，是社会主义的本质要求，也是党的重要使命。全面建成小康社会，是中国共产党对全国人民的庄严承诺。至2014年底，中国仍有7000多万农村贫困人口。中国共产党在习近平总书记的领导下，立下愚公移山之志，咬定目标、苦干实干，坚决打赢脱贫攻坚战，确保到2020年实现全面脱贫，全面建成小康社会。2018年，脱贫攻坚在力度、广度、深度和精准度上都达到了新的水平。我国精准扶贫精准脱贫举措扎实落地，东西部扶贫协作和定点扶贫取得突破性进展，贫困地区生产生活条件明显改善，多年困扰贫困群众的行路难、通信难、教育难、就医难等问题，在大部分地区得到了解决。2019年是新中国成立70周年，是打赢脱贫攻坚战攻坚克难的关键一年。深度贫困地区的资金、项目、举措倾斜力度加大；产业、就业、教育、健康扶贫扎实推进，全国贫困县又摘帽了340个左右。随着"十三五"异地扶贫搬迁规划建设任务的基本完成，全国又有1109

万农村贫困人口实现了脱贫，为2020年全面打赢脱贫攻坚战奠定坚实基础。2020年11月23日，这是值得人民庆祝和铭记的一天。这一天，贵州省66个贫困县全部脱贫摘帽。至此，国务院扶贫办确定的全国832个贫困县全部脱贫摘帽。全国贫困县清零，标志着全国脱贫攻坚战的胜利。

而在2020年突然爆发的新冠肺炎疫情中，共产党员的身影更是随处可见。疫情期间，总书记提出全国一盘棋，统一指挥、统一行动，坚持举全国之力，集优质资源，为战胜疫情形成了强大合力。在党中央的统一领导下，各个地方令行禁止，严格高效落实各项防控措施，全国形成了全面动员、全面部署、全面加强，横向到边、纵向到底的疫情防控局面。中国共产党的领导，是疫情来袭时中国人民最重要的保障和最可靠的依托。2020年1月，作为从武汉返乡的大学生，为了他人及自身安全，我严格遵守了居家隔离政策。在我被隔离的日子里，社区党支部的党员经常与我通电话，关心我的生活，缓解了我的焦虑与担心。社区的党员们坚守岗位不退缩，积极履行职责的身影深深烙在我的心里，这就是共产党员的精神，他们用行动无言地告诉我：请你放心，我们与你同在！

那时疫情突如其来，火车站、飞机场、汽车站、医院，都变成了风险较大的场所。又恰逢春节，人员流动性大、流动范围广，更是给这些场所增加了许多潜在风险。而我的姐姐，就在火车站工作。在春运工作期间，她舍小家为大家，日夜坚守，做好最后一公里的服务，冲锋在疫情防控前沿。即使气温降至零度以下，站台上的寒风凌厉，冒着被感染的风险，她也始终坚守自己的岗位接送列车。家人们都很担心，纷纷劝我姐姐要以自身安全为先，但我姐姐认为，身为一名党员，时刻应当发挥党员的先进带头作用，树立榜样，争做先锋，这样才能带动群众，共同成长。虽然是普通岗位，但小人物也蕴含着大能量。我知道，像我姐姐这样一心奉献的共产党员，还有很多很多。他们在疫情面前守初心、践使命，以共产党员的忠诚与担当奋战在疫情防控中，以强烈的政治责任感和使命感打好了疫情防控阻击战。在身边共产党员的言传身教下，我更加坚定了想要成为一位中国共产党员的志向与决心，我将来也要成为为人民服务的一分子，通过自己的努

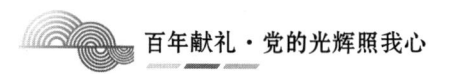

力奉献为社会增一分热、添一份彩。

一百年栉风沐雨，一百年风雨兼程，回首一百年，中国从站起来，走到富起来，又到强起来，这发展势如破竹，无人能挡。人民生活更加美好，实现了人的全面发展，共同富裕也取得了更为明显的进展。大风泱泱，大潮滂滂。洪水图腾蛟龙，烈火涅槃凤凰。和天地并存，与日月同光。愿我中华，越来越好！

红船载千钧，征程行万里

周雯萱，金融学院金融学 2021 级本科生

在过去的 2020，世界经历了太多，旧秩序的失灵让我们深切体会到"百年未有之大变局"的历史风向标。诚然，2020 对于世界各国都是一次大考，我们愈加感受到人类命运共同体必须携手栉风沐雨、披荆斩棘、共克时艰。

幸运的是，站在此刻看中国，我们控制了疫情，跑稳了经济，这一切都离不开党的领导与部署，离不开每一位党员的主动请缨。"玉汝于成，功不唐捐"，如今的 2021，是来之不易的，是在党的正确领导下由每一个中国人民奋斗出来的，也必将是光辉灿烂的。

红船载党史，历史现初心。

回望过去，我们无时无刻不在负芒披苇中开拓进取；穿越百年，中国共产党历经沧桑，不断成就新辉煌。在一个风雨如磐的年代中，中共一大代表突破重围，在红色画舫上完成了议程，一个时代的象征悄然诞生，她冲破漫长黑夜，为九州大地带来了希望的曙光。南湖红船点燃的星星之火，形成了中国革命的燎原之势，照亮了华夏大地的整片天空。百年风雨兼程，百年岁月如歌。正因那一艘红船和红船承载的精神信念，中华民族才得以崛起，我们才得以坚定地向前。

伟大创举

红船悠悠行，精神聚人心。

百年岁月，我们伟大的党历经沧桑：初创阶段的青涩、北伐时期的洗礼、土地革命的探索、抗战时期的硝烟、解放战争的炮火、北纬三十八度的雪天……我们仍记得：革命烈士张人亚冒死从沪反宁，对父亲说"这些文件比我的生命还重要"——那是现存的唯一一首部党章；长征嘉陵江途中，年轻女战士石磨玉强忍剧痛，把被划开的肠子塞回腹部而战斗至生命最后一秒，留下一颗赤子之心；董存瑞手持炸药包在碉堡下的义无反顾、黄继光面对枪口的挺身而上、邱少云在烈火中的纹丝不动……没有共产党就没有新中国，不管是雪山草地的霏霏阴雨，还是井冈山的狂风骤雨；不管是延安窑洞的斜风细雨，还是战场上的腥风血雨……中国共产党始终和广大的人民群众站在一起，与中华民族命运与共，从单薄走向厚实，从青涩走向成熟。雄关漫道真如铁，在一次次历练中，我们的队伍愈加壮大厚实：从嘉兴红船上的十三位有志之士，到建国时449万的光荣前辈，再到如今九千多万名全心全意为人民服务的党员同志，我们每个人的精神小溪汇集成愈发广阔的海洋，为实现每个阶段的目标而奋斗不息。党的光辉史，是为民族解放和人民幸福前赴后继、奋斗不息的历史；是马克思主义普遍原理和中国革命的具体实践相结合的进步史；是坚持真理、克服困难、不断发展壮大的历史。因此，我们也更加相信只有坚持党的领导，才能增强人民的幸福感、获得感，才能满足人民对美好生活的向往，才能实现社会主义现代化，才能实现民族伟大复兴。

红船正扬帆，随风潮头立。

改革开放以来，我们在党的领导下探索出了一条适合国情的特色道路。脱贫攻坚战的全面收官，全面小康的顺利完成，我们的发展速度令世界瞩目。这一切，离不开每一位为我们的岁月静好而负重前行的光荣党员：他们有如南仁东、黄旭华者，扎根一线，在强国征程中不断筑梦圆梦；有如李文祥、张富清者，将青春融进祖国的江河，志尽无悔；更有如钟南山、李兰娟者，怀着一颗济民之心，忧国奉公。这股"磨砺始得玉成"的红船精神贯穿于华夏儿女的血脉中：脱贫战场上的"最美黄花"黄文秀毅然回乡，为党和人民奉献一切；太行山上的"新愚公"李保国35年如一日扎根野岭荒山，开拓绿水青山；被联合国称为"全球最不适宜人类居住地区"的宁夏西海固在无数党员的带领下焕发出新的生机。[①] 在过去的一年中，广大党员前赴后继，传递星星之火：有人主动请战抗"疫"，有人奔赴脱贫一线，有人毅然守卫边疆，太多同志默默践行他们当初的誓言。这份刻骨铭心、忠贞不渝的信仰让他们义无反顾地奉献于党、于国家、于人民。红旗指引方向，精神穿越时空。

秀水悠悠，红船依旧。如今，我们在党的领导下比历史上任何一个时期都更加接近民族复兴的伟大目标：从十一届三中全会的重心引领到港澳回归的热泪盈眶；从经济特区的成长兴旺到"入世"后的繁荣富强；从上合组织的创立诞生到在联合国等国际组织承担大国责任……事实证明，党的领导是我们社会主义的本质特征，是社会主义制度的最大优势。只有加强党的领导，才能真正带领人民实现繁荣富强，中国才能在"百年未有之大变局"中把握机遇、屹立于强国之林、实现"两个一百年"的伟大目标。

红船载千钧，征程行万里。作为新时代的青年，我们更要不忘初心，牢记使命，以新时代中国特色社会主义理论体系武装头脑，指导实践，自觉发扬"红船精神"，全心全意投入到祖国建设的征途中。千秋伟业，百年恰是风华正茂。今年的七月，注定是光辉灿烂的，伟大的党即将迎来她的百年华诞，多少人在此为之喝彩。作为社会主义的接班人，我们为党的辉煌成就而无比骄傲自豪。愿党永葆生机、永葆党的先进性、纯洁性，愿在党的带领下，祖国更加繁荣昌盛，人民更加幸福安康！

---

① 任仲平：《气吞山河的壮阔行进——写在脱贫攻坚战取得全面胜利，全面推进乡村振兴之际》，《人民日报》，2021年3月，第26534期，1版。

伟大创举

八千里路无与有，一百周年微与伟

韦诗怡，法学院法学 2021 级本科生

噼里啪啦……一串红鞭炮在水泥路上炸开，我捂住耳朵向远处望去，一条水泥路在山林间若隐若现，仿佛一条隐龙从天边蜿蜒到脚下。在震耳欲聋的鞭炮声中，我虽无法听到周围大家的欢笑声，但却从一副副笑脸上看到了无法言语的开心与满足。

这是发生在老家水泥路通车仪式上的一幕。当时的我很不能理解：一条路为什么会让人那么激动欣喜？爸爸告诉我，从前并没有路，都是一代代人走出来的。而这条路，要从我的曾祖父说起。

曾祖父是一名老赤卫队员。新中国没成立前，家里没有地，曾祖父只能租种地主的田地，一年到头辛苦劳作、累死累活，还是常常吃了上顿没下顿。直到新中国成立后，曾祖父分到了几亩田地。这对于当时的曾祖父来说，除了多一份努力就能养活家人的踏实，还代表了他不再受人压迫。后来，曾祖父常跟家里说起当年参加赤卫队的事，说起新中国成立前后生活的变化："共产党让我们有饭吃，让娃有学上，党的再造之恩不能忘。"多年来，他也一直多做力所能及的事情来回报这份恩情。在农忙之余，他总会拿着锄头和钢钎，不停地修着老家门前的那条山石路，因为他总担心山路陡峭，经过的人摔倒。虽然每次都只能修一点点，但修得多了，路也就长了。

爷爷是老家的生产队长。在爸爸上初中的期间，爷爷带着村民起早贪黑，花了两年时间，终于修出了一条机耕路。虽然这条路颠簸不堪，天晴满是灰尘，雨天满是泥泞，但走在路上、坐在车上的村民们，莫不喜笑颜开。每次说起这段修路往事，爷爷总是一脸自豪，笑着像个孩子："是党的领导让大家热情高涨、团结一心，这才把山路改成公路。"公路有了，村民对未来也更充满期待，更多人憧憬着走出大山，改变命运。

　　我的爸爸是一名人民教师，同时也是一名普通的共产党员。在他上小学的时候，走的是曾祖父修的山石路，除了土块还是土块，周围灌木丛生，十分难行还很危险；初中时，走的是爷爷修的机耕路，崎岖不平路滑泥泞，但稳当安全；等工作后回到家乡，一条沙石路已然从县城通到山脚下，路旁总能看到一群等车上学的孩子，老旧的木房也改成了水泥房，一些人家还通上了电。爸爸告诉我，这条路是由村民和外出工作的家乡子弟集资修建的。当年他听说家乡要修路，就毫不犹豫地交出了两个月工资。因为他知道，这条路承载的是村民对美好生活的渴望，也承载着孩子求学的人生希望。新中国和改革开放改变了爸爸的一生，他们这一代人有责任和义务报答家乡和社会。

　　回家的路上，汽车依然沿着山中的水泥路缓缓前行。从车内望去，道路两旁原来只会种植玉米和蔬菜的田地里，开始种起了核桃、油茶、百香果等经济农作物。从爸爸的话中，我才知道原来这都是国家的扶贫政策，政府专门请来了专家指导大家种植农作物，这条路也是国家全额出资修建的，而且不止一条，从乡镇通往各个村屯的都有，真正是"村村通公路"。有了水泥路，村里的农作物可以更快运出大山，送到各大集市，送进千家万户，也送来了村民们的好日子。我想，这不仅仅是一条水泥铺成的公路，更是一条能带领村民走向小康的"致富之路"，能带活村里的经济，带富村民。

　　这就是我的老家——广西一个小村庄一条小路的故事。一条水泥公路，走过了大半个世纪，从无到有，见证了村民几代人艰苦奋斗，由贫转富的岁月变迁，见证了百年奋斗，富民强国的轨迹，也见证了中国共产党为民谋福利的初心使命。

　　"为有牺牲多壮志，敢教日月换新天"。回首百年征程路，那段被围追堵截、充满腥风血雨的革命岁月，为了践行初心，完成使命，一代又一代共产党人以天下为己任，前赴后继英勇奋斗，谱写了一首首可歌可泣的壮丽史诗，带领人民建立新中国，走进新时代：一个权利属于人民的时代，一个没有压迫、平等互助的时代，一个中华民族伟大复兴的时代。他们心里装着人民，脑海里想着人民，手中做着有利于人民的事，无论前方是多么危险的荆棘，无论是酷暑还是严寒，都无法熄灭他们心中对于理想的追求，始终坚持为人民筑造独立、民主、富强之路而不懈奋斗。

  历史的车轮滚滚向前，当今之中国，正处于近代以来最好的发展时期，也正面临世界百年未有之大变局。作为同新时代共同前进的一代青年学生，我们更应该坚定理想信念、矢志拼搏奋斗，接好时代的接力棒，紧跟党的步伐走好新时代的长征路，为中华民族的伟大复兴而不断努力，不负习近平总书记的深深期许和殷殷嘱托："我衷心希望每一个青年都成为社会主义建设者和接班人，不辱时代使命，不负人民期望。"[1]

---

[1] 《习近平：在北京大学师生座谈会上的讲话》，新华社，2018年5月2日，https://baijiahao.baidu.com/s?id=1599391911578262185&wfr=spider&for=pc。

红色传承

百年献礼·党的光辉照我心

在我生长的地方
——祖孙三代眼中的家乡

樊雯雯，法学院诉讼法学 2020 级硕士研究生

日出东方，天际肚白初现；晨光破晓，大地光芒一片；骄阳如炬，万物欣欣向荣；繁星满天，月夜静谧安宁。这就是我的家乡，虽无巍峨泰山，高耸峨眉，蜿蜒太行亦青翠；虽无孔孟圣贤，秦皇汉武，党员先辈亦深情。

素有"红色旅游胜地"之称的家乡有很多故事，关于一心为民的中国共产党，关于无私奉献的中共党员，关于日新月异的美好生活。

奶奶的记忆·英雄传说诉衷肠

小时候最爱听奶奶讲故事。那个时候家里还没有空调，夏日消暑全靠自然风。夏天的夜晚，吃过晚饭后，奶奶把蒲扇摇啊摇，将故事娓娓道来——

"抗日战争的时候，我才十几岁。那个时候，家家户户都很穷，水泥灌浆用不起，房子都是石头和黄土筑成的土坯房。当时也没有玻璃，我们就用麻纸糊在木头的窗户上，麻纸要提前量好了尺寸，去街上买。就像电视上演的那样，舔舔手指，一戳，麻纸就破了。要不说我和你们有代沟，我们那个时候，吃的米粥都是水里面稀稀拉拉的几粒米，馒头是麦麸做的。村里人生病了也去不了医院，都是自己用土办法，扎针放血、拧穴位，衣食住行，哪儿有现在你们生活得这么幸福。"

那时的岁月，贫穷但不潦倒，困苦但充满希望。他们相信有中国共产党的光辉领导，美好的日子一定就在不远的将来。

爸爸的讲述·三十万大军出太行

我的家乡在太行山深处,那是红色革命老区,抗日战争时期的一二九师曾驻扎于此。热爱军事的爸爸,总是会给我讲述那段峥嵘岁月。

"那是1940年,日军侵华,中国人民奋起抵抗。刘伯承、邓小平率领八路军一二九师东渡黄河,挺进涉县,就驻扎在咱们这儿的赤岸村。他们在这里生活了六年时间。'九千将士进涉县,三十万大军出太行'说的就是刘邓大军。"

"当时真的艰难啊!人们都吃不饱、穿不暖。打仗用的兵器也没有现在这么先进。现在,你看国庆阅兵,坦克、装甲车一辆接着一辆,飞机一架接着一架。但抗日的时候可不是这样,那个时候就是小米加步枪。抗日战士们在前线英勇杀敌,百姓们在家里也很配合。一二九师驻扎在咱们这里,百姓们经常给他们送饭吃,还有会做鞋子的老太太给战士们送鞋子穿呢!"

是啊!有"中国第二八宝山"之称的将军岭肃穆庄严,松柏苍翠,二十位将军的遗骨长眠于此。一面面见证历史沧桑的墙壁、一幢幢承载岁月的建筑、一件件破旧的衣物、一帧帧泛黄的照片,都在诉说着当年的记忆。乘千里风,破万里浪,终换回今日的新篇章。

我的见闻·人说涉县好风光

"太行山高,清漳水长,山清水秀,好呀好风光……"

这是女娲文化节的主题曲目《人说涉县好风光》,在第一届旅游发展大会上,这首歌深深地印刻在每一位游客的脑海中。我的家乡向每一位自远方而来的游客展示了自己最新的变化。巍峨的中皇山上,古老神秘的娲皇宫下,回荡着有古朴唱腔的绕梁之音,那是有"戏剧活化石"之称的赛戏;雄奇险峻的韩王山间,横贯着一条凝聚建设者汗水的通天路,道路直达山顶,游客们登山俯瞰,幸福游览那醉人的田园美景。还有高唱"大海航行靠舵手"的知青乐园,集红色革命旧址于一体的红色记忆小镇……如此风景,美不胜收。

展现涉县风采的不只是这如画般的景观，还有每一位参与旅发大会的涉县人，他们都是涉县形象的名片。那些穿着绿白相间制服的志愿者们、那些将交通指挥得井井有条的街头交警，维持秩序时既坚持原则又不失礼貌……旅发大会中的涉县开放、自信，以兼容并包的姿态展现出自身最完美的面貌。

无论是杂草变景区、漳河起画廊，还是天下第一水车王、举世无双玻璃桥，这一切的成功靠的是一二九师精神和后池的新愚公精神，靠的是全县各级领导干部和广大人民群众"团结拼搏、担当奉献、创新进取、高标极致、激情满怀、苦干实干"的旅发精神。在党的正确领导下，领导干部和人民群众团结一心，将如今的涉县装扮得更加动人！

沐春风，纳朝气，脚生风，步履轻，站在长城垛口，耳边似有远去的马蹄声碎，那是三十万大军浩浩荡荡迈出太行的声势；遥望麦田画廊，远方似有人影绰绰，那是辛勤劳作、奋发向上的涉县人民。因为对党的信念，因为坚持不懈的奋斗，因为持之以恒的坚持，乘着时代东风的美丽涉县，必将焕发出更加蓬勃的生机！

夜空中的星

于越，财政税务学院税务专硕2020级硕士研究生

每当我找不到存在的意义，每当我迷失在黑夜里，夜空中最亮的星，指引我靠近你，照亮我前行。

——题记

篇一：眼里有星辰

回首望去，江浙如画，烟雨迷蒙。可曾记得嘉兴湖畔，落日微醺，垂柳依依。来不及细品"柳影水月皆诗意,春风白云是画心"的意境,便被湖中一船吸引目光,摇摇晃晃,激起层层历史的涟漪。一百年前,就在这寂静的南湖之上,小小的木船之中,一行人忘却了舟车劳顿,忘却了自己的生命安危,经长达七个多小时的会议,诞生了一个伟大的政党——中国共产党。那年那时,每个人的眼里有星辰,心中有山河,从此以梦为马,不负韶华。

立身望今,物是人非。南湖吹来清甜的风,载着理想与远方的红船,穿越了时间,影响着一代代的人。在平凡的岗位,在偏远的地区,在寂静的半夜,总有平凡的人们坚守初心,用实际行动奉献人民奉献社会。何谓初心?就是一代代人,眼前有光,坚持不懈地走下去。

前事不忘,后事之师。每一粒星光、每一颗星辰,都是先辈们的足迹。回望、凝视、静思,然后才知道何为珍贵。忆苦思甜,正是共产党经历了磨难和奋力拼搏,才有如今国泰民安的新时代。着眼当下,正是党员们全心全意为人民服务,才有新时代的"富春山居图"。

作为当代大学生,我们应坚定共产主义信念,树立明确的理想目标,将所学知识内化于心、外化于行,更要学而思之、学而用之。我们当沿着先辈们的足迹,开创新时代下党和祖国的"银河",为推进中国特色社会主义的伟大事业做出一份贡献。

篇二:发光的星星

我的夜空也曾无月无云,无穷无尽的黑从天的起点晕染到尽头。

我不过是一个没人爱的野孩子,透过自卑的眼睛,看雨雨寒,看花花残。妈妈智力方面有残疾,无工作能力,爸爸还因工伤而待岗在家。处于青春期的我,冒着青春痘、冒着傻气,常被同学嘲笑诋毁。周围的人看我的眼光冷漠又刺痛,我缩在生活的一角,仿佛那本该是我的"座位"。

我考上大学了,班里的第一名!没有喜悦,愁意满满!"211工程"大学的录取通知书虽亮眼,但鲜亮的学费却扎痛了双眼,它也在无情地嘲笑我。路漫漫其修远兮,吾无力求索。

幸而有星的存在，它让我清醒，不至于陷入黑色的漩涡。马鞍山边防检查站作为希望工程代表，了解到我的处境，提供了一笔学费资助。我受宠若惊地收下，感谢的话都忘了说。合照中，我和边防检查站的干部们站在一起，有些手足无措的傻样子，脸红红的。我笨拙地笑了。

边防检查站的一位干部叔叔看出了我的心事重重，便带我参观边防检查站。一路上，叔叔向我展示了近年来边防检查站的责任与成就，还循循善诱地指导我大学生活和职业规划。最后，叔叔说他很骄傲自己是一名共产党员，共产党给他指明了方向，他也希望自己做好一名发光发热的共产党员，我看着他淳朴的笑容中饱含的骄傲，心中播下了一枚小小的种子。

于是，毛毛虫开始吐丝缚茧。眼前开始有了光，有了方向。在大学，从胆怯地举起半只手到信心十足地担任组长，从公众演讲时的结巴紧张到从容不迫，从自卑胆小到自信勇敢。最后，在一个阳光明媚的日子，毛毛虫破茧而出蜕变成一只美丽的蝴蝶。大一时，我争取到了成为一名党员的机会，激动又紧张。

学习上，我一直不敢松懈，获得国家励志奖学金、学习优秀学金等；在工作方面，我一直担任团支书，组织了十余项团学活动；在课外活动上，参加大学生创新创业项目，参加互联网＋创新创业比赛，参加暑期社会实践和志愿活动，所在团队被评为重点团队……尽己所能为社会做一份贡献，做一颗发光发热的星星！

姥姥经常对我说，要学会感恩，感恩那些在成长路上伸出援手的人，感恩如今国泰民安的新社会。我一直感慨，我是个多么幸运的人。

当夜色降临，星星蜂拥着黑暗中的我。听，那是星星落地作响！撒碎了一地星光，我不是独自一人。

篇三：樱花味的星星

进入腊月，冷才是真的冷。严冬沍寒，滴水成冰，冬才有了该有的模样。一个季节，黯淡无光。

那个冬季格外冷,"百泉冻皆咽,我吟寒更切",寒风吹落了樱花树上最后一片叶子,让温暖而美好的武汉生了一场大病。疫情肆虐,分离了团聚的家庭,剥夺了幸福的笑脸,牵动着全国人民担忧的心。

疫情来势汹汹,我们能看到的是满屏的疫情信息,能看到的是冰冷的数字刺眼地增长,能感受到街上寂静凄凉。但是五千年来,我们的祖国直面了无数的艰难险阻,这次新冠病毒岂能挡住华夏儿女的必胜决心!

一个季节,众志成城。

希望是坚韧的拐杖,大爱是病魔的天敌。是谁让生命之河两端的峭壁相互连接?是谁让前方的荆棘化为坦途?是我们的英雄——共产党员,他们发挥着"我是党员,让我来"的精神,他们责任重大,他们使命光荣,哪里任务急难险重,哪里就有他们的身影。哪有什么岁月静好,不过是用平凡之躯,筑就防护堡垒。

一个季节,感慨万千。

我们期待,期待春暖花开之时,共赏樱花,相约于樱花味的星空下……

无悔的选择

袁珂嘉,财政税务学院税收学 2020 级硕士研究生

1921 年的 7 月诞生了一支队伍,这支队伍唱响了八月的军歌,这支队伍挺过了千难万险,这支队伍铸就了一座丰碑,它解放了中国,守护着中国,引领着中国。这支队伍就是伟大的中国共产党!这支队伍中一代代不忘初心为党奋斗的人就是光荣的共产党员!

2021 年的 7 月,我们将迎来中国共产党百年华诞!我们向党献礼,向党员前辈献礼,回顾党的历史,铭记党员故事,从一个个感人至深的英雄事迹中,更加深刻地感受前辈们用行动在证明的那一句话:"入党,是我

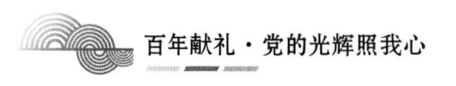

无悔的选择！"

共产党——一个人的信仰

"从军入党，我此生无悔！"

1932年，我的太姥爷王庚宣，出生在一个动荡不堪的年代。直到1949年新中国成立，他才结束漂泊流浪的童年，回到家乡去药材铺当学徒。本以为家里终于可以过上好日子了，但就在1950年新中国的第一个危机来临，美帝国主义和联合国军把战火烧到了鸭绿江边。当太姥爷看见政府动员年轻人抗美援朝保家卫国时，他立即向掌柜请辞，毅然踏入了抗美援朝的队列，那一年他仅18岁。

离家时，他坚定地说："这兵，我当定了！"

太姥爷生前经常给孩子们讲战场上的经历，刚入朝鲜时，由于前线战事紧张、当地暴雪、铁路炸毁、找不到资源与服务中心供应站，为防美军空袭他们只能晚上行军，每顿饭就只能吃炒高粱米做成的稀粥。他会微笑着回忆1952年的夏天，常香玉率团赴朝慰问时，被敌机打断三次才唱完的"木兰替父从军"；他也会沉痛地讲述1953年在西海岸遇到的同乡小战士，第二天再去时已经在战斗中光荣牺牲。他在回忆录里写道："他在战斗中光荣牺牲了，年龄比我小一岁，他永远和朝鲜人民在一起了。我们是军人，是战争的阻止者，是和平的保护神！"

太姥爷一直记得转正时营指导员的谆谆教诲："是共产党和毛主席，把我们这些穷苦的老百姓从火坑内救了出来，我们当家做了主人，为保家卫国，要积极工作，勇敢战斗，需要时献出自己宝贵的生命。"

1953年7月，抗美援朝胜利，太姥爷转业后并没有留在家乡谋一份安稳，而是选择成为新中国第一代石油人。直到1992年退休，太姥爷用自己的青春为党整整奋斗了43年。

去年十月，太姥爷因病去世，他立下遗嘱："死后要穿上在部队发的军装，不搞遗体告别，不送花圈。从离世当月的退休金中，拿出5000元作为最后一次党费上交党组织。"这份遗嘱早在2010年就已经立下，在遗嘱中他还做出了另一个令人敬佩的决定——捐献遗体。

他写道："没有共产党，就没有我的今天。我抱定一个心愿，活着为党的事业勤奋工作，死后愿将遗体用于医学研究。我为党工作了一生，死后也要为国家做出一点贡献。"

太姥爷用自己的一生、用全部的生命和青春回报共产党。这位老党员、老战士、可敬的长辈在回忆录的最后写道："幸福是不忘前人的牺牲和无私的奉献付出，我们向烈士们致敬！他们永远活在我们的心中！我如愿当过兵，此生无悔！"

共产党——一座城市的坚守

每个时代，都有英雄！

2020年，一场病毒来势汹汹。众多党员医务工作者主动请愿支援武汉，迎难而上成为这个时代的"最美逆行者"。

在危急时刻，党中央的迅速部署严格防控，让我看见了"中国魄力"；不到一周，武汉各医院被整建制接管，让我体会到了"中国效率"；10天时间，一家能容纳千张床位的专业隔离医院交付使用，"中国速度"震惊全球。

医护人员身先士卒，在抗疫一线与病毒抗争、与死神赛跑；党员与志愿者在社区街道的疫情防控前线奔波忙碌。张定宇院长忍着病痛说："身为共产党员，非常时期必须不忘初心、勇担使命，坚决顶上去！"

共产党的坚守带给人民战疫胜利的希望，共产党员的坚守带给我们乐观的心态。守住这座城，守住生命线，所有参加抗疫的党员用坚定的眼神告诉我们："入党，我无悔！"

共产党——一个国家的希望

2021年，我们相信，没有一个凛冬不会过去，春天必将如期而至！

这一百年来，从风雨飘摇的嘉兴南湖到华灯璀璨的首都北京，从举国欢庆的开国大典到世界瞩目的奥运开幕，从意义非凡的南方谈话到贸易自由的"一带一路"，中国共产党历经沧桑依然奋进，共产党的精神传承百年蓬勃不息。

这一百年来，从冰天雪地的北国边境到阳光灿烂的西沙群岛，从麦浪滚滚的黄河两岸到稻花飘香的长江流域，从巍峨庄严的布达拉宫到绚丽夺目的东方明珠，从气势雄伟的人民大会堂到友邻和睦的社区小巷，共产党员前赴后继、守护江山，他们用青春告诉我们："入党，我无悔！"

党，是一个人的信仰，这个信仰引导王庚宣毅然参加抗美援朝、扎根石油基业；党，是一个城市的坚守，是坚守在火神雷神与病毒对抗的医护人员，是坚守在社区街道防疫前线的志愿者；党，是一个国家的希望，它带领中华民族获得解放，它引领我们走向富强，它让全中国人挺直腰背站在世界的舞台上！

在不久的将来，我希望能够不负前辈们的期待，举起右手齐眉握拳，坚定而响亮地说出："我志愿加入中国共产党！"

入党，是我无悔的选择！

风雨兼程 100 年

苏静媛，金融学院金融学 2020 级硕士研究生

自 1921 年以来，中国共产党已经走过了 100 个春秋。1921 到 2021 这 100 年之间，不仅是年代的更替，更是岁月和时代的变革。100 年的烽火历程，100 年的风风雨雨，作为成长在中国共产党领导下，改革开放之后新时代的青年人，感慨万千，我们有必要也有责任了解和明晰中国共产党的领导对个人、社会以及国家的重大意义。

借此机会，我通过讲述自己父亲的故事，记录下我的家人和我对中国共产党成立 100 周年的感慨与心得。

父亲的儿童时代

  我的父亲出生于1956年河北省衡水市的一个村庄里，那时新中国成立不到十年。他是祖母三个孩子中最年长的儿子，从小就要担负照顾弟弟妹妹的责任。十来岁的父亲不仅仅要上学，还要做饭洗衣。那时解决温饱都成问题，逢年过节能吃上一顿饺子便是很奢侈的事了。父亲年龄稍大一些时就要去干活赚工分，如今同年龄段的我们哪里受过这样的苦呢。

难以施展的雄心壮志

  父亲儿时成绩优异，在那个不算大的村庄里，父亲是少有的想走出去施展自己才华的人，但受诸多因素的限制未能如愿。父亲读初中时，国家还没有恢复高考，家中经济条件又艰苦，再继续读书会加重家庭负担，因此父亲没再继续上学，这也成了父亲一生的遗憾。求学之路虽戛然而止，父亲却依旧坚持了读书、练字的好习惯。

  工作后，父亲充分利用闲暇时间充实自己，毛泽东选集父亲烂熟于心。得益于此，父亲有幸在工作之初加入了中国共产党，成了一名光荣的中国共产党员。

衣食住行的今昔对比

  首先，在"衣"的方面，父亲讲述他儿时的衣服大多是长辈们亲手做的，破了就补，小了就给弟弟妹妹穿，一件衣服不知道多少个孩子穿过，实在不能穿了，也不会丢掉，而是裁剪下来为其他东西所用。现如今这种现象少了许多，但勤俭节约的精神可贵，是需要传承的，不能因为生活条件好了就忘记艰苦朴素的好传统。

  在"食"方面，是我们这一代人无法想象的艰辛。如今我们将野菜和窝头视为对健康大有裨益的粗粮，而父亲年轻时却只有这些可以吃。他说从前是没有自来水的，主要依靠一口老井供水解决喝水问题。

  在"住"方面，父亲说他深有体会。父亲童年时期的房子是土坯房，下大雨时还有倒塌的危险，过了许多年房子翻新才有了砖瓦房，但夏天十分潮湿，蚊虫也多。父亲工作后住在单位的宿舍里，后来靠着奋斗来的积蓄买下了我出生时住的房子，虽然狭窄，却保温防潮。但一个家庭挤在狭小的空间里终归有许多不便，比如吃饭必须用折叠的桌子，不用时再放好折起来，不然会妨碍通行。直到我上高中，靠着一家人的努力，我们终于住上了宽敞些的房子，从前捉襟见肘的情况不复存在了。

在"行"方面，父亲说他和妈妈小时候时常要走四五公里的路帮长辈送东西，有一辆自行车是很多年以后的事情了，现在奶奶家依然珍藏着那辆"有大梁"的自行车。

小人物，大情怀

说起这些，父亲说印象最深的就是奥运会了，他儿时甚至不知道奥运会是什么，所以2000年是让国人最激动的时刻，可惜我年龄尚小，记忆不深。但2008年时我已10岁，也与父母一同见证了这一时刻。父亲说，这让他深深感到全世界开始认识并认可中国，中国不再是曾经那个连温饱问题都难以解决的弱小国家了。

居安思危—苦难使人成长

当我问起父亲回忆起小时候的艰辛生活有什么感受时，父亲对我说他感恩每一段经历，年轻时受过苦的人不矫情，什么大风大浪都挺得过来。一路走来，日子总会一天天变好的，所以心怀感恩。但如今好了，不忘记曾经艰苦奋斗的岁月，能够提醒我们居安思危，苦难使人成长，牢记过去所受的苦，才会更加珍惜目前拥有的一切。

听了父亲的一席话，我认识到无论是小到每个人的衣食住行，还是大到国家社会发展各个层面，都在中国共产党的领导下发生了翻天覆地的变化，这些变化见证了每一个人的努力，见证了国家的强大和社会的进步。我们要牢记父母长辈是如何辛苦走到今日的，从而传承勤俭节约的优良传统，拒绝安逸享乐，时刻居安思危。

党员的责任与使命

2020年初,全国多地爆发新型冠状病毒肺炎疫情,石家庄那时虽并非疫情中心,但政府响应中央的命令与号召,也采取了严格的管控措施,每家每户每天仅一人可凭出门证出入一次。在口罩稀缺的情况下,我的父亲主动提出在小区门口监督来往人员,保证措施有力实施,为疫情防控尽一份力。"戴上红袖带,就是带上了责任和使命,这是作为一名中共党员应该承担的"。60多岁的父亲在数九寒天的日子里与其他党员、志愿者轮岗,大家齐心协力,一致抗击疫情。

感慨与感激

纵观中国共产党成立100年来,中国所发生的巨大变化,结合自己身边共产党员的事迹,我心中万分感激。正是数代共产党人的努力,我们才得以有现在的生活,才能够在温暖明亮的教室里安心读书,才有了底气和安全感。我也正努力向党组织靠拢,以最严格的标准要求自己,期待有朝一日能够加入这个光荣而伟大的组织。

我们的青春,不迷惘

张河鹤,法学院国际法学2020级硕士研究生

20世纪初的中国面临内忧外患,前十年封建统治摇摇欲坠,原本被寄希望于统一中国建立独立国家的中华民国政府,刚成立没多久就被袁世凯窃取了革命果实,中国再一次陷入民不聊生的境地。那个时代混沌、黑暗、几近沉沦,但幸好,中国共产党的诞生使中国一步一步摆脱了帝国主义和封建主义,新中国得以成立,沉睡的东方雄狮终于醒来。

点 种

20世纪初，中国革命前路晦暗不清，诸多青年才俊为中国的明天担忧不已。当时，一位北大教授的月薪有120块大洋，这样的工资足以使整个家庭过上衣食无忧的生活甚至可以在北平购买一套宅院。但有这样的一家人，他们常常为下一顿饭而发愁，怎么会这样呢？原来，教授把工资的2/3都拿去做了中共北京支部的活动经费，遇到志同道合的青年学子，他还会倾囊相助，而他，就是李大钊。有一次他回到老家，有亲戚好奇地问："你在北平是做什么的呀？"他微微一笑说："点种。"1921年中国共产党成立，给灾难深重的中国人民带来了光明和希望，给中国革命指明了方向。像这样为中华民族的未来点种的人还有很多，他们不贪图个人享乐，愿意牺牲自己的利益，为的就是中华大地不再被黑暗所笼罩，求的就是更多的中华儿女不再为下一顿的温饱而烦恼。他们为传播马克思列宁主义奔走相告、奋笔疾书，自此，共产主义的火种在中华大地呈现燎原之势。

成 长

1949年，中国人民政治协商会议第一届全体会议，宣告中国人民经过了一百多年的英勇斗争，终于推翻了帝国主义、封建主义和官僚资本主义，取得了新民主主义革命的胜利，中国人民从此站了起来，成了国家的主人。国家的主要任务也不再是反对帝国主义和封建主义，而是集中力量发展社会生产力，实现国家工业化，逐步满足人民日益增长的物质和文化需要。期间，涌现出一大批像河南省兰考县原县委书记焦裕禄这样的优秀党员，他们接受党的委托，帮助地方脱贫，真正让人们在物质与精神上实现富足的目标。1922年出生的焦裕禄虽正值壮年，但已身患肝癌，本可以告诉党组织自己的身体情况，工作不做调动，但焦裕禄没有这样做，他对家人说："越是困难的地方，越可以锻炼人。"

他就任的时候正逢春节，按理说过年本是老百姓们一年里伙食最好的时候，但是焦裕禄深入群众，却发现兰考县的老百姓就连一年中吃的最丰盛的年夜饭，也吃不上白面包的饺子，他便将自己带的一点白面留给群众，并立志一定要让这片土地上的人们吃上白面。经过深入调查，焦裕禄发现兰考县风沙严重，土质疏松，土质呈盐碱性，这使很多作物无法很好生长。所以，焦裕禄带领兰考人民种植泡桐树，以抑制风沙，提高农作物产量。最终，焦裕禄书记还是没能看到治好的兰考、富裕的兰考，就病倒了。"前人栽树，后人乘凉"，如今我国已实现全面建成小康社会的目标，这离不开像焦裕禄书记这样一辈又一辈革命党人的奋斗与努力。

在社会主义事业的建设中，党和国家面临的考验与挑战还有很多。但患难见真情，烈火炼真金，愈是困难的时刻愈能显示出社会主义制度的优越性、党的强大力量以及中国共产党党员的优秀品质。2020年年初，新型冠状病毒疫情暴发，党中央及时做出防疫部署，加强城乡管控，减少人员流动，尽量把工作学习转移到线上。而在这场战"疫"之中，诸多90后的医务工作者奔赴抗疫前线，其中党员更是勇为模范带头者，离开家人，离开家乡，远赴战疫前线，在祖国最需要的地方奋斗着。

收 获

转瞬间，2021年的钟声敲响了，我们的"大家"完成了全面建成小康社会的目标，我们各自的"小家"也慢慢从旧三件到新三件，再到现在的物质生活越来越丰富。

学史以明智，学习社会主义的革命与建设历史亦如此。蓦然回首，看建党至今这百年的沧桑起伏，思革命前辈给我们留下的精神财富，我们犹记得周恩来总理的"为中华之崛起而读书"，亦能忆起吴运铎前辈的"革命理想，不是可有可无的点缀品，而是一个人生命的动力，有了理想，就等于有了灵魂"。虽说我们与前辈们所面临的时代背景有所不同——他们生活在内忧外患、物资匮乏的年代里，我们生活在和平富足的年代里，但殊途同归，遥相呼应。他们心系国家，心怀信仰，在最美好的年华里，奉献着宝贵的青春乃至生命；而我们也都在为社会主义建设而奋斗，都在为中华民族之崛起而努力。新一代的我们，正值青春，而青春本就是奋斗的年纪,瞧那花开似锦的壮丽之境,是一代又一代的前辈们为我们打下的根基。而我们正是要在此基础之上,奔着"大家"的目标,各尽所能、竭力拼搏,使中国呈现硕果累累之貌。

坚定不移跟党走

李雨薇,新闻与文化传播学院传播学 2020 级硕士研究生

2020 年注定是不平凡的一年,于我个人、于国家,都是如此。

一月,突如其来的疫情让我的家乡失去了往常的喧闹。我永远记得新闻中 1 月 23 日武汉加强管控措施时汉口火车站的样子。明明是熟悉得不能再熟悉的地方,明明是不论什么时候都人潮拥挤的地方,那时却被围栏层层围住,空无一人。我从未想过汉口火车站会出现此番景象,这也是疫情给我的,超过每日新增确诊病例数字的,更击中内心的震撼。那段时间,我每天都会站在窗边,凝望窗外空荡荡的街道,心里会怕,因为第一次在社区门口看到救灾帐篷,第一次看到寂静无人的街道,第一次看到爸爸妈妈每天都忙得没有时间回家。

但这种害怕并没有持续很久,因为我知道,我们的身后有强大的国家,有着曾经历经磨难但仍闪耀着光芒与活力的中国共产党。果然,照耀并温暖我们的光在第一时间就到了。1 月 23 日管控当天,火神山医院正式宣布启动建造,仅仅十天后便开始收治患者。雷神山医院、16 家方舱医院也先后开始修建、改造,并在第一时间投入使用。全国各地的医护人员、医疗队紧急驰援湖北各地,疫情防控有条不紊地进行,每一位患者都能尽快得到救治。生命至上,刻不容缓。"中国速度"的背后是党中央的正确决策与坚强领导,是在党的领导下,举国上下"集中力量办大事"的强大力量。是党让我们看到,我们从来没有被放弃过,我们一定能够一起战胜困难。

三月，在党中央的坚强领导和正确指挥下，形势一切向好。我看到穿着防护服的妈妈与科室同事握着拳头加油的合影，看到身为共产党员的爸爸每天在社区消毒、为社区居民送生活必需品、社区巡逻时早出晚归的身影。爸爸妈妈是疫情期间给我最大鼓励的人，他们以实际行动让我看到了作为党员和医护工作者的责任与担当，也教会了我要主动为家庭、为社区、为国家贡献自己的一份力量，无论大小。习近平总书记也亲自来到武汉，这给每一个湖北人以最大的鼓舞与支持。习近平总书记说："因为有了武汉人民的牺牲和奉献，有了武汉人民的坚持和努力，才有了今天疫情防控的积极向好态势。"总书记温暖的话语让我们深切感受到了党中央和全国人民对我们的关心与坚守，让我们更有决心和勇气与病毒作斗争。终于，在3月18日，武汉新增病例数变为零。我们都知道，这个零不只是一个数字，更象征着中国共产党的坚强领导和在党的指挥下每一个中国人民的努力取得了重要成果。正如钟南山院士所言："武汉本来就是一个很英雄的城市。"

到了四五月，疫情逐渐稳定下来，我终于见到了两个多月没见的妈妈，爸爸也终于有时间在家好好吃顿饭，虽然他每天仍忙碌于加设测温通道和社区服务的相关工作中。4月8日，武汉宣布重启，终于再一次向全世界绽放自信的笑容。我的小家慢慢恢复到往日的情景，家人都平安度过疫情；我的城市慢慢恢复生机，街巷开始人来人往；我的国家慢慢变得更好，全国各地陆续复工复产。

五月初我完成了线上复试，七月收到了硕士研究生录取通知书，九月走进了高中时最向往的大学。尽管2020年是坎坷的，但我们有坚实可靠的党，有勇敢拼搏的人民。因为党中央的坚强领导，我们的生活才能以最快的速度恢复如初。能够办好中国事务的关键在于中国共产党，中国共产党是风雨来袭时中国人民最可靠的主心骨这一点在疫情期间体现得淋漓尽致。

于我而言，2020年初，我的城市生病了。但我们有中国共产党和千千万万的党员同志，他们始终坚定地站在疫情防控第一线，我们的国家得以较快控制住疫情。是每一个在党的正确领导下的中国人民万众一心，才让我们的国家很快恢复了往日生机。这次疫情让我深刻体会到了始终为人民服务、代表最广大人民群众利益的中国共产党的强大力量，这彰显了中国共产党和中国特色社会主义制度的显著优势，充分显示出了中国特色社会主义制度强大的生命力。

2020年末，我的奶奶却病了。在我觉得一切已经恢复如初的时候，一直很健康、我以为会一直陪着我的奶奶生病了。经历过年初那场没有硝烟的战斗后，我不再只是释放自己的负面情绪，而是会更加勇敢地直面困难。我相信，我们家也一定能度过这个关卡，奶奶会很快康复过来，我们会一起迎接一切向好的未来。

2021年是中国共产党建党100周年。这一百年来，我们和党共同见证了中国社会翻天覆地的巨大变化。我们党始终与时代同步伐、与人民共命运，让中国从百废待兴到大步走向复兴，从站起来到富起来再到强起来，以更加强大的姿态屹立于世界民族之林。

2021年，全面建设社会主义现代化强国的新征程就此开启。中国共产党永远是每一个中国人民最为坚实的后盾，中华民族与中国人民将坚定不移跟党走，把我们的国家建设得越来越好！

百年光辉心向党，人间正道是沧桑

廖阳清，新闻与文化传播学院传播学2020级硕士研究生

童年时，奶奶常常唱着那首歌，"没有共产党就没有新中国"，为我讲述那些优秀共产党人的故事，让我从小受到熏陶，心心念念想加入这个伟大的群体。建国七十余年、改革开放四十余年、建党一百周年，中国的发展栉风沐雨。在中国共产党的带领下，从追求温饱到全面小康，从为生计忙碌奔波到享受生活、享受生命，从全面脱贫再到乡村振兴，百姓的生活迎来了巨大的改变。小到吃穿用度、衣食住行，大到时代发展，社会变迁，祖国的面貌日新月异，我的家乡——江西省龙南市，一个客家小城，也在独自绽放她的美丽。百年光辉普照，我和我的家乡共同成长。

耳濡目染，默默扎根

沐浴着和煦的春风，我从出生开始就享受党和政府带来的各项福利。国家制定的法律法规中，有专门针对儿童的保护制度，如果幼小花朵的权利受到侵害，政府与司法部门总会立刻开展行动；九年义务教育，让拥有我国国籍的所有适龄儿童依法享有平等接受教育的权利，能够徜徉在知识的海洋感受书本文字的力量；更有支持大学生求学创业的相关政策，让青年学子能够没有后顾之忧地进行实践活动，在更广阔的领域锻炼自己的能力……种种一切都以我们为中心，平凡娇嫩的生命受到保护，健康成长。

长大后，我手持半价学生票乘上了通往远方的火车，在求学路上畅通无阻。健全的学生资助制度让偏远山区的孩子们得到了更多求学机会，他们得以走出大山体验生活。本科时，我就读于民族院校，更加感受到这种氛围。学校为民族地区的学子谋福祉，坚持响应国家号召，促进民族团结、繁荣兴盛。我们在这样和乐的环境中成长，肩负起共产主义接班人的使命，为争取荣誉而奋斗前进。赋予我们这份力量的，就是中国共产党这一强大的后盾。

身体力行，前路光明

大学刚入学时，我便郑重地递交了入党申请书，努力向党组织靠拢。我深知入党并不是简单说说而已，于是主动践行为人民服务的宗旨，争当模范。在这个过程中，我坚守初心，承担起更多的责任，终于在临近毕业时成了一名光荣的共产党员。与此同时，我的家乡也发生了巨大的变化。

从最初的自行车、汽车，到现在的动车，龙南人的交通方式不断改变。在我的记忆中，1996年京九铁路建成通车后，龙南火车站还只是里仁镇设的一个站点。那时它只有一个候车室、一个检票口，十分破旧。而现在，赣深高铁广东段正式开始铺轨，预计于2021年年底建成通车，我的家乡没有高铁的历史将被彻底改变。

几十年来,龙南大力推进生态城市建设,曾被提名为全国文明城市,这里的青山绿水为家乡旅游业带来了新的活力。这里有国家AAAA级景区关西新围,有国家级自然保护区九连山和国家级风景名胜区小武当山,有省级旅游风情小镇虔心小镇和悦龙湾、正桂村等旅游休闲度假区,还拥有国家级非物质文化遗产赣南客家围屋建筑技术,省级非物质文化遗产客家香火龙、龙南客家山歌……经济文化齐发展,客家传统也得到继承。

去年,我的家乡正式"撤县设市",前景一片大好。而每次回家,它也总是给予我新的惊喜。从客家围屋的重新修建到龙南市博物馆、图书馆的建立,从名不见经传的小小城镇到拥有几个4A级景区的旅游胜地,我的家乡龙南以它独特的魅力昂扬向上、不断前进。而这一切都离不开党的引领,离不开党制定的好政策和默默贡献的共产党员们。

心之所向,素履以往

百年历程,中国共产党的光辉事迹震撼了世界。但是,这条百年道路同样充满了艰难险阻,伟大的中国共产党也遭遇了挫折风雨,例如2020年初突然爆发的疫情,就对国家发展造成了巨大的影响。经历了几个月的复苏,我们取得了举世称赞的抗疫成果,这离不开党中央的坚强领导,也离不开无数奋战在前线的医护人员、志愿者。

疫情期间,我的家乡积极响应防疫政策,取消了多项吸引游客的文艺演出活动,鼓励人们"不密集、少聚集"。即便旅游业停摆,家乡脱贫攻坚的步伐也不曾放慢,始终把脱贫攻坚作为第一民生工程,开展百日攻坚"清零行动",坚定地朝着目标前进。2020年,我的家乡实现脱贫530户1070人,22个贫困县摘帽,贫困群众获得感、幸福感节节攀升。

疫情期间,我也积极鼓励家人朋友不聚餐、少出门,尽己之力去主动宣传防疫知识,并备战考研复试,成功成为我校硕士研究生。经历了特殊的线上转正大会,我更明白了习近平总书记对青年们的真切寄语。作为新时代的青年,我将继续承担起建设家乡、建设祖国的光荣使命,坚定理想信念，站稳人民立场，练就过硬本领，投身强国伟业。无论未来遇到什么，我都会坚持向优秀的共产党员学习，不忘初心，砥砺前行。

百年光辉心向党，人间正道是沧桑。青春的奋斗汗水，让花朵绽放在祖国最需要的地方。我将以我心、以我志、以我行，继续学习党的光辉历史，在党的百年生日到来之时，在中国迈入发展新时代的日子里，勇往直前！

党的光辉照乡村

唐岩，经济学院西方经济学 2020 级硕士研究生

"唱支山歌给党听，我把党来比母亲，母亲只生了我的身，党的光辉照我心……"这首《唱支山歌给党听》曾被写入《雷锋日记》，经过几代人的倾情演绎，到如今愈发经久不衰。我时常在想，是什么原因让这一作品流传于每个人心中。随着慢慢长大，我才逐渐明白，是我们伟大的党，为这首歌注入了新鲜的血液和崇高的灵魂，这首歌，永远印刻在人们心中。

关于对党的认识，从我幼时便已开始。爷爷教我唱"没有共产党就没有新中国……"那时，共产党于我而言，是一首歌。再大一些，我参加了少年先锋队，在国旗下敬礼，共产党于我而言，是一抹红。站在新时代的阳光下，沐浴着党的光辉，共产党于我而言，变成了一栋栋拔地而起的高楼大厦。大学本科期间接受着党的教育，我心驰神往，也加入了共产党的队伍，共产党于我而言，变成了信仰，和一生要去追求的事业。在建党百年之际，我想分享一个刚刚发生的选举的故事。

寒假回家，恰好赶上附近各村庄都在举行村委会换届选举。镇政府人手不够，作为党员，我毫不犹豫地以志愿者的身份投入到换届选举的督察工作中去。工作的第一天，我们去了 A 村。据说，这个村有 2000 多名村民，是出名的难治村，村民之间怨气大、积怨深。我想，这样一个难治的村，应该很少有人敢于迎难而上吧。然而，选票显示，光是村委会领导班子就有六人竞选，其中有四名都是年龄不满40的年轻人，更令我惊讶的是，其中还有一个大学毕业生。

我的工作是选举督察，过程中要求用摄像机记录全程，便于留存，因此有幸第一次目睹选举的全部过程。四九隆冬，冻得人不自觉打颤，天还黑蒙蒙的，但村委会大厅的工作人员已经准备就绪。大家互相催促着，纷纷赶往了投票分会场。

我所在的小组有306名村民，有效投票数过半即选举成功。场所设立在村里的退役军人服务站，屋里只有一张桌子几把椅子，十分朴素。现场共有五个工作人员，两个负责收发选票，一个组织现场秩序，一个负责解答疑问，我负责整个过程的记录、督察。选举当天的一切活动都围绕这个看起来很旧的红色木箱展开。我对着它沉思良久，仿佛置身于博物馆，在参观一件久经年代饱经风霜的展品。这个红色的木箱，承载的是几代人对未来的美好期待，以及对党和国家的信任。想到这里，我拿起投票箱，空空的投票箱在我手里穿梭时空，愈发沉重。

投票七点开始，等候大厅已经站满了人，我惊叹于大家的热情，这一票，对于整个村庄，是两千分之一，但是对于每个人，是他们对未来满满的憧憬和希望！现场秩序井然，下到刚成年的年轻人，上到步履蹒跚拄拐出行的老人，都来行使自己这项神圣的权利。但是，"难治村"的称号绝非空穴来风。不一会儿，有人骂骂咧咧进来了，说自己要代替家中父亲、妻子、儿子投票，现场政府工作人员耐心给他解释，必须要有委托书才有效，他不听，并且对着门口的女工作人员破口大骂，我很担心这个村民动手打人，旁边的工作人员嘱咐我要记录全程，接着开始解决他的诉求。此人当时由于住房被征迁，出了一点误会，所以气在心头。工作人员了解了情况，开始心平气和帮他解决问题，误会终于解开，他摸着脑勺，很不好意思地和工作人员道歉。事后我问这个工作人员："当时你怕吗？"她说："很害怕。"又接着说："农村工作就是这样，村民不理解的情况时而发生。要相信老百姓都是弱势群体，有困难我们就要帮，无论是现在，还是以后在相关工作岗位上，你要记住，我们代表的是党和国家，做事绝不能冲动。"短短的一席话让我对这个瘦弱的女孩子刮目相看，仅仅比我大五六岁的她，所作所为却又无一不让我十分钦佩。

选举程序有条不紊地进行着，准时封箱，计票、唱票、公布结果……整个流程下来，天又黑了。和第一次参加选举截然不同，这次的经历让我明白，在个人层面，选举是几分钟的事；在国家层面，深入贯彻我国依法治国方针，全面保证选举过程公平公正公开透明，需要上级部门和村级组织的有序配合，公安机关、政府机构之间的有机协调。同时我又惊叹于如此繁杂的工作在一天内就可以完成，这离不开我们党的统一领导。人们常说，我们党是集中力量干大事儿的党，如今我对这句话也有了更深的理解。在党的领导下，我们可以迅速集中人力、物力去做成一些看上去难以完成的事情。小到村委会换届选举工作，大到雷神山、火神山医院的建成，"中国制造"疫苗的快速问世，中国防控、中国速度的传奇……这些无一不在证明，中国在党的领导下，愈加强大地立于世界民族之林。

这次不同寻常的经历更让我体会到一官难当，农村官更难当，农村的"学生官"难上加难。于我个人而言，为基层百姓服务是我的梦想，扎根中华大地，为祖国建设添砖加瓦是我人生的最高追求。明白了其中的困难，我的斗志才更会被激发出来。这次的经历、前辈的教诲、自身的感悟，我都会牢牢地记在心中。身处日新月异的农村，当真正体会到它的变化时，我多渴望在这片我热爱的土地上一展身手，奋斗终身啊！党旗飘在天上，党徽别在胸前，千言万语凝结成一句话：党的光辉，就在我的心中，指引我前行的方向，使我不再迷茫！

百年献礼·党的光辉照我心

百年征程述说党的风貌，三代薪火传承青春使命

冯崴，新闻与文化传播学院新闻与传播专硕 2020 级硕士研究生

百年前，有那么一段长夜难明的岁月，国家的命运似飘摇浮萍在列强侵略和军阀混战中岌岌可危；百年后，是这样一幅民族振兴的大同图景，全面脱贫与全民小康的生活卷轴铺展开来。是什么力量让灾难深重的中国崛起，又是什么光辉让中华民族伟大复兴？在中国近代发展史中或许可以找到答案——没有中国共产党就没有新中国。

1921 年的中国共产党还是一个呱呱坠地的婴儿，他弱小却又强大！他带领着一群满腔热血的青年用真理唤醒群众，他把握着前进的正确航向克服重重困难，他肩负民族重任让中华巨龙再次腾飞。当我们回望 100 年的进程、感叹 100 年的变迁时便会发现，中国共产党向世界诉说了一世纪的精彩！

翻开峥嵘岁月的红色篇章，风雨征程和时代变迁看似宏大的叙事却能在每个小家庭中得以体现。拿我的小家庭来说，那是从战乱中走出的一名人民教师，他为 20 世纪的乡村教育奉献微薄之力；那是在国家稳定发展时走出的一名人民警察，他为社会公共安全献出微微星光；还有在全面小康社会中成长的一名研究生，她渴望毕业后能在新闻舆论工作中成为合格的传播者、记录者、推动者和守望者。

（一）党员身份是我的荣耀——教师姥爷跟随党的步伐从未停歇

我的姥爷出生于 1943 年新中国成立前夕，硝烟、逃难、温饱……这样的字眼是那个时代的专属印记。作为农民教师的姥爷经常说到："我这辈子最幸运的事情就是新中国成立后有了安稳读书的机会，而我最骄傲的事情是能加入中国共产党。"战争这样的字眼离我们过于遥远，但从祖辈

的描述中能够体会到，那是一个坚强的执政党带领着饱受战争的人民群众赢得民族解放的艰难历程。

完成学业的姥爷作为一名中国共产党党员投身于乡村教育。最开始，他在党的带领下积极配合农村小学建设，让更多农村孩子能进入学堂；之后他来到一所高中，在师资力量匮乏的情况下一人分饰多角教书育人；最后他光荣退休，离开三尺讲台的他，看到此时的中国已经实现九年义务教育、一村一校甚至多校，深感自豪。

教育是民族振兴、社会进步的重要基石，是功在当下、利在千秋的德政工程。姥爷便是中国教育的受惠者也是见证者！不久前，党的十九届五中全会将建成教育强国列为2035年基本实现社会主义现代化的远景目标之一，相信在不远的将来中国教育会更美好。

（二）党员先上——交警父亲为防疫工作坚持交通执法90天

病毒肆虐，医者逆行，复工暂缓……也许大家未曾注意到疫情期间还有这么一支队伍，他们身着荧光服站在路边执勤——交警也是抗疫期间的最美逆行者。

出生于1972年的交警父亲为落实疫情防控交通管制，在大年初一便主动请缨交通执法工作。他说："各地都在响应党员先上的号召，现在正是缺人执勤的时候，国有殇、我必行！"2020年1月25号，信阳启动外来车辆严查工作。在那些本该家人团聚的日子里，少了父亲的身影，但他手持对讲机和测温仪的样子却常常出现在地方电台报道里。

父亲90多天的交通执法工作让我这个做女儿的感受到人民警察"舍小家，为大家"的真切含义！在百年未有之大变局的2020年，"党员先上"是一种使命、一种责任。当群众有困难、社会需要我时，千千万万个党员同志不顾个人安危冲在防控疫情最前线，他们如星光云集照亮黑暗，如冬日暖阳融化冰雪。

（三）谨记48字嘱托——党的新闻思想亦是我的新闻理想

新时代，新气象，新使命！习近平总书记站在新的历史方位，着眼于国家工作大局，科学界定了党的舆论工作的性质地位，明确了党的新闻舆论工作的职责使命,提出了党的新闻舆论工作必须坚持的方针原则,使党的新闻舆论工作站位更高、责任更重、方向更明。"高举旗帜、引领导向,围绕中心、服务大局,团结人民、鼓舞士气,成风化人、凝心聚力,澄清谬误、明辨是非,连接中外、沟通世界",[①]这48个字的殷殷嘱托,是习近平总书记为新闻舆论工作者指明的努力方向,同时也让党的新闻思想更具灵魂和魅力。

我出生于祖国昌盛的1998年,在我的成长历程中,没有姥爷所经历的温饱苦难,也没有父亲经历的家庭困顿,伴随我成长的是高质量的物质生活和丰富多彩的精神世界,我们这一代是在党的庇佑下茁壮成长的。在大学毕业之际,在选择奋斗目标之时,我将梦想放置于新闻与传播领域,听过习近平总书记48个字的嘱托后,我更加坚定了决心,党的新闻思想亦是我的新闻理想。

48个字,字字千钧!习近平总书记强调:"党的新闻舆论工作是党的一项重要工作,是治国理政、定国安邦的大事。"[②]作为党和政府的宣传阵地,党的新闻舆论工作深深吸引着我。有理想、敢担当是我们这一代年轻人的标签,每个人都要有梦想、每个行业都要有理想。而我的理想是,利用所学践行新闻舆论工作"48字"箴言!

回首百年征程不乏风霜荆棘,眺望远方画卷良多康庄宏图。在中国共产党建党100周年之际,风华正茂的党能欣慰地看到代代薪火未曾熄灭,世世使命敢于承担。听!"不忘初心,牢记使命"在我们身边回响,作为新时代的研究生,我们应当立足当下,将青春注以使命,奋力翱翔!

[①] 《习近平在党的新闻舆论工作座谈会上强调:坚持正确方向创新方法手段 提高新闻舆论传播力引导力》,新华社,2016年2月19日,http://cpc.people.com.cn/n1/2016/0220/c64094-28136289.html。

[②] 《习近平在党的新闻舆论工作座谈会上强调:坚持正确方向创新方法手段 提高新闻舆论传播力引导力》,新华社,2016年2月19日,http://cpc.people.com.cn/n1/2016/0220/c64094-28136289.html。

忆往昔，风雨砥砺，
看今朝，如日方升

张思慧，法学院国际法学2019级硕士研究生

1949年，新中国成立。1950年，中华人民共和国颁布《婚姻法》，提倡恋爱自由、婚姻自由。1951年，我的奶奶出生，诞生在这样一个百废待兴、朝气四溢的年代是幸运的，居于安隅，不必蒙受战火惊扰，身体发肤完好，眼下只需谋划生计，解决温饱。

1953年，三大改造开始，农业走上了合作化道路。站在时空之门的另一边，穿透儿时的记忆，我仿佛能感受到那个年代的味道：气氛一定是热烈的，骄阳之下的黄土地气息浓厚，戴着草帽、穿着布鞋、扛着锄头的青年男女们列队成群，说笑着向田垄走去。汗水从姑娘们红扑扑的脸颊顺流而下，顾不了那么多讲究，随意挥手擦一擦罢了，而后爽快地继续投入劳作。精壮的小伙子果断迈开步伐，在阳光下肆意挥洒荷尔蒙，痛快劳作。听长辈说，那是要记工分的，有了工分，才会被分给粮食和钱，才能生活。

在那个年代，劳动就是生活，生活就是劳动，和手上磨起的茧子有关，和老人们日渐佝偻的腰以及缓缓弯曲的腿有关，也和黝黑的皮肤有关。当我的长辈们还是小孩子的时候，他们需要捡枯枝做柴火，需要喂家禽，也需要下农田。家里的生计紧迫，家庭成员的每一份子都要待命，忙碌的母亲会让孩子们帮忙打理一切，不需要刻意学习，家务接踵而来，所谓勤劳致富，勤劳大概就是劳动年代的致富经吧。

我的父母便出生在这样一个物资相对匮乏的年代。因为生计拮据，我的父亲很小就开始操心自己的学费，没课的时候，他会到山上捡拾药材去卖，为自己挣学费。我的母亲兄弟姐妹更多，家里的家禽和家畜，都必须被照顾得很好，到了年终，或卖或杀，一家人的口粮才能添点荤。在那个小民以饱腹为首要目标的年代，为了生活，每个人都很努力。

今天，当我凭借着长辈的记忆试图在脑海中重构过去，我深切体会到，我们是真正幸福的一代人，没有饥寒之忧，不必为生存而困扰。我们的祖辈父辈们，是伴随着新中国共同成长的一代人，他们沉重地体验过生活的苦难，他们是最接地气的一代人，俯身能探听大地的脉搏，仰头能感触天空的喜怒哀乐。他们是最朴实的一代人，在春分播种，在秋分收获。他们也是我们最该感谢的人，感谢前人的不辞辛劳，让我们有许许多多的获得。

尽管眼前的生活困顿不易，但好景将至。1978年，中共十一届三中全会召开，国家开始实行改革开放。作为农村的孩子，我能切身体会到的变化和土地有关，和庄稼粮食有关。80年代，家庭联产承包责任制在中国农村全面推行，不仅粮食产量提高，而且解放了部分的剩余劳动力。1990年，父亲高中毕业，顺势进入了家乡的塑料厂，从一名学徒做起，开启了他长达28年的大厂职业生活。小时候的我喜欢踩在爸爸工作的工厂大门的铁栏杆缝隙间，将小脸蛋卡在中间，窥视厂内情况，也曾进入到爸爸工作的车间，握着他的大手，体会机器嗡嗡声透过耳膜给身体带来的麻醉感。

我的母亲在乡镇政府上班，日复一日，她总是说："我去公社上班了。"直到最近看百家讲坛的《党史故事100讲》我才渐悟，公社，是一个有历史感的称呼。1980年，四川省广汉县向阳人民公社的牌子变为向阳乡人民政府，1982年，乡政府在根本大法中得以确立，人民公社也由此废除。可能是因为名字易改，但人们的习惯难变，公社的称呼，我母亲一叫就是四十多年。

小时候的我经常吃一种名字叫"小康家庭"的方便面，更巧的是，我的邻居家的小孩子也叫作小康，后来才明白，小康家庭方便面不是小康家产的，小康的名字却寄托着长辈的美好期许。后来我家从农村搬到了县城，住进了楼房，再无饥寒困顿之扰，生活越来越滋润，我想这大概就是在向小康生活迈进吧。2021年，中国脱贫攻坚取得全面胜利，消除绝对贫困的任务圆满完成,"但愿苍生俱饱暖,不辞辛苦出山林"的愿景终于得以实现。

今天的我坐在窗明几净的教室,行走在阳光和煦、春意盈盈的校园,在书香阵阵的图书馆汲取精神食粮,没有后顾之忧,前路之景光明坦荡,枕稳衾温,自暇自逸,舒适怡然。但追忆往昔,仍能寻踪到因果的连接。我们如今能安于大厦之下,再无杜甫"安得广厦千万间,大庇天下寒士俱欢颜"的痛呼,有赖于前人的牺牲与奉献。感谢那些启明星般的人物,他们是夜空中最亮的星,是暗夜通往黎明最闪烁的光亮,是冬尽春来的最初一抹绿,当我们走在明亮的夜路,迎接闪耀的黎明,或沐浴在春日的暗香浮动,鸟语嘤嘤中时,一定不能忘记今日幸福生活的开拓者,先行者,没有他们的铺垫,就没有我们的坦途,有了他们的精神做向导,我们才会更坚定地向前冲。

从前辈手里拿到交接棒的我们,虽然知晓前路漫漫,或有荆棘环绕、高山难攀,但我必将怀着一颗坚韧赤忱的心勇敢向前。古人说,前人田土后人收,后人收得休欢喜,还有收人在后头。终有一天,我们也会垂暮,希望在此之前,我们能乘风破浪,创造一番好光景,交出一份好答卷,怡然谢幕。

党妈,我想对您说

李锦涛,财政税务学院财税 2020 级本科生

中国共产党是一个神圣而庄严的名称,党的光辉照耀在每一个尊重她、仰慕她的孩子心中。我亲切地称呼您为"党妈",因为在我眼里您不仅是威严的,更是温柔祥和的。您是一位慈母,不辞辛劳伴我们迎来这康庄盛世,风雨兼程带我们赶上这和平列车,这一切都是您的功劳呀!

在这太平盛世,我对您过去的了解只限于资料上的只言片语,我无法切身体会到你的苦楚与心酸,好在我的外公是一名老党员,我便有幸听外公讲起关于您的一切,那是关于您的荣光与历史……

外公入党时,正逢改革开放初期,那个年代,正是您一心一意搞建设的时候。那时,农村正在推行家庭联产承包责任制,外公在您的号召下,成了一名基层党员。虽然向乡里乡亲普及政策知识时偶有困难发生,但是外公却乐此不疲,只要是您的教诲,他都一丝不苟地贯彻。在外公的不懈坚持下,村里也实行了联产承包责任制,粮食产量成倍增加。外公总是向我炫耀这些事,因为在那个年代,先行者的确需要很大的勇气。而党妈,您在我外公心中是毋庸置疑的领袖!

外公从入党至今,已有四十余年。作为一名老党员,对时代变化有更多的感触。从建党之初的屈指可数到如今近1亿的党员大家庭,从星星之火到燎原之火,从薄薄的党规党章到如今历经修订后的厚重一册。中国共产党在蜕变,在成长,而这伟岸的光辉不偏不倚照进了我们这些后辈的心中,我们因为您而骄傲与自豪!

前段时间,外公实现了他的毕生愿望——参观中共国产党一大旧址。一个会堂,一条小船,外公几度泪光闪烁。这泪光不仅是对历史的感慨,更是对如今中国共产党领导下中国蒸蒸日上的态势的欣慰与激动!

受外公的熏陶,我日渐了解党的故事与精神,我坚信我要成为一名中共党员,这是外公对于我的期望,也是我自己一直想要做的事……

离开旧址的时候,外公非常不舍,他驻足了半个小时,失了神。在返途中,我们经过了党政办公室的大楼。在庄严肃穆的党徽前,外公突然开始背诵入党誓词:"我志愿加入中国共产党,拥护党的纲领……"上至中共中央的总书记,下至基层党组织,党内党外上下一心,共同拥护中国共产党的领导,为建设中国特色社会主义而奋斗,诠释了"党政军民学,东西南北中"这句话的分量。历史和人民选择了中国共产党,外公选择了中国共产党,我选择了中国共产党,不是没有缘由的。

2020春,新冠疫情的爆发让中国暂受挫折。危急时刻,中国共产党站了出来,疫情防控工作不到位便立马撤除党员职责,让我看到了党的纪律森严，党风严正；疫情肆虐，党员身先士卒冲锋一线，让我深谙什么叫全心全意为人民服务，对人民负责；国家承担治疗全部费用，免费进行核酸检测让我体会到中国共产党的担当与人道主义。试问有谁能做到此种程度？又有谁能在这么短的时间内控制疫情的扩散与蔓延？

亲爱的党妈，今年是您一百岁的寿辰，这一百年的时间，培养出一代代优秀党员，你的光辉照进了越来越多的人心中！

党妈，我想对您说，您教导有方，老党员们用血和泪搏来了如今的岁月静好，一代代共产党人前赴后继为建设祖国而贡献力量：2008汶川地震您守护生命，2020新冠疫情您冲锋阵前；钓鱼岛，南海事件，捍卫国家主权你义正词严；中国边疆与沿海的青藏铁路您已贯穿；香港澳门回归，您喜上眉梢；市场经济体制改革，对外开放您当机立断。基层党组织的战斗堡垒作用，党员的先锋模范作用，您的身体力行让我备受鼓舞。一名党员一面旗帜，一个支部一座城堡。是您让我真正明白这句话的含义！

党妈，我想对您说：谢谢您在我们最困难的时候一直默默庇护我们。作为青少年一代，我们也许无法感同身受的去体会到您所经历的磨难，但是您是我们心中居功至伟的存在。我们能做的有限，唯一能够报答您的方式就是努力学习，夯实基础，将来加入中国共产党，为建设祖国贡献自己的一份力量！

真正的底蕴与精神内核是难以言表的，这种无形的精神力量只能靠一代代党员的言传身教来延续，来留存星火。

与外公临近分别的时候，外公捧出一枚中国共产党党徽，把它交给了我，叮嘱我务必要加入中国共产党。我深谙外公的教诲，这份沉甸甸的礼物，昭示着我要陪党妈您一起走。

中国共产党经历百年风雨，已经成长为一个成熟的中国特色社会主义政党。党的主张是人民的意志，党的任何决策都是为了人民，依靠人民，从群众中来，到群众中去。我们可以相信，也必须相信，党所做的一切都是从衡量全局的战略眼光出发，从人民群众的实践出发。党是值得我们无条件信赖的！

百年献礼·党的光辉照我心

党妈，从前我年幼时，是您给了我荫庇，而今我已成人，也即将入党，更将用余生来守护您，守护人民。您的默默付出，我铭记于心。我也定不辱使命，以梦为马，不负韶华。为党的事业，为建设美好中国的事业尽一份微薄的力量！

管却自家身与心，胸中日月常新美

王辛杨，财政税务学院财政 2020 级本科生

百余年前，毛泽东在送别友人东赴日本时挥毫洒下了翰墨："沧海横流安足虑，世事纷纭何足理。管却自家身与心，胸中日月常新美。"[1] 百年以后，我回望历史，在祖祖辈辈的身上见证了"党"路漫漫，一代代人上下求索，传递精神的火把，照亮了一路来人。党的理念，正是修养身心，服务人民；党的光辉，正如那胸中日月，润泽人民。建党一百周年之际，我愿为您作首长诗，关乎您，关乎我，关乎人民。

"唱支山歌给党听，我把党来比母亲，母亲只生了我的身，党的光辉照我心……"[2]1963 年，这首歌传唱在祖国的大江南北，是"学雷锋"运动中的经典曲目。它诞生的七年之后，我的外祖父响应祖国的号召，穿过万亩草甸和重重山脉，成了一名光荣的坦克兵，与一群怀有相同志气的青年并肩作战。而这，不正是雷锋精神的一种传承吗？

渊思寂虑，那些为党和人民奉献一生的共产党员们，哪个身上没有"雷锋精神"的影子？女烈士江竹筠被关押到渣滓洞后，遭受严刑拷打，拒不交出共产党的情报，最终牺牲在刑场；王继才、王仕花夫妇二人，接受了

---

[1] 选自毛泽东《七古·送纵宇一郎东行》。1918 年 4 月，罗章龙准备赴日本留学，毛泽东写此诗赠别。

[2] 歌词选自《唱支山歌给党听》。

守岛任务，在空无一物的海岛上彼此陪伴三十余年，把青春年华尽数奉献给祖国。何为雷锋精神？正如习总书记所言，是"信念的力量、大爱的关怀、忘我的精神、进取的锐气"，①这种内在的力量被一代代党员继承下去，他们舍身忘我，死而后已，为美丽的新明天奋斗不已。

"我当兵的时候，最难过的是冬天。河上结冰以后，那个冰都特别薄，要是踩上去，一不小心人都要掉下去喽……"无论我多少次从外祖父的口中听到曾经那些故事，都仿佛被那些年的风雨淋湿。我总能深深感受到，他一遍又一遍重复说的这些话，是他一辈子也不愿忘怀的经历啊。

党和国家也永远记住了他们这些老军人的故事。近几年来，党和国家对他们这些退伍老兵愈发重视起来。每到八一建军节的时候，就有人员来家里"送温暖"。有时候是一张满载关怀的贺卡，有时候是一袋新鲜的水果。或许这看起来不算多，但党和国家与这些老兵们之间浓浓的情意早已无言地流淌在其间。党的光辉，是光明地照耀在我的祖辈们心中的。

时光匆匆走过，来到了1978年。这一年的12月，改革开放在国内打响了第一枪，敲开了通往未来的光明时代的第一扇门。同样也在这一年，我的父母相继出生了。其实，每个人都是与祖国同生长、共命运的存在。而我的父母一代，是沐浴着改革开放的阳光长大的一代。

父亲出生在河北的一个小村庄，同样，这里也是我的故乡。中国对内改革的脚步以安徽凤阳小岗村为原点，以全国农村为半径，走出来了一个巨大的圆。每一个村庄，包括我的家乡，都是改革开放的参与者、受益者。随着经济的发展，对教育的重视，思想的开化，一代人的命运在改革开放后出现了奇妙的转机：我的父亲，考入了大学，研究化学材料；我的母亲，选择了学医，最终成了一位医生。

"改革开放是我们党的一次伟大觉醒，正是这个伟大觉醒孕育了我们

---

① 《习近平参加辽宁代表团审议时强调大力实施振兴东北地区等老工业基地战略》，新华社，2013年3月7日，http://www.npc.gov.cn/zgrdw/npc/dbdhhy/12_1/2013-03/07/content_1767576.htm。

党从理论到实践的伟大创造。"①这是习近平总书记评价改革开放的话，同样也是每个人所见证到的现实。党的觉醒，启发了民众的觉醒；党的创造，引导了民众的创造。中国自此走上了强国之路，而党的光辉啊，是光明地照耀在改革开放的受益者们的心中的。

钟表上的指针慌张地跑，旧的日历本被一页页撕下，新的一页上，印着"二零二零年"。这一年，我的祖国迎来了一场危机——新型冠状肺炎疫情的爆发。但是，在国家的正确领导下，我们没有恐慌、没有暴乱，从各种新闻报道的字里行间，我们能看到两个字：勇敢。

时至今日，希望的曙光已经被点亮。和十八年前非典疫情一样，不变的是，我们永远有一群勇往直前的战士，为我们冲锋陷阵，保驾护航。我们之所以能够控制疫情，是中国特色社会主义制度的优越性和我们党和国家对于国民教育的正确性在发挥作用。正是因为全国人民团结一致，众志成城，我们才会回归正常的生活。

作为一个初入"茅庐"的大学生，在人生的短短十八年间，我见证了中国的高速发展，经历了许多历史性的时刻。2008年北京奥运会，犹记得全家一起守在电视机前，为壮观的开幕式而高声欢呼的场景；2020年小康之年收官之战，脱贫干部们奋斗在岗位上，为我国消除贫困添砖加瓦。"坚持共产党领导"是我们始终如一的标杆，依着这个标杆，我们一直在向中华民族的伟大复兴迈进。我坚信未来，中华民族还可以创造更多伟大的奇迹。党的光辉，光明地照耀在每一位中国人民的心中。

"坚持不忘初心，继续前行，就要牢记我们党从成立起就把为共产主义、社会主义而奋斗确定为自己的纲领，坚定共产主义远大理想，不断把为崇高理想奋斗的伟大实践推向前进"。②从党的成立到现在一百周年来，

---

① 《在庆祝改革开放40周年大会上的讲话》，新华社，2018年12月18日，https://baijiahao.baidu.com/s?id=1620163279595189417&wfr=spider&for=pc。

② 《习近平在庆祝中国共产党成立95周年大会上的讲话》，新华社，2016年7月1日，https://baijiahao.baidu.com/s?id=1697090851995326808&wfr=spider&for=pc。

我相信党是始终如一这样做的。坚持初心，砥砺前行，我看到，中华民族挺直了腰杆；我看到，中华民族迈开了脚步，跑向中国梦实现的终点。

至此，我献给党的这首长诗，已经到了尾声；然而，我们与党的故事，从来没有结局。管却自家身与心，胸中日月常新美；党的光辉照我心，我把党来比母亲。

三代人眼中党的光辉

周梦真，工商管理学院工商 2018 级本科生

中国共产党成立至今已有一百年历史，在这一百年里，中国共产党带领着中国人民冲破黑暗，走出迷雾，在光明中走向富强。在这具有丰富意义的一年里，我们更要学习中国共产党的革命精神，不忘初心牢记使命。

纵览中国共产党从 1921 年成立以来整个发展过程——中国共产党在风雨如晦的年代，一路筚路蓝缕，风雨兼程，无数的共产党人不断拼搏奉献，投身革命、改革与建设……才有了如今美丽的新中国。回望过去，我想从我爷爷、我爸爸两位党员以及我自己三代人的角度，来回忆一下中国共产党一路走来的光辉历程。

爷爷出生于 1935 年，经历了抗日战争、解放战争以及新中国成立等重大历史事件。爷爷的祖籍本来在河南，作为一位党员，为响应党组织"支援乡村金融建设"的号召，1952 年从湖北郧阳财干校毕业的他选择留在湖北，为当地经济建设作出贡献。在我小的时候，爷爷经常会给我讲中国革命志士的故事，由于那时年龄还小，我的印象并不是很深刻，只知道他们都是带领中国人民打倒帝国主义压迫、建立新中国的伟人。尽管爷爷具体讲了哪些事我记不清，但有一位革命烈士我却印象深刻，因为他的雕像一直竖立在家乡的繁华区域，小时候每次过年回家都会经过，内心泛起敬畏之情。那位令我印象深刻的历史人物便是无产阶级革命家——施洋。

施洋出生于1889年，和我母亲一样是竹山县麻家渡镇人。1923年，汉口英烟厂无故开除中国女工，施洋挺身为工人说理，领导工人们进行罢工运动争取权利，"颇尽赞襄之力"，最终以英方资本家妥协而胜利告终。他一生都在主张保障人权，伸张公理。最终他在京汉铁路工人罢工运动中被敌人执行枪决，英勇就义。

在封建制还残存的旧中国，施洋便坚持人权保障思想，并为之努力奋斗，最后献身于此。被捕后，他在刑场上慷慨激昂的陈词时常使我热泪盈眶——"我只希望中国的劳动者早些起来，把军阀、官僚、资本家和你们这般替他们做走狗的人，一起都食肉寝皮！""我不怕人，不怕事，不怕死，堂堂正正做人，反对强暴，你们杀了一个施洋，还有千万个施洋！"困难面前，永不低头；生死面前，毫不畏惧。身中两弹仍高呼劳工万岁，无不表现出一个共产党员视死如归的英雄气概，也让当时幼小的我燃起了对革命人士深深的敬佩之情，并且立志要像他们一样勇敢无畏。

父亲也是一位共产党员。回忆小时候，父亲在我脑海里的画面寥寥无几，长大后翻看相册的照片才发现，那时的父亲原来一直都在为我国"酒泉卫星发射中心"的建设不断奋斗。

中国酒泉卫星发射中心是中国组建最早、规模最大的综合性航天发射中心，它培育形成了"两弹一星"精神，主要承担卫星发射及火箭试验等任务。

人类对外太空的探索一直不断前进，回顾中国航天史，无数的科学家，设计师以及普通工人等为中国航天奉献了一生，深刻展现了"特别能吃苦，特别能战斗，特别能攻关，特别能奉献"的航天精神。虽没能从父亲口中听他亲口讲述建造的过程，但从那些照片中我也能感受到中国航天精神。照片里的父亲站在无边的黄色沙土上，沙尘飘扬，隐约可以看见远方的长征一号运载火箭。父亲在艰苦的环境里工作了几年，远离了家人的关心与陪伴，但却从未言苦。看着泛黄照片，感受"两弹一星"精神的实质内涵，我明白了作为大学生的我们，一定要努力学习、增长才干，切实担负起新时代发展的历史重任。

受到爷爷和父亲的影响，我一直认为共产党是十分光辉耀眼的存在，从小立志成为一位共产党员。上大学后便立马提交了入党申请书，想尽快加入党组织，在一次次的培训与学习后，我对中国共产党的精神有了更深的理解，如今也成了发展对象。

每当感到迷茫时，我都会去一些革命纪念馆，最常去的就是离家很近的陈潭秋烈士纪念馆。纪念馆位于武汉市都府堤路，附近一片都是红色景点，每次来到这里，我的思绪也渐渐进入历史的长河，感受那段艰难却又峥嵘的岁月。陈潭秋先生一生投身于边疆解放工作，把自己的生命奉献给共产主义事业，面对敌人的威胁从不放弃信念，正是这样，他才成为令人敬仰的革命家。每次参观完陈潭秋先生的故居，我都百感交集，触动不已，正是有许许多多像他一样的革命先辈的不懈奋斗，才使我们能有如今的美好生活。

今年是中国共产党建党一百周年，在这个特殊的时点上，我们国家小部分地区仍然处于疫情中，作为大学生的我们更要践行中国共产党精神，为国家贡献力量。因此在寒假期间，我参加了"2021年同舟共'冀'，战'疫'有我"志愿活动，以学业辅导心理疏导等为主向衡水市抗疫人员子女提供志愿服务。希望在小事中践行中国共产党立党为民的服务精神。

大学生在党的光辉下成长，是党和国家未来的希望，我们要向优秀的中国共产党员看齐，学习他们的优良品质，树立正确的价值观，不断努力奋进，为中华民族的伟大复兴贡献青年力量。

山　河

吴佳慧，工商管理学院人力2019级本科生

提到山河，古人不吝一句"江山如此多娇"表达对祖国大好河山的赞赏，

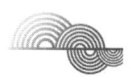

但那"山河破碎风飘絮"所流露的忧国忧民之情，更令我们动容。

似乎山与河总是与国家紧密相连。在党的100年征程中更是有许许多多与山河有关的故事。

谁人不知井冈山？井冈山，是中共第一个农村革命根据地，这里见证了无数大大小小的战役，浸染了无数的鲜血，但也镌刻着动人的故事。

1928年9月，朱德看到一位老乡感叹："现在没有米，没有盐，买不了，也买不到。"他心中不是愤恨抱怨，反而忧心道："国民党军的严密经济封锁，殃及池鱼，让老百姓也跟着红军和共产党受了苦。"哪怕部队也断盐许久了，朱德自己嘴里也是惨淡无滋味，一听说打下遂川县城的时候缴获了一点盐，就赶紧派人把缴获的盐送到紧缺食盐的老乡家中。他说："我们共产党和红军和人民群众有盐同咸，无盐同淡。"

1934年始，二万五千里长征路途中，红军更是渡河翻山，四渡赤水河、巧渡金沙江、强渡大渡河、翻越夹金山、攻克天险腊子口、翻越六盘山。这样翻山越岭，劈波斩浪才终于到达吴起镇与陕北红军会师。这山河的天然阻隔给予了红军多少的艰险，但也见证了红军"一不怕苦，二不怕死"的革命英雄主义精神和百折不挠、自强不息的民族精神。

我们不会忘记云中山上，只身着一件单薄衣服的冻僵老战士，那是把棉衣给了别人的军需处长，他"口粮送人，不舍己餐，寒衣送人，不留己穿"。

我们不会忘记习近平总书记，在"陕北很苦，延安更苦，延川极苦，梁家河最苦"的穷山沟里，和乡亲们打成一片。打水坝，他亲力亲为；开设村里第一个铁业社，他亲自部署。他还带领开挖了陕西第一个沼气池，为乡亲们解决了照明、做饭等问题。他让穷山沟里流淌进了发展的活水。

"穷山恶水"反而锤炼出心怀人民，艰苦奋斗的党员，他们在祖国山河遍立不朽的丰碑。

山河相连的，除了历史上大大小小的"战役"，还有近期全民一心的"战疫"。

疫情期间，祖国处于风吹雨打的境地。中国大地，上演了太多感人的故事。在新时代，山与河除了是人性丰盈的见证者外，还有了新的内涵。

红色传承

"五老"如山。

金银潭医院,是本次疫情的"风暴之眼"。而金银潭医院的院长张定宇,在疫情期间甚至顾不上被新型冠状病毒感染的妻子,毅然奋斗在抗疫一线,他说:"我必须跑得更快,才能跑赢时间;我必须跑得更快,才能从病毒手里抢回更多病人。"而这样一个日夜扑在一线的人,谁能想到他自己是一个渐冻症患者呢,他双腿已经开始萎缩,全身慢慢失去知觉。却怀着身为共产党员与医务工作者的信念,在非常时期用自己无力的双腿,站得笔直,顶天立地。

退休的老党员们听说疫情肆虐,握着积攒的皱巴巴的积蓄,来到社区,自愿把得之不易的积蓄,捐献给湖北武汉。山东货车司机李保民将蔬菜运输到武汉,只因"没钱也可以出点力"的信念。

无论是老兵、老司机、老院长还是老党员,他们用如山般的信念给予我们安全感和生的希望,厚重的民族精神在他们身上蕴藏着。

山,厚重的力量感,庄严的肃穆感,不仅镇压了病魔,还见证一衣带水、风雨同舟的青年人们奋勇向前。

"后浪"是水。

年轻人们也同样有所作为,北京大学援鄂医疗队全体"90后"党员用一次次无悔的付出,书写了医者的担当:穿着厚厚的防护服,他们要忍住满头大汗,为了抓紧每分每秒,他们承受百爪挠心的饥饿感,刚下夜班得知患者多、病情重又折返,护目镜氤氲的不仅是雾气和汗水,还有眼泪与担当。

青年人汇聚微薄浪花之姿,化为时代江河奔流向前的浩荡之势。水,是那么活力四射、勇往直前,充满活力的特质禀赋在他们身上蕴藏着。

正如习近平总书记在十九大报告中寄语的那样:"青年一代有理想、有本领、有担当,国家就有前途,民族就有希望。"新征程的接力棒已传递到青年人手中,仿佛高耸山峦堆积了涓涓细流的河岸。河流汇聚江海,定当勇往直前。

山与水,一动一静,厚重而灵动,见证并创造,共同构成了一幅严肃活泼的水墨画——流水拂过山峦,泥土与活水浇灌了希望与成长。

而山与河除了代表着国家，寓意着前辈与后浪，象征着传承，还代表着人类赖以生存的环境，关乎人类福祉。

党的十八大以来，习近平总书记在国内国际许多场合，阐述了"绿水青山就是金山银山"的思想，建立了生态文明理论基础和体现可持续发展观的治国理念。

去看看我们身边的环境吧！三代塞罕坝林场建设者在高原上接力，创造出世界最大面积的人工林，被联合国环境规划署授予环保最高荣誉"地球卫士奖"；中国四大沙地之一毛乌素沙漠经过几代人的治理，止沙生绿，被联合国官员盛赞"值得世界所有国家向中国致敬"。这些都是我国治沙历史中值得被铭记的壮举和奇迹。

"不搞大开发，共抓大保护"，也许因为祖国山河见证了一代又一代中华儿女的成长，也形塑了中华民族的特质禀赋，是中华民族的宝贵精神财富。

疫情期间，山河无恙，不仅仅是祖国无恙，是人民无恙，也是生态环境无恙。

长久以来，山河塑造，民族精神长存；山河见证，一代人有一代人的长征路。

光辉历百载，风雨铸强国

冯欣雨，工商管理学院经贸 2020 级本科生

大风泱泱，大潮滂滂。洪水图腾蛟龙，烈火涅槃凤凰。文明圣火，千古未绝者，唯我无双；和天地并存，与日月同光。历史的车轮滚滚向前，行至二十世纪，中国共产党成立，开天辟地，深刻改变了近代以来中华民族的发展方向和进程，深刻改变了中国人民的前途和命运，深刻改变了世界发展的趋势和格局。

舒天昭晖　民族复兴

　　回首百年前，嘉兴红船上，舱内紧锣密鼓，湖上烟雨荡波。天色破晓，中国共产党如日初升，乘着这幅江南画卷，让中华民族伟大复兴的梦想启航。

　　百年大党在历史的长河中披沙沥金，不断发展壮大，不断创造辉煌。站在历史的路口，中国共产党人的一次次选择不仅决定了自己的人生方向，更决定了中国的前进方向。

　　大革命阶段，党联合广大无产阶级，在推翻北洋军阀统治的战争中发挥了不可忽视的作用。土地革命阶段，党开始独立自主地掌握革命领导权，首创以农村包围城市的革命道路，在全国各地点燃星星之火，开辟农村革命根据地。抗战阶段，党促成和维护抗日民族统一战线，在敌后战场消灭和牵制了大量敌人，提升了中华民族的抗战士气。民主革命阶段，党肃清官僚资本主义，彻底完成革命任务，带领无产阶级走向历史舞台的中心。新民主主义阶段，一句"中国人民从此站起来了"至今仍回响在耳畔。在党的领导下，春风又绿神州，华夏再沐朝阳。社会主义建设阶段，党对社会主义建设道路的探索历经艰辛，积累了丰富的经验，也留下了深刻的教训。首创政治协商制度，使中国的社会主义真正得民心、聚民智、合民意。十一届三中全会后的社会主义发展新时期，改革开放发时代先声，年轻的新中国重新焕发出生机——国民经济调整、农村和城市改革、对外开放取得重大突破……建设有中国特色的社会主义阶段，党领导中华民族走自己的路，继往开来，书写大国崛起新的诗篇。立足基本国情，将计划经济与市场经济相结合，党的建设和国家建设并重，展现出鲜明的时代特征和中国特色。改革开放和现代化建设新阶段，党始终不忘初心，全面建设小康社会、打响脱贫攻坚战、完善中国特色社会主义制度，为人民谋幸福、为民族谋复兴。

　　浩荡百年，中华民族饱尝民族苦难，历经变革风霜。中国共产党的历史是由百年前仆后继的中国共产党人共同谱写的，中华民族复兴的道路是由百年热血难凉的中国共产党人一步一个脚印走出来的。

久旱逢甘　人民幸福

今天的中国，前程千帆竞发，盛世万象更新，人民的获得感、幸福感、安全感大大提升。阅历五千年沧桑，缅怀漫漫岁月，我深知眼前的幸福安宁来之不易，安居盛世又是何其幸运。十余年来，在党的领导下，身边的一切都充满着希望和生机，家乡发生了翻天覆地的变化。

危房改造，住房安全得到进一步保障。

我在湖北的一个小山城长大，这里夏天偶有冰雹，让老城区的房子在风雨飘摇中震颤。记忆中的一个夏天，暴雨如注，狂风伴着冰粒呼啸不停，沙石在空气中摩擦的声音、砖瓦碎裂的声音夹杂在一起。

冰雹过去，风雨渐歇，窗外传来救护车的警笛声。隔天便听闻院里的刘爷爷因为冒雨去收被子，在匆匆赶回家的途中被风刮下来的一大片瓦砾砸中而昏迷。

两年后，刘爷爷的身体早已完全康复，居委会也组织了危房重建——土地被铺上水泥和砖块，增设了健身器材和晾晒区，楼房被加固或改建……今天，院子里有一应俱全的便利店，有周到的家政服务，有给每个老年人配备的手机，有安全可靠的防盗系统……今天，人民生活水平与经济一同增长，人民生活幸福指数大大提高，人民的权益得到更有效的保障，小康社会全面建成。

骄阳初生　国家富强

昔日的中国，于太平洋东岸迎八方来客、邀四海宾朋。今日的中国似骄阳初生，正一步步走向世界舞台的中央。

和平崛起，为其他国家的发展提供了一种新模式。中国的发展离不开世界，又对世界有着深刻的影响。我国既实行全方位的开放，又坚持独立自主，扩大内需，走有中国特色的富民强国之路。不军事扩张，不争霸称霸，中国的崛起使世界局势更加稳定、和平更有保障。

致力扶贫，为世界减贫事业做出巨大贡献。乡村振兴和农业现代化解决了数以亿计的贫困人口的吃饭穿衣问题。杂交水稻、海水稻走向世界，造福更多人民。我国不仅解决了自身的发展问题，也为广大发展中国家做出了榜样，提供了帮助。

文化互鉴，为人类文明交流融合起着重要的推进作用。圣贤典籍，浩如烟海；四大发明，寰球共享。"万物并育而不相害，道并行而不相悖"，在党的领导下，我国以开放包容的姿态面向世界，展现大国的气度与担当。

光辉百年，党经受了历史的重重考验，创造了民族复兴的辉煌；风雨铸强国，年轻的新中国傲然挺立在世界舞台中央，深刻影响着世界格局。

建党一百周年之际，我会将这百年的精神继续传承，以青春为名，用奋斗献礼。

小城的变迁

许钰婷，工商管理学院工商 2020 级本科生

灰旧的墙壁，古色的瓦房，杂草丛生的街巷，这是我记忆里的故乡。

还未上学之前，我住在村里。那时的老家是翻修了几次的瓦房。通往外头的小路是由沙子铺成的，道路两旁还生长着不知名的花草。沿途一路都是田，我家小道出去的十字路口旁就是家里种辣椒的地方，家里的生计都是靠着这里撑起来的。

那时最爱做的事情是每天起来去找鸡蛋。家里有一间专门给鸡安顿的小房间，奶奶特地铺了层柔软的干草，偶尔产下的鸡蛋在里头十分显眼。找鸡蛋的过程很奇妙，那时的我总是乐此不疲，一天能去那里好几趟，如果能够幸运地找到一个，那便是如获至宝一般。

上了幼儿园后，我搬到了小镇上。镇上的房子比村里要好得多，厨房在一楼，母亲在厨房旁边拉了栅栏，养了些鸡，我们住在楼上。于是，房间里倒是没像村里一样，但少了鸡的身影，也没了鸡的味道，我慢慢没了捡鸡蛋的乐趣。镇上的道路铺了一层蓝色的胶一样的东西，看起来十分的平整漂亮，路边偶尔也能看到花草丛生，却比村里少见得多。镇上的孩子与我不同，他们没有玩过泥巴，没有挖过蚯蚓，也没有摘花做过指甲油。我到了镇上，也没做这些了，而是跟着他们扔石子和跳格子。日子隐隐约约地有所不同了，只是变化总是在无形中，我自己亲身经历着，没有体悟出来，后来大概明白了，原来这就是城乡之间的差别。

三年级的时候，爸爸带着我转去了市里的小学，我离开了小镇。爸爸妈妈的工作也变了，家里的田交给了邻里，辣椒不种了，他们尝试着在市里找工作，学着做生意赚钱供我上学。

市里的环境完全超出我的想象，我一路都在好奇地张望。街道上没了杂草野花，大树整齐排列，甚至修剪出了好看的形状，路上来往车辆很多，人们穿着也很时尚，我慢慢地学会适应。玩泥巴、摘野花的日子远去了，我在优质的校园里读书，谈论的不再是田里的事，玩闹的不再是石子，平日里的娱乐变成了打羽毛球、逛街和看电影。一家人住在市里的小房子里，每日的生活似乎都平平无奇，一待便是八年。慢慢地，我们家拥有了第一台液晶电视，这是我三年级时的愿望，那时候我们只有一台小小的DVD放映机。再后来，我们家有了第一台电脑，这是我儿时只能在学校机房里见到的高科技。小小的屋子里添置了许多新东西，那些曾经梦想的、奢望的竟然成了现实。

小城的记忆快要远去了，在每一年难得一次回家的路途中，我总能感受到它巨大的变化。

前些年回去时我发现小镇沿途的墙壁刷了漆。不是原来那般死板的灰调，而是一层带着鲜活色彩的嫩粉色，小卖部里也装上了可以拉伸的绿色遮阳棚，暗绿色与粉色交织，成为一番别样的年轻色彩。我该怎样去表达呢？小镇好似变得年轻了，但它明明应该更加古老。

红色传承

从前总有人好奇地问我：你的老家罗豆农场真的是一个农场吗？我总是笑而不语。但这奇妙的误解好似在政府投资建设琼北大草原后开始消失，人们开始了解、走入这曾经人烟稀少的小城，而我见证了这一变化与发展。

与这记忆一同模糊的还有我的小村落。这几年再到村里走时，突然发现好像邻里的房子都重新装修了一遍，厚重的青苔被抹去了，熏黑的墙角也消失了。那条村里前些年被污染的小河也被清理得干干净净，河水清澈见底。夜里一路从村里往回走，才发现原来村里还有了路灯，我站在小道转角，没有见到幼时喜欢摘的花，那片地方已经平平坦坦，铺上了水泥，旁边建起了一座房子，里头还传来孩子嬉笑的声音。在月光与灯光交织中，我蓦地懂得了岁月如梭的感觉。

故乡的一隅太小太小，却承载了太多太多。它在我幼时展现它的简单朴素，又在我成长后逐渐学会梳妆打扮。我用这十八年岁月亲眼见证了它一步一步地成长，也似乎能透过这一草一木，一路一墙的变化，看到这背后的推动者的汗水与用心。

每一座小城的成长都是中国的成长，每一位人民生活的改善都是中国的改善。从电视到电脑再到手机，从无都有，从昂贵到平价，这是物质生活的改变；从铁圈到溜溜球，从DVD到电影院，从书本到电子书籍，这是精神生活的变迁。当这一切发生改变时，幸福的指标也在悄然地从饱腹转向精神富裕。

这点滴的变化，体现的不仅仅是一种物质的拥有，而是一群人民的富有，更是一个国家的强大。曾经社会主义制度遭受的质疑，在这变化间狠狠粉碎。社会主义到底该怎么走？所有人都不知道，但是中国共产党用自己的一双手，勤勤勉勉地摸着石头，踩着时代的巨流，一直走在前头。她小心地迈出每一步，诚挚地做好每一事，纵使有流言蜚语外界攻击，她也毫不畏惧，因为她心中怀着坚定的意志，犹如磐石一般坚硬。她想要让这片土地上的人民不再为贫困而悲泣，于是她立下誓言要在2020年实现全面小康。她想要这个国家在世界舞台上重新站立，于是她致力于高科技的投入，如今5G已成为中国的代名词。

百年献礼·党的光辉照我心

我在 2021 年记录此篇，带着对过往小城的怀念与未来家乡的期待，带着对祖国曾经落后的疼惜与中国未来迅猛发展的信念，将这变化细细刻画。一切都是欣欣向荣，一切都是美好展望，未来的小城会更加年轻朝气，未来的祖国会更加蓬勃发展。

我一直都是如此坚定不移地相信着。

百年献礼——我与党的故事

秦方圆，经济学院国际商务 2018 级本科生

1921 年，中国共产党诞生。2021 年，中国共产党诞辰一百周年。

回顾党的百年历程。1921 年建党；1927 年土地革命和武装起义；1945 年抗日战争胜利；1949 年解放战争胜利，建立新中国；1956 年社会主义改造基本完成；1978 年实施改革开放，党的十一届三中全会将党和国家的工作重心转移到经济建设；1992 年党的十四大召开；1997 年党的十五大召开；2012 年党的十八大召开；2017 年党的十九大召开；2021 年建党一百周年。

中国共产党，经历了一百年的洗礼，从最初的 50 多名党员同志，到如今的 9000 多万名党员同志；从最初的青涩，到如今的沉着稳重、临危不乱……我们伟大又光荣的党，在一百周年的岁月里越来越强大，在世界舞台上发挥越来越重要的作用。

身为一名大学生，身为一名预备党员，我深知党的光辉、正确、伟大。在我前二十年的人生里，我经历也见证了身边许多党员的成长故事。在建党一百周年之际，我想用自己的亲身经历，诉说我对祖国和党的热爱、支持与期盼。

我是一名"00 后"，是生于 21 世纪的第一批人。

2006年我步入小学。从小我就接受红色教育、了解党的发展历程。在当时，无论是在学校还是在老家，随处可见的是房屋外墙上列着的几个大字，"没有共产党就没有新中国"。无论是老师还是长辈，他们爱党护党的意识更是刻入心里，这种种的因素让我对党既好奇又敬佩。正因如此，在学校中与党组织有关的活动我都积极参与。与此同时，作为一名优秀的少年先锋队队员，我被选作代表去领取班级的红领巾，并在全体同学面前宣誓并发表感言，我倍感自豪。

2012年我步入初中。从小培养起的思想意识促使我向优秀的人看齐。团组织是一个先进青年组织，初一时，我便争取并被选举为第一批入团的团员。在军训时，作为每个班为数不多的团员，无论是中午还是晚上，我都坚持为同学们服务，自己最后一批吃饭，以作表率，奉献自我，服务他人。

2015年我步入高中。在紧张学习之余，为了解时事，每天晚上七点钟，我都准时观看新闻联播。通过了解时事，我不禁感叹我们国家越来越繁荣昌盛、越来越受世界尊重，感慨我国扶贫工作落实得越来越到位、人民生活越来越好。每天看完新闻联播，内心都会产生一种难以言表的感动之情。在这种感情的督促下，我严于律己，刻苦学习，努力使自己成为一个优秀的人，使自己成为一个对社会有用的人。

2018年我步入大学。在大学里，我有幸近距离接触党组织，接受学院开设的党校宣传教育。在大一上学期，我便毫不犹豫地选择向党组织靠拢，第一批递交入党申请书。在有机会参与党校培训课程的时候，我积极报名。在参与了几轮党校培训课程并通过考核之后，我于2020年9月30日正式确认为预备党员。这一天，我一生难忘。

2019年，世界军人运动会在武汉召开。这意味着中国有实力和能力承办，中国受世界认可。当时我在读本科大二，身处武汉，看到这座城被点亮，听到外国友人的感慨和赞叹，心中不禁油然升起对祖国的自豪。

中国是社会主义国家。处在社会主义国家，最直接的感受是人民有权利，党和国家以民为主，将人民的生命放在首位，这一点从2020年爆发的新冠疫情中就能看出来。

2020年，新冠疫情暴发，全球相当多的国家和地区深陷其中，饱受新冠疫情的影响。而中国，作为一个有责任有担当的大国，此刻毫不犹豫地将人民的生命放在首位。各行各业的党员同志，在疫情暴发的时刻，没有退缩没有怨言，在当地扛起抗击疫情的重任。多地的医务工作者在本该团圆的日子里赴鄂支援武汉。在疫情中，为了拯救人民的性命，无数医务人员和抗疫志愿者牺牲了生命。年已八十多岁的钟南山院士，为中国二度抗疫。从广州到武汉，到抗疫一线，带领着众多医务工作者与新冠疫情抗争到底！在这一刻，我们党和国家充分诠释了"践行初心，担当使命"的含义。

2021年已经到来。2021年是"十四五"时期的开局之年，是我国全面建成小康社会的第一年，是中国共产党建党一百周年。2021年，是我在大学本科学习的最后一年，关键一年。2021年，亦是充满希望的一年。

回顾一百年来党的发展历程，展望党和国家未来的发展目标，不禁感慨这一百年来党和国家一路走来的艰辛与不易，不禁感叹党和国家的奉献与伟大。

是的，没有党就没有新中国，没有国家就没有人民的安康，没有党和国家就没有我们幸福的生活。我永远热爱和维护我们的党！我永远热爱和维护我们的祖国！在建党一百周年之际，我衷心地祝愿与期盼我们亲爱的党和国家越来越好、越来越强！此刻，我们见证了党的第一个一百年。我相信，在未来，我们的党和国家还有无数个一百年！

开天辟地迎百年，乘风破浪新时代

肖欣如，经济学院经实 2020 级本科生

百年复兴，奋斗为纲，这是党砥砺前行的真实写照；千秋伟业，人民至上，这是党始终不变的爱民初心。新征程召唤新奋斗，新使命需要新担当。值此百年建党之际，党的光辉照我心，吾辈定当建功新时代，谱写爱党新华章！

南湖事，豫章举，越百年。回望百年英雄事，漫漫英魂冢，花开年复年，猎猎红旗飘，饮尽鹰虏血。一提到我们最热爱的党，忘不了的是南昌的枪声、井冈山的号角、瑞金的烽火、遵义城头的霞光、南泥湾的呐喊以及宝塔山上的东方红！中国共产党的诞生本就是一个奇迹，在一百年的峥嵘岁月里，中国共产党创造了不胜枚举而又可歌可泣的东方奇迹。

踏长风，破毳浪，路漫漫。见证百年沧桑变，从浙江嘉兴红船到当代"复兴号巨轮"，中国共产党始终乘风破浪，勇往直前。百年间，在党的鼓励下，思想洪流激荡，呐喊发出力量，先驱者们举起拳头宣誓对党的忠诚。百年间，当年的红船掀起了国家命运的潮起潮落，每一朵波浪都唱着热血沸腾的赞歌。

鉴古今，共风雨，存温情。习近平总书记指出："历史是最好的教科书，也是最好的清醒剂。"历史告诉我们，党团结带领人民进行革命建设改革，始终不渝，毫不动摇，坚持翻越新的"雪山""草地"，征服新的"腊子口""娄山关"。无数共产党人为救国救民和强国富民做出彪炳千秋的贡献。共产党与人民群众情谊至深，在解放战争时期，共产党人自己只有一条被子也要剪下半条给老百姓。中国共产党同人民风雨同舟，充分展现了中国精神、中国力量、中国担当！

看今朝，砥砺行，谋复兴。在改革开放新时期，我们的党一直有所为、有所作为！习近平新时代中国特色社会主义思想明确了当代共产党人的历史担当，党的十九大描绘出决胜全面建成小康社会、开启全面建设社会主义现代化国家新征程、实现中华民族伟大复兴的宏伟蓝图。

在新时代语境下，广大新青年知史爱党，弘扬党风，正如沉沉黑夜中的点点星火，汇集凝心聚魂的红色光明。立志千秋伟业，中国共产党风华正茂；屹立世界东方，华夏儿女意气风发。青年们，眼前的中国正在党的领导下日益繁荣昌盛，全面小康胜利在望，伟大复兴阔步向前，我们为此

百年献礼·党的光辉照我心

高唱一首百年献礼的赞歌，愿中国共产党继往开来，熠熠生辉！

今天，我像万千青年一样用笔写下对党的热忱和对党百年华诞的祝福。中国共产党是一个正确的、先进的、与时俱进的党，它引领我们在黑暗中勇往直前，探索光明与希望。我们曾彷徨过，也呐喊过，沉睡的山河在小米加步枪的年代苏醒，百年的党史让我们这一代青年常含泪水。听！革命的号角缓缓响起，吹出了最初的信念与理想；看！星星之火熊熊燃烧枯草，却依旧温柔地守护着人民。在神州大地上，党承载着中国梦，孕育着新希望。党旗随风舞蹁跹，五彩神州歌喧天。百年砥砺，青史正气，一柱擎空，江山不老。我们向伟大的中国共产党——致敬！

忆往昔峥嵘岁月稠，展今朝辉煌今朝盛。曾历内忧外患，金瓯残缺，如今已祖国一统、命运与共；曾历九州贫瘠，百废待兴，如今已独立自强，意气风发。回望血旗飘扬的动荡年代，自然会倍感珍惜今日来之不易的小康，中华民族用血与泪的拼搏，撑起了百年硬朗坚挺的脊梁。今日的中国，是腾飞的中国，今日的繁荣，是党领导下的繁荣。每一段征程，除了年轮叠加之旅，更是初心守望之行，亦是使命延伸之路。面对世界百年未有之大变局，党的英明决策让我们过上共同富裕的好日子。我们拥护党、热爱党、感恩党，这样的小康，中国就可以做到！我们的自信与实力令世界称道！一百年过去了，我们的党依旧风采不减，愈发精神昂扬，真真正正成了中国的"主心骨"。

在"博文明理 厚德济世"校训的引领下，中南大学子心中有光，不惧路长。从炮火中走来，中南大建立在人民需要的地方，应济时需，泽远流长。我们既是中国共产党的同行者，也是全心全意为人民服务宗旨的践行者，更要时刻顺应当前形势，不断提升自我能力。"士不可以不弘毅，任重而道远"。历史的传奇我们来不及参与，明日的繁华我们必定全力以赴。丰碑起，豪气见，何惧此生浮沉间？

少年自有凌云志，身似山河挺脊梁。站在"两个一百年"奋斗目标的历史交汇点上，爱党爱国是我们奋发进取的基点，更是我们攻坚克难的信心所系。如果说中南大学子珍藏的是初心，扛上的是使命，那么在庆祝建党一百周年华诞之际,身为新一代追梦人、新一代长征者的我们,把爱国情、强国志、报国行自觉融入建设社会主义现代化强国和实现中华民族伟大复兴的奋斗之中,则是义不容辞的责任!

冉冉朝阳,灼灼芳华,2021年,百年大党将一展新气象,百年奋斗将接续新征程。开天辟地迎百年,乘风破浪新时代。让我们屹立时代潮头、劈波斩浪,书写全面建设社会主义现代化国家的又一百年华章!

党的光辉照我心
——听、忆家乡脱贫攻坚故事有感

龚郅铉,新闻与文化传播学院数字媒体艺术2018级本科生

"在'两个一百年'的历史交汇点,全面建设社会主义现代化国家新征程即将开启。征途漫漫,惟有奋斗。"在习近平总书记慷慨激昂的新年贺词中,我们结束了不平凡的2020,迎来了全新的2021。

2021年是中国共产党建党100周年。建党以来,在党的指引下,我们完成了一项项难以完成的任务。回顾艰难的2020年,在新冠肺炎疫情的冲击下,面对复杂的国际形势和繁重的国内改革发展稳定任务,以习近平同志为核心的党中央统筹大局,带领全党全军全国各族人民攻坚克难,在统筹疫情防控和经济社会发展上取得重大成果,交出了一份让人民满意,且必将会被载入史册的答卷,创造了极其难得的辉煌。

党的光辉深刻而明亮。我深受红色文化的熏陶,立志成为一名光荣的党员。而如今作为一名大学生,同时也是一名入党积极分子,我离目标也是愈发接近。

2020年11月23日,贵州省宣布所有贫困县摘帽出列,至此,中国国家级贫困县全部脱贫摘帽。贵州脱贫的成功离不开党的决策以及支持。如今,脱贫攻坚战已经宣告胜利。"为何这次浩大的脱贫攻坚战,我却没有真切感受到呢?"这样的疑问困扰着我。假期回到家乡,我无意间跟身为退伍军人的外公聊到此事才得以解惑。"傻孩了,想想你初高中时老家的事……"外公的话将我的思绪带回了从前,唤起了这段脱贫事。

乡中的柏油路,铺开乡人脱贫路

我的老家在湖南张家界市的永定区沅古坪。每年的春节和其他特殊日子,我们都会下乡看看。

想起小学时候,一提到过年回沅古坪,我就会头疼。不是因为别的什么,而是因为下乡路破旧不堪,泥坑遍布,细碎的石子伴着泥土混在路间。小学时,我经常晕车,只能坐在舅舅的皮卡车后厢下乡。

再后来长大了些,不知何时开始竟体会不到那种晕厥感了。路途时间大大缩减,原来细长弯曲的下乡山路更新成了整洁平整且有护栏的柏油路。

柏油路一更新,人们行路方便了很多。焕然一新的乡路也导引着辈辈沅古坪人走向富裕。

看得见的扶贫,点亮百姓内心

龚舅舅是退伍军人,回归正常生活的他各种工作都试过。也许是这样的生活水平跟不上城市消费,他放弃了在市区租房工作,回到老家帮家里做事。

舅舅和善有趣又保留童心。小时,我们都喜欢看那时流行的玄幻小说,正版书太贵,每次他都能拿出不知从哪得来的盗版书和我分享,我俩还看得不亦乐乎。

之后我离开老家去外地读书,和舅舅的联系变少。高中时偶然刷到舅舅的朋友圈:"2019年4月18日,张家界槟榔谷莓茶茶叶晾晒中。"朋友圈的配图是晒茶的照片以及舅舅和好几个"同事"的合照。

"怎么舅舅突然开始做莓茶了?"好奇的我一直惦记着这事,放假回老家逮着舅舅问。一见面还给我怔住了——从来不做头发的舅舅居然烫了个头，着装也不再像以前随意。没等我反应过来，老舅就把我拉到家里喝茶，喝的正是莓茶，白色的尖须泡出来的淡黄茶水尝起来有丝甘甜，也有丝苦涩。"好喝吧？这是舅舅今年开始做的……"听舅舅说，这是镇上扶贫工作落到这，组织了旁边好几家人一起做张家界特色莓茶，他也跟着一起干，现在还赚了点小钱，可以光明正大地整点小说来看。

舅舅说到这，突然笑了起来。扶贫工作脱去的不仅是生活上的贫困，还有精神上的贫瘠。农村人的幸福生活，就是这么简单，却又来之不易。

转眼间已经是2021年了。回想2015年，脱贫攻坚战正式打响。各地各级政府都在为完成这一重要使命而努力着，给人民群众的生活带来了"潜移默化"的改变。连我这个大学生都能感受到生活变得更好了，家乡因此变得更加美丽富饶了。

"帮扶之恩重如山，脱贫责任记在心"。2019年，在党和政府的领导下，在人民群众的努力下，湖南省张家界市永定区和慈利县正式宣布了脱贫摘帽。摘帽不是终点，而是群众通往幸福之路、小康之路的起点。大家亲眼看着自己的家乡实现脱贫，越来越多的危楼街区得到翻新，资源得到了有效利用，人们越来越富了。

新的时代，新的征程。脱贫攻坚战的成功，让我感受到党的光辉，影响着光辉下的每个人。在党的光辉照耀下，我时常感到的，是一份沉甸甸的责任和一种努力向前的鞭策。

新时代，作为大学生我们肩负着建设中国特色社会主义事业的重任。实现中华民族伟大复兴的中国梦是我们义不容辞的责任，我们作为党的青春力量，是党未来的希望，我会胸怀理想信念，坚定不移地努力奋斗。

站在这百年的交汇点，我感受到了使命光荣、责任重大。在接下来的日子中，我会努力学好媒体专业知识，运用自身所学去讲有关党的更多"好故事"，"讲好"故事，争取制作有思想、有温度的作品，继续认真对待党课知识学习。坚守初心使命，接受党史教育，做有信仰、有理想、有本领、有担当的新时代青年。

百年献礼·党的光辉照我心

沧桑巨变，在党的光辉下走来

王彦翔，刑事司法学院公安 2020 级本科生

　　百年前，中国共产党在中华民族危急存亡之际应运而生，这是中华民族开始崛起的关键点。在百年波澜壮阔的历史进程中，中国共产党始终依靠人民，跨过一道道坎，取得一个又一个的胜利。在党的领导下，中国人民在短短几十年中创造了中华民族由孱弱衰微到持续繁荣富强的伟大奇迹。缔造奇迹的关键之处不仅仅在于国家超前、准确的上层政策方针，还在于 9000 多万共产党人于细微处、于基层处的精细研磨和监督落实，更在于每个国民的配合和对生活的热忱、对家国的深爱。正是他们的奋斗与付出让中国在相对较短的时间内摆脱贫困并跃升为全球第二大经济体，让我们这一代人能享受到一个衣食无忧、幸福和睦的社会环境。正是这样的党、这样的人民、这样的环境，让我明白，党的光辉不只是普照在战火纷飞的红色革命年代，也在现代化的今天。

　　就从我的家乡——济南来说，这座城市因泉水闻名。大多数人对于济南的印象是"家家泉水，户户垂杨"与"四面荷花三面柳，一城山色半城湖"的清澈与秀美，是老舍先生笔下的朴素与静谧。但是作为本地人的我却知道这描写的只是那时候市区中心 20 几平方公里的景象与风光。在济南刚解放时，其余的地界大多还布满泥泞不平的土路和低矮破旧的平房。新中国成立以来，党中央始终以人民为中心，急人民之所急，忧人民之所忧，通过多方会谈、实地调研出台了《济南市都市计划纲要》《济南市城市建设初步规划》等一系列城市规划方案，对城市用地范围勾绘详细轮廓并详细划分了城市功能。

　　之后，济南的行政区划和市域面积在此基础上不断变化。在党中央的

英明领导下，在全体党员模范带头号召下，在全体市民积极响应下，截止到 1985 年底，全市公路通车里程达 1373.7 公里。全市 67 个乡镇全部通公路，全市 2779 个行政村，全部通公路。城市道路也不断变得更加平坦开阔、四通八达。2004 年，济南修建的全国最长的城市道路经十路通车；2019 年元旦，济南地铁 R1 线全线通车，其他线路也在如火如荼建设中，崭新的地铁时代即将到来。①

小时候，我最憧憬的时刻就是和家人朋友们在家门口的烧烤摊撸串，每次都吃到夜半三更，肚皮鼓鼓，欢声笑语一刻不停，可是越长大我越发现这样的生活方式在带来热闹的同时，也导致了严重的环境问题和社会乱象。城市烧烤排挡的占道经营造成交通拥堵、秩序混乱、垃圾满地、空气污染、噪音扰民等一系列问题。济南成了有些人口中的"逃离之城"。济南的空气质量一度在全国 74 个城市空气质量排名中位列倒数第一，同时也是严重拥堵的城市之一，并且环境脏乱差问题突出。这一切都让身处济南的市民明白，经济繁荣的同时所带来的社会问题必须得到重视。在我担任《济南日报》的实习记者时，通过一系列追踪报道和实地调研，深刻地感受到了改革的全过程。在党的带领下和政府部署下，济南开展了多次的创建全国卫生文明城市的活动。"治霾十条"的出台，吹响了济南改革的号角，"创城行动"的持续开展，让广大市民出门呼吸到更好的空气、拥有更多的蓝天白云，对城市产生认同感和归属感，市、县区领导挂帅督导，步行骑车走街串巷进行明察暗访、督促整改落实，剑指"城市顽疾"，乱排乱放的现象少了，施工现场的裸土被覆盖了，昔日时有"裸奔"的渣土车收敛了，蓝天白云的日子多了。②

近年来省委、省政府更是将济南确定为新旧动能转换示范先行区，过

---

① 《沧桑巨变 70 年——从数字看济南解放后的发展变迁》，济南日报，2018 年 9 月 11 日，http://news.iqilu.com/shandong/shandonggedi/20180911/4044865.shtml。

② 《人与城的"和谐共鸣" 济南众志"成城"的文明进步启示》，济南日报，2017 年 11 月 21 日，http://www.fangtan.org.cn/rolls/content_27078.html。

去，济南的经济结构偏重，新兴动能不足。如今，全市产业层次变得更加高端，新技术、新产品、新业态、新模式成为发展的亮点。渐渐地济南摘掉了"逃离之城"的帽子，9月份全市空气质量综合指数同比下降28%，改善幅度全省第一，市民感到雾霾轻了、天更蓝了。济南再次成为人们眼中宜居宜业的美丽泉城。①

患难见真情，危难显担当。2019年末爆发的新冠疫情病毒肆虐全球，在中国共产党的坚强领导下，经过全国人民的共同努力，基本遏制了疫情扩散势头，然而今年春节将至，人员流动性加大，疫情传播的风险将进一步增加。为了应对春运期间的疫情风险，2021年1月27日共青团济南市委、济南市青年志愿者协会发布了济南市防疫应急储备志愿者招募令，得到市民群众及各大媒体广泛关注。自招募令发布以来，已有上千名热血青年加入防疫青年志愿者储备大军，随时准备着为守护泉城贡献青春力量。各单位倡议党员带头值班轮岗，留在当地过年，不给疫情一丝一毫可乘之机，正如习近平总书记所说："抗疫斗争伟大实践再次证明，中国共产党所具有的无比坚强的领导力，是风雨来袭时中国人民最可靠的主心骨。"

在这个特殊的时刻，作为当代青年，更要树立坚定的理想信念，不忘初心跟党走，积极学习贯彻党的大政方针，提升自己的知识能力，补足"精神之钙"，坚定一心团结在党中央的周围，保持谦逊不骄、艰苦奋斗、勇于创新、敢做敢当的作风，为实现两个一百年奋斗目标，实现中华民族伟大复兴的中国梦而努力奋斗。我与家乡一路走来，往昔峥嵘不断激励我们焚膏继晷，向更好的明天前行。

---

① 《济南发展规划》，中国共产党济南市委员会，2018年12月29日，http://www.jnsw.gov.cn/content/jhwn/content-19-22803-1.html。

任何困难都难不倒英雄的中国人民

张宇豪，刑事司法学院公安 2020 级本科生

2020 年 12 月 31 日，我站在江汉路的钟楼下等待新年钟声的响起。"五、四、三……"人群开始大声倒数计时，虽然所有人都戴着口罩，但是依然能感受到空气中肆意洋溢着的激动和喜悦，艰难的 2020 年终于熬过去了！成千上万只气球带着人们最诚挚的希望，随着 2021 年的到来缓缓升起，摩天大楼外光影流动，所有大楼都披上了中国红，其中一栋大楼外缓缓打出了"大美武汉，英雄武汉"八个大字。那一刻，我终于忍不住了，泪水止不住地涌出。是啊，武汉是英雄的，武汉人民是英雄的，中国人民是英雄的！

就在去年，我去武汉参观了武汉抗疫展，这个展览中的许多故事让我难以置信。我难以置信，一位女医生会骑着那么破烂的一辆自行车独自前往封闭了的武汉；我难以置信，一位母亲会如此坚决地离开女儿走上抗疫一线；我难以置信，那么多基层工人争先恐后地请愿参与雷神山、火神山医院的建设。展览的最后是一面鲜艳的五星红旗和一面鲜艳的党旗，在这一刻，所有的难以置信都有了答案。

1921 年中共一大召开，中国共产党诞生。一百年栉风沐雨，共产党在岁月的历练中变得愈发强大。披荆斩棘，乘风破浪，成功的历程注定是坎坷崎岖的，但崇高的信仰和顽强的意志终将战胜一切。

我很幸运，出生在 21 世纪，此时的中国是和平的，是朝气蓬勃的，我第一次切身感受到共产党精神是在 2008 年。

十二年后，5 月 12 日具体发生了什么我已经不大记得清了，我的地震记忆只剩下裂缝了的教学楼和满脸惊惧的母亲。或者说，我对那天的记忆

只剩下了害怕与绝望。救灾帐篷里的生活记忆也已经模糊了,但我清楚地记得当时奶奶经常抱着我念叨,不知道是在自言自语,还是在对我说:"不怕,咱有党呢,共产党会帮我们的。"

回想起当时仍觉得不可思议,在地震后的不到24小时,国务院总理温家宝同志冒雨深入极重灾区指导救灾抢险工作。温总理的出现就像是一根定海神针,极大地安抚了什邡群众恐慌的心,这也是党中央给什邡打的第一针强心剂。5月18日,胡锦涛总书记也来到什邡视察灾情,冒着余震的风险,前往抗震救灾的一线,叮嘱救援人员一定要争分夺秒,千方百计地抢救幸存者。总书记在废墟上留下了鼓舞全中国人民的一句话:"任何困难都难不倒英雄的中国人民。"这句话再次给了全体什邡人民勇气和信仰,我们知道受灾的是我们,但要克服困难迎接挑战的却是全体中国人,我们的背后有党有全体人民。总书记的这句话让不少什邡人潸然泪下,也极大地鼓舞了士气,更多的什邡人民投身于自救工作中。现在这句话不止留在纪念碑上,更镌刻在全体什邡人民心中。

共产党从不去鼓吹什么,共产党为人民做事,做了什么人民都记得,不需要任何的吹捧。有一张照片给我留下了极其深刻的印象,那是地震后,驻扎在什邡救援的部队撤出什邡时,路旁站满了送行的群众,其中一个小女孩,手举一张红纸,上面五个大字:感谢共产党。对于所有共产党人来说,这五个字是莫大的鼓励,远比不切实际的歌功颂德更令人鼓舞。

如今我对这句话有了更加深刻的认识,任何困难都难不倒英雄的中国人民。因为十四亿中国人民能紧紧地拧成一股绳,能够共同面对所有困难,就像大雁一样,只有头雁能正确地识别方向,雁群才能飞到温暖的南方,而共产党就是人民的头雁。中国人民是英雄的,中国人民背后的共产党更是伟大的。共产党能得到群众的忠诚拥戴,是因为共产党始终将群众利益置于首位,无论是抗震救灾,还是抗洪前线,党中央始终强调的一句话是:不惜一切代价保障人民群众的生命财产安全。是的,不惜一切代价!

去年年初的新冠疫情是共产党面对的一场最新挑战。疫情来袭,举国震惊,党中央保持高度冷静,分析疫情情况,及时部署防疫工作,发出居家隔离的号召。火神山、雷神山拔地而起，一座又一座方舱医院投入使用，中国速度令世界惊叹，一句"应收尽收"缓解了武汉市民的焦虑，医保承担全部治疗费用，了却了患者的后顾之忧。在灾难面前，共产党依然考虑的是群众的利益，人民的福祉。同时，在抗疫一线，我看到了大批党员下沉到基层社区，承担起最繁琐也是最重要的基层防疫工作；我看到了大批党员医护主动请战前往一线，在鲜艳的党旗下重温入党誓词；我也看到了大批党员积极捐款组织物资，为武汉提供物资保障。每个共产党员都积极承担自己的责任，践行自己入党时的庄严承诺。

"任何困难都难不倒英雄的中国人民"，这句话不仅是对全体中国人民的讴歌，更是对共产党的肯定。今年是共产党的百年诞辰，中国共产党这样一个全心全意为人民服务的政党不仅会有第一个一百年还会有无数个一百年，在历史前进的道路上，人民会做出正确的选择。

作为汶川地震和新冠疫情的亲历者，我对党的敬意与热爱时刻召唤着我加入中国共产党，激励我以己之力投身未来的社会主义建设！

百年的政党，百年的荣光

高馨宁，哲学院社会学 2019 级本科生

1921 年，浙江嘉兴南湖的红船承载了中国摆脱阴霾、走向光明的希望，成为打破黑暗的黎明。那时全党 50 多名党员是星星之火，在抗争中彰显出燎原之势；走过树影婆娑、风雨激荡，至 2021 年，中国共产党已带着矢志不渝的信仰历经百年沧桑，带给国家和人民百年的荣光。一百年生生不息，一百年奋斗不止，中国共产党成了最伟大的政党。

1921 年，刚刚成立的共产党成了新民主主义革命最坚强的领导核心，经过浴血奋战，推翻了帝国主义、封建主义和官僚资本主义这三座难以逾越的高山，将中国从半殖民地半封建社会的深渊中拯救出来。新中国的成立，是中国共产党带领中国人民创造辉煌的新起点，新民主主义革命刚刚落下帷幕，社会主义革命的号角又接着吹响。不站在高处纸上谈兵，不一味生搬硬套，我们党在实践中探索前路，以开拓者的姿态带领中国前行。1945年抗日战争胜利、1949年新中国成立、1950年解放战争胜利、1956年三大改造完成，一路走来，虽经历坎坷，但一次次胜利却告诉我们，共产党是能带领中国走下去的政党。党员在一代代更迭，但他们始终在践行曾经许下的誓言。战争中的他们肉体强硬过枪炮，手托炸药包的董存瑞、浴火却没能重生的邱少云，今日谈及心中仍是敬佩与惋惜。共产党一路走来，时常走在悬崖峭壁的边缘、时常面临生死存亡的关头，但我始终相信从前走得有多难，共产党的未来就会有多光明。

回头去看共产党的历史，慢慢走远的党员们的背影却愈加清晰，每一次回头，不是想停滞在过去，而是要让历史来提醒我们党员的样子是什么样子，党员的精神是什么精神，过去的中国是如何变成现在的中国的。放宽眼界，将世界的发展纳入自己的眼眶；聚焦自己，从改变中国自身开始实现中国新的梦想。实现中华民族伟大复兴，我们还要开启下一个百年征程。

曾经我与一位老党员进行过深入的交流，他生于战争年代，作为新时代的青年人，我们没有经历过温饱难足的日子，没能亲自看到共产党带领中国人民披荆斩棘的"英雄路"，所以只能听听亲历者记忆中的故事。他生于战争年代，像许多人一样，选择了入党从军，尽管没有真正直面过战火纷飞，但是远方的枪炮震颤了他的心，爱党爱国成为永不磨灭的情感。我不止一次听他说过，入党从军是他迄今为止做出的最正确的选择。"穷苦"二字是那时的中国人最真实的写照，而"信仰"二字是那时的共产党员传递给全体国民并延续至今的精神力量。这些老党员们或许不再从事从前的工作，成了赋闲在家的老年人，但他们仍以党员的品性坚守自己、教养后代，将藏于脑海久久难忘的故事书写成一生的回忆录。从他那里，我看到了打在那一代人身上的时代烙印。

我们幸运之至，生逢和平年代，但是一个时代有一个时代的难题。截至2012年底，中国贫困人口尚有9899万，但到2020年已实现全面脱贫，这是中国扶贫工作具有里程碑意义的一年。万事开头难，走在脱贫一线的是共产党员，他们比普通人多了什么？无非就是使命和责任，而这就是一直支撑他们走下去的精神支柱。虽然自己没有亲历贫困，但是我想每一位扶贫干部都或多或少遭受过质疑，对能力的质疑、对方式的质疑，当然最难消去的是对扶贫真心的质疑。全国优秀共产党员黄文秀，一生仅走过三十载，生命定格于扶贫路上。2016年她完成学业回乡工作，在2018年带领88户417人成功脱贫。"女性""年轻"这两个词给她的脱贫工作带来了很多质疑，但同样，年轻人敢拼敢干的精神让她打开了贫困户心里的大门。"为有牺牲多壮志，敢教日月换新天"，我们作为千里之外的人，听到那些与信仰共同长眠于异乡的人的名字，或许不知他们是谁、不知他们来自何方，但知道他们都是为了同样的事业，都拥有同样的坚持。

　　在共产党的宏伟蓝图中，每一位党员都拥有独特的使命和责任，在"方圆"之内发挥各自的才能，延续共产党人的精神。可是，没有一个"明天"是完完全全按我们的预想降临的。

　　2020年初，新冠肺炎的出现打破了我们平静的生活，病毒肆虐在外，许多共产党员也驻守在外，信息登记、环境消杀、货物搬运，工作不分难易，党员也不计生死。他们的行动是党对人民的保护，传递的是党的声音，凝聚的是党的光辉。党员从不意味着得到更多，一名合格的党员也从不以得到更多为目的。抗击疫情的道路上，尽是险象，有幸我们的前方有一群以"信念"为支撑的共产党人，给予我们力量和坚强。

　　面对党旗，许下最庄重的誓言，怀着敬畏党组织、奉献自己的神圣初心一直走下去。中国共产党建立至今已有百年，跟随党的脚步，我们已经满足了温饱的需要，走在自我实现的道路上，而我们的党用一百年的时间践行"不忘初心，牢记使命"的诺言。在中国共产党建立一百周年之际，我们期待着共产党带领所有中国人民驶入新征程，奔向更美好的未来！

百年不老，一世青春
——致敬百年中国共产党

卢佳镁，哲学院国际政治 2019 级本科生

我的祖国有上下五千年的历史，在这片土地上，养育出了太多能人志士，翻阅史书典籍随处可见笔墨勾画出的豪壮身影。望历史长河，满载兴衰荣辱，奔流东去；听时代号角，吹响复兴强音，响彻云霄。纵观古今，华夏子孙创造的中国之梦如繁星一般满布夜空，中国梦、民族魂一直融于中华儿女的血液当中。他们用自己勤劳的双手，智慧的头脑时刻追寻和创造着自己的梦想，而无数中华儿女的梦又犹如涓流汇海般汇聚成中华民族伟大复兴的中国梦。

曾几何时，军阀混战，日寇入侵，占我国土，残我同胞，辱我苍生，天下混乱，百姓流离，民不聊生。正所谓，天涯何处是神州，四万万同胞齐落泪。家将不复，国之不存。这是一段不堪而又耻辱的历史，堂堂我华夏热血血脉竟然受此大辱，悲哀至极，无以复加。然则，回想当时之中国，经济凋零，军事落后，又何以护我家园，保我百姓，又何谈立于世界，傲视列强，雄于世界呢？究其原因，锁国迷醉以致于巨舰横江，陷国家于危急存亡之际，屈辱的历史让我们永世难忘。有人说："抵御外敌，捍卫疆土的是我们的万里长城！"而依我之所见，非也，我们有比长城更为坚固的东西，那就是我们中华儿女不屈不败的信念。尽管我们已经跨进了新的时代，可是我们绝不能马放南山。每个人的心中都有着一片洁净的泥土，这土不卑不亢，恰似硝烟散尽后生命对阳光的诉说；这土不紧不慢，恰似意气风发走向新时代的标志；这土偶染芬芳，恰似 21 世纪中国版图上吉

祥的风。在 21 世纪，这个新时代，经济的快速增长，中国特色社会主义制度的优越性，伴随中国共产党的正确领导，国家软实力的快速提高，中国已然傲然站立在世界的东方。

新冠肺炎疫情来势汹汹，我们每个人都在经受考验，钟南山、李兰娟等院士皆冲在一线，国士风采举世无双，各级政府各行各业迅速行动，使得我国疫情在第一时间得到控制，人民生活在第一时间得到保障。所以青春无问年岁，在国难面前人人皆是青年。认真负责的网课老师，冲锋一线的抗疫战士……坚守在岗位上的各行各业的人们搭建起了生命之桥，正是因为这种中国速度，中国力量，让全中国14亿人看到了西方所谓的民主、人权的虚伪面具下是谎话连篇的政客、无耻造谣的媒体、毫无效率的政府、傲慢愚昧的民众构成的四面漏风的"破屋国家"，让无数中国人看到了西方的真实本质，将一股在中国上空飘荡了百年的西方美梦戳得粉碎。

我作为一名光荣的共青团员，也曾在军训的绿茵场上穿上军装，站立在骄阳似火的操场，我的梦想就是捍卫着祖国的疆土，也许这只是一个梦，但是不管我今后从事何种职业，我的心中永远装着我的国家，只要是祖国的召唤，我定当随时候命，为了我的国家，为了我的同胞贡献出我全部的力量！

人的青春只有一次，有的岁月静好，有的负重前行，有的放飞自我，有的心系家国。我始终坚信，青春不只是眼前的潇洒，也有家国与边关。我们负重前行之时，也是追求梦想之时。为了千千万万人的岁月静好，我们人生无憾。梦是甜的，路是长的，我们总是怀着美好的愿望，进行着我们的人生。即使道路艰难，路途遥远，依然不悔，而追求中国梦的奋斗目标，一直铭记在我们的心中，至死不渝。

青春短暂易飞逝，蹉跎岁月易留念。作为一名青年人，我深知身上肩负着重大责任！对我而言，我们应该在年轻的时光中奉献自己的青春；对国家来说，我们是民族的未来和希望；在思想高度上，我们应该一切以党的指导方针为基准，遵守党的十九大报告中习近平总书记提出的"培养担当民族复兴大任的时代新人"这一重要战略命题；在实际行动上，我们应该奋斗拼搏为社会创造无限价值！

金庸先生曾经说过，"侠之大者为国为民"，那我们每一个人都是自己心目中的武林大侠，用自己力所能及的"武功"去造福社会，造福大众。

我爱我的祖国，他是我的心头光明，我是他的明日之辉！作为中华儿女，我为如今祖国的繁荣昌盛、国泰民安而深感自豪和骄傲，衷心祝福我的祖国更加美好！

唯愿所从，赴青春理想

杨子玥，统计与数学学院统计 2020 级本科生

零零后坐着红船，迎着炽热，奔赴在无数青春和热血化为的康庄大道上。

——题记

铁路的两侧，高大的树木在微风中悄悄孕育新的生机，枕木和道砟的缝隙里也长出一朵朵娇嫩的花来。

我是听着火车轰鸣声长大的孩子。

我们家人几乎都在铁路工作，父亲母亲，姨父姨妈，甚至于上一辈的外婆也熟知运输法规。从小时候的绿皮火车，到现在白色简约的复兴号高铁动车和浅绿色的集中动力动车组，从熟悉刺耳的轰鸣声，到现在安静的行驶，我见证着中国铁路跨越式的发展历程。

我的父亲是两百多万铁路人中的一名共产党员。

小时候，父亲的形象在我心中一直很模糊。在我很小的时候，他就一直在外地工作，一两周才能回来一次。当时我并不知道他是做什么的，我只记得母亲说过，我的父亲是一名共产党员。上学十二年，每次家长会都是我母亲去。所以，在我印象里，父亲似乎就是一个有时周五会回家，周日又离开的"共产党员"。

后来我慢慢长大了，也如愿以偿了解到了父亲的经历。父亲刚开始是

一名车辆技术员，负责铁路行车设备维修，他一直坚持自我学习。在提高自身修养和专业技能以后，成为了业务骨干。母亲说，有次他在现场组织安装设备时生病了，挂着吊瓶还在盯控。他一直严谨细心，可我小时候却是个经常粗心大意，看题目都能看岔行的马虎鬼。所以我也挨了不少批评，当时我只觉得他严厉，但是后来我才明白，"人生在勤，不索何获"。

再后来父亲凭借着良好的专业技术能力和优秀的政治素质，担任了领导职务，变得更加忙碌了。在我印象里，母亲问他最多的一句话就是："这周回来吗？"几个月见不到他对我来说也已经是习以为常的事情。母亲说，他常常组织职工攻坚新技术，过家门也不入。去年夏天，他在六十天中带领大家干完了一个三千多万的项目工程，日夜盯控，在烈阳下组织安装设备，项目如期顺利完成。

父亲是坚持要动手做事的，他为他们工务段设计的标志语——"每天进步一点点，天天都是新起点"，也成了我一直践行的做事法则。我是时常有惰性的，高中的时候，算题能用口算绝不动笔，能想象绝不画图。因此，父亲也经常批评我，学理科的怎么能不动手算？只靠想象一定会出错！此后，我也一直把动手做事奉为圭臬，脚踏实地，严谨笃学。

我常常看到他在看各种书籍，他一直调侃上学时语文学得不好，所以若有空闲时间，他就一定会丰富自我，拓宽视野。我是一个喜爱文学的小孩，但我家书架上我的书还占不到一半，大数据新发展、党史学习、车辆专业等各种类型的书籍随处可见，甚至堆在不用的运动器械上。或许正因为这一座座"小山"，他才可以做到心有卷帙，从容不迫。

我的母亲是一名普通铁路职工。

作为一名铁路职员，我的母亲尽职尽责，凭借良好的管理能力和专业知识，成了单位的一名主管。母亲非常认真负责，常常因为工作没有完成就不回家。她督促组员完成工作，认真完成任务，严格要求，取得了很多荣誉。

我不仅见证了父母这一代铁路人的工作岁月，也看到了铁路十几年来日新月异的变化。从机耕泥路到公路成网、铁路密布，从资源稀缺发展成

百年献礼·党的光辉照我心

西气东输、南水北调，从曾经的"彻夜排队"到今天的"移动支付"，从拥挤的绿皮火车到宽敞大气的复兴号，从普快的长途颠簸到高铁的风驰电掣……这一代共产党人用自己的青春热血铸成了00后奔赴梦想的康庄大道，鼓励时代青年人永远奋力向前。

2021是中国共产党建党一百周年，彼时南湖嘉兴的小船，承载千钧，一路乘风破浪，开启了中国共产党的跨世纪旅程。十秩征途，百年梦想，中国共产党员不问来处，不询归途，一直坚持为人民服务。

在百年征途中，有一代伟人以万仞之力开坦途，也有无数平凡血液汇聚蓬勃力量共建美好未来。新时代共产党员不忘初心、牢记使命，谱写了盛大的时代乐章。焦裕禄同志"心中装着全体人民、唯独没有他自己"的公仆情怀；孔繁森同志一切为人民的正直作为；谷文昌同志心中有党、心中有民、心中有责、心中有戒的高尚情感……

中国新时代青年，正是生长在太阳照耀的红旗下。1949至今，每一个"我"都承担着不同时代的使命，见证中国的飞速发展，也逐渐成为中国故事生动的讲述者。今年我成了一名大学生，在2020年的末尾来到武汉这座英雄城市求学。我看到过按下暂停键的武汉，也正体验着千万人用双手托起的新世界。我很感激并庆幸生长在这一片属于人民的国土，因为我看到了青年人的新鲜面孔，听到了属于我们的时代最强音！

正值中国共产党成立百年之际，中国青年更应领会自我责任，如王小波所言："青年人的动人之处就在于勇气和他们的远大前程。"每个时代都有每个时代的责任，这责任如同不断传承延续的火炬，燃烧在每个国人的心中。青年人身处这百年未有之大变局中，我们更应投身时代洪流，去感受、去理解、去奋斗、去成长，去完成属于我们的时代使命。

太阳耀眼，水波粼粼，鱼儿在快乐地游向属于自己的海洋。

日月安属？列星安陈？唯取星耀之辉来耀四方。

中国红，在我心

潘妍，文澜学院文澜国际2019级本科生

"五星红旗迎风飘扬，胜利歌声多么响亮。歌唱我们亲爱的祖国，从今走向繁荣富强。"

21世纪初，我来到这个世界上，成为中国公民，开始了我与祖国的故事。

在幼年之时，爷爷便在我的耳边讲着抗战的故事，改革发展的故事，深爱的祖国与党的故事。那时的我还不知，国为何，家为何。这些絮絮叨叨的话语，内容早已模糊不清，却仍萦绕在耳边心头，至今仍能感受到浓烈的爱国情感。这是我对祖国与党，最初的认知。

五岁，我开始懵懂知事。那时体弱多病，总去医院求医，也因此与医院的医生熟悉了起来。我问相熟的医生，为什么想当医生呢？"祖国这么爱我，我也很爱祖国"。这句话，深深地烙印在我心中。直到长大后，才明白了其中含义，也明白了医生的职责，是"救死扶伤"；医生的情感，是"为国奉献"。

八岁，我已是一名光荣的少先队员，升国旗，唱国歌，是一周的例行事项，胸前飘扬的红领巾是我身份的象征。后来，学习了许多烈士的故事和当年抗战建国的血泪史，知道了红领巾是由烈士的鲜血"染成的"，再怎么珍视也不为过。珍视的是胸前的红领巾，是中华人民共和国受教育的人的身份与权利。"前事不忘，后事之师"，铭记的是每一个替和平年代的我们负重前行的英雄烈士们。

2008年发生了两件大事，一件是512汶川大地震，一件是北京奥运会。在地震发生之后，学校组织了捐款，当时我不知道这背后象征的意义。我问妈妈，她竟落下泪来："远方的同胞在受苦，我们帮一点，是应该的。"

那时，我第一次理解了什么是"众志成城，全国一心"。北京奥运会，在8月8日准时开幕，中国运动员用汗水与拼搏挣来的奖牌，是中华民族的骄傲与荣光，是奥运健儿对祖国的深爱，而欢呼与掌声，是我们对奥运健儿的感谢与赞歌。

十五岁，我初中毕业，中考完便去了南京，想去祭奠逝去的同胞。学习历史后，每每令我落下泪来的，是中国近代史。从虎门销烟开始，中国被迫地卷进了近代化的进程，开始了长达百年的血泪史。割地，赔款，国将不国，古老的东方雄狮受尽屈辱，为了洗清耻辱，我们付出了更多。南京大屠杀便是极为伤痛的一笔。我来到南京大屠杀纪念馆，明明有色彩，却全变成了黑白。历史在我的眼前重现，漫天铺地的极黑之处，那是血。"不为复仇誓言铭记南京历史遗训，为了大爱志愿谋求世界和平永续"，这是中国史，也是世界史；这是战争史，也是和平史。"要记住历史，不要记住仇恨"，这是中华民族的经验与教训，这是中国的气派与风度，会深埋在每一位中华儿女的骨血中，祖祖辈辈传承下去。

十八岁，我成了新时代的大学生，见证了历史。2020年的疫情来得凶猛，不给人类任何喘息的机会，席卷了世界。这一次，国家和人民再一次显示出了大国风范、大国担当。为政者奔赴前线，指引疫情防控；为医者临危请命，与病毒殊死搏斗；为兵者迎难而上，送来救援物资；为民者众志成城，共献绵薄之力……每个人都在用自己的方式，为抗击疫情、保家卫国做着贡献，都在用实际行动说着"我在"。2021的春天已然到来，感谢党与祖国，守护我们一方安宁，让我们依然努力去爱，去建设更美好的明天。

今年，二十岁，我更加明晰了自己中国青年的身份。习近平总书记曾说过："青年，是标志时代最灵敏的晴雨表。"中国青年，自古以来，怀着"为天地立心，为生民立命，为往圣继绝学，为万世开太平"的志向与抱负，一代代守卫着我们心中的中国红。

一百年前，破碎的神州大陆将迎来痛苦的新生。有一群青年摆脱稚气，在沉默中发声，在暗夜中闪耀。从嘉兴南湖破旧游船上的微光，到井冈山的点点星火，到中国大地的星火燎原，中国共产党，中国青年，完成了全世界都为之瞩目的壮举。多少中国青年前仆后继，只为中华民族的救亡图存；多少中国青年挥洒血汗，饮冰十年，却依旧难凉为国为民的衷心热血；成功与失败尚未可知，多少中国青年去奔赴一场看不见亮光的梦。

一百年后，中国青年承先辈火炬，建设新时代美好中国，在党的引领下，走向新的辉煌。运动场上，中国女排为国争光，大放荣光；火灾现场，消防战士逆行出征，守卫安全；三尺讲台，人民教师传承知识，培养人才；疫情地区，医护人员奋斗燃烧，以生命赴使命。他们并非天生英雄，只是选择了勇敢，选择了身为中国青年对家国的守护。近期，加勒万河谷冲突现场公开，边防军人的事迹，令人潸然泪下。与我年龄相仿的00后战士写下：清澈的爱，只为中国。他用他的生命，去守护对祖国的爱。人民英雄，一路走好！中国青年，英雄卫国！

从"爱""奉献""团结"到"拼搏""历史"再到"担当"，我对"爱国"的理解，不断深入。从不知不懂，到懵懂浅知，再到有了自己的理解，明白了身为中国青年的责任与担当，用青年人的热血与朝气，为社会付出，为祖国奉献。我们是中国的青年，我们青春的底色是爱党爱国，我们与国家同呼吸共命运，就让这一抹炽热浓烈的中国红飘扬在每一个中国人心中！

中国红，在我心！

先锋模范

百年献礼·党的光辉照我心

英雄西辞黄鹤楼，烟花三月下扬州

郑智，经济学院经济思想史 2019 级硕士研究生

站在人群中，眼泪止不住地流下，还有几分钟他们就将从我面前经过，他们是英雄！手中的五星红旗随风飘扬，我的思绪也飘向远方……

一

"那个白大褂又来了，真晦气，"奶奶头一扭往屋里走去，边走边念叨着，"这街坊邻居每天用异样的眼神看我们家，真难受。"我沉默又微微紧张地往屋外走去，将头发挽起，配合医生"刘姐"测量体温。

这个场景已经连续几天了，刘姐每天都来给我检测两次体温，毕竟我刚从外地回来，十分令人担忧。

后来，忽然有一天，大家都更加紧张起来，连我那爱串门的奶奶也不再出门了。每天得到的信息只有新增数，其他什么信息都没有。

天气也不凑巧，骤冷。但刘姐仍然每天来，除了量体温，她还会简单说下那些确诊病例的大致情况和国家的最新政策。虽然确诊数还在增加，但大家似乎都没那么惊慌了，就像在沙漠里遇到了一弯解渴的清泉，奶奶也没那么反感了，每次刘医生一来，就能听见："刘医生来啦，刘医生坐。"

我还能听见，"雪融化的声音"。

二

"昨晚的救护车是什么情况？"奶奶隔着窗户问隔壁张婶。

"21 栋的，前几天来了两个人，那边过来的，还是做水产生意的，昨晚突然都发烧了。"

"真的假的，那边来的？还是做水产的？"我奶奶惊慌失措地关上窗户，紧闭房门，虽然没和他们接触过，但就发生在身边，着实让人害怕。当天来测体温的是另一个医生，他进门就说："这几天暂时由我负责测量体温。"

我问："刘医生呢？"

"刘医生是个好样的呀，"他看我们一眼，继续说道："昨晚前边有两个可疑情况，当时接到市医院通知，需要一个地方医生配合，刘医生主动承担了这个责任，果然呀，党员同志真是勇士呀！"

心中震撼，在这个连呼吸都不敢的特殊时期，我能想象到她的身影，并不健壮但充满了力量，她是英雄！

"这刘医生真勇敢呀，我第一眼就感觉，这姑娘不错，果然，党员呀！"奶奶在一边比着大拇指一边夸着，我能感觉到奶奶从一开始的心慌变得安心了很多，似乎出现了一个实实在在、能打败病魔的英雄。

三

"咋样了？出结果了没？"第二天，我奶奶一大早就开了窗户，问个情况。

"我那在医院的闺女给我说，昨晚出的结果，那两个就是正常感冒，没事！"隔壁张婶一脸疲惫但又神采奕奕地说着，看得出来，张婶也紧张了一宿。

过了几天，刘医生又来了，隔着厚厚的防护服，就像什么都没有经历一样，但我知道，她刚刚出征归来，是个大英雄！

还没进门，奶奶就迎了上去："刘医生，辛苦了呀！党员同志，我老伴生前也是党员，他常和我说，跟着党走总没错，果然呀！"奶奶一下子说了好多，我就在一边笑，因为奶奶说的，正是我想说的。

四

终于，居家隔离期满了，我也可以加入社区志愿者团队了。早早提交了申请，心里是有些紧张，但不害怕。

志愿团队大部分是大学生党员，我的工作是坐在临时搭建的蓝色小房子里整理、审核信息。窗外是两条小板凳，穿得严严实实坐着的是王哥和张姐，负责进出人员的登记。进出的人很多，各种矛盾冲突也不可避免，我曾看见张姐被一个大妈说得一文不值，也看到王哥差点被闯进的车撞倒，但每天依然能见到他们的坚守与热情，张姐最有意思，每次见我都会举起小胳膊，看得出来是给我加油打气。

　　门口有块空地，每天都会拉来"物资"，然后五六个志愿者推着小板车去"送楼"，一送就是一上午。我看见从小玩到大，平日里总显得不正经的好朋友祥子一丝不苟地装货推车，扶着树大口喘气；也看见被称为"爱哭虫"的小姗，在装货时摔倒在地，拍了拍腿，继续装货，等小板车走了，蹲在花坛边，好像有点忍着疼，没有说话，也没有哭。

五

　　"这段时间辛苦你们了，接下来的工作我们社区人员来做就可以了，我们党员同志都是好样的！"防疫队长如释重负地说着，"过几天市里支援武汉的医疗队就要回来了，会经过我们小区……"我当然知道这个，早在几天前，我们志愿者群里就商量好了，穿上最体面的衣服，表达最崇高的敬意，我们的英雄，他们回来了！

　　祥子是最积极的，他姑姑，也是他的入党介绍人，就在医疗队中。祥子的姑父是一个军人，医疗队离开那天，他姑父收到短信："一直羡慕你，但这一次我也出征奔赴战场了，同志！祝我凯旋！"

　　他姑父哭了一宿，我也感动至今。

六

　　"谢谢你们！欢迎回家！"人群爆发出欢呼声，我收回思绪，不顾眼角的泪，骄傲地一同喊着。人群中我看见了刘医生、张婶，看见了张哥、李姐、祥子和小姗，还见了我奶奶，穿着以前每次爷爷做了很令人骄傲的事才会穿的大红色衣服，颜色和手中的五星红旗很配。

我曾夜游黄鹤楼，游离在武汉的繁华街道，也看过空荡的楚河汉街和管控的长江大桥，疫情无情人有情，在无比艰难的时刻，一群可爱的人，他们是逆流而上的医疗队、医护人员、志愿者……他们用身躯保卫着人民的健康幸福！

正值三月，坐标扬州，英雄自黄鹤楼脚下胜利归来，新的生活已然扬帆启航，改一首名诗，曰："英雄西辞黄鹤楼，烟花三月下扬州。"无悲，只有祝福！

最勇敢的人
——献礼中国共产党成立一百周年

杨帆，中意学院比较法学与欧洲法学 2020 级硕士研究生

2021 年 2 月 19 日，《解放军报》刊发《英雄屹立喀喇昆仑》一文，首次披露四名解放军官兵去年 6 月在加勒万河谷冲突中牺牲的全过程。随后加勒万河谷冲突的现场视频公开，激起了数亿中国人的愤懑，而边防战士们体现出的英勇和忠诚让人钦佩、动容。

去年 6 月，祖国西部边陲，喀喇昆仑高原，外军公然违背与我方达成的共识，悍然越线挑衅。在前出交涉和激烈斗争中，团长祁发宝身先士卒，身负重伤；营长陈红军、战士陈祥榕奋力反击，英勇牺牲；战士肖思远，突围后义无反顾返回营救战友，战斗至生命最后一刻；战士王焯冉，在支援渡河途中，拼力救助战友脱险，自己却淹没在冰河之中。中央军委授予祁发宝"卫国戍边英雄团长"荣誉称号，追授陈红军"卫国戍边英雄"荣誉称号，给陈祥榕、肖思远、王焯冉追记一等功。曾以为英雄这个词只是常见于历史之中，至此我才明白英雄就在这个时代，守卫着国家，守卫着我们习以为常的和平。不由得想起基辛格曾在《论中国》中写道："中国人总是被他们之中最勇敢的人保护得很好。"

据央视军事报道，中共党员新疆军区某边防团团长祁发宝戍边20多年，曾遭遇几十次暴风雪和泥石流，13次与死神擦肩。他说："不是所有人都能理解我的选择，但我无怨无悔！"2005年7月，祁发宝骑马巡逻途经一段不足50厘米宽的马道时，军马突失前蹄，祁发宝被重重地摔在悬崖边上，后背被划得鲜血直流。祁发宝挣扎着站起来说："我们不能对不起肩头的责任，危险再大也要到达点位！"还有一次，他们在翻越海拔5000多米的某达坂时，巡逻车的4个轮子陷进积雪中，路也被大雪覆盖。生病未愈的祁发宝二话没说，拿起铁锹开始挖雪，战士一个个跟上。6个小时后，5公里的"生命线"被打通，可祁发宝却突发肺水肿，因抢救及时才捡回了一条命。然而，这样的硬汉，也曾因战友一度哽咽流泪……2015年，时任新疆军区阿里军分区札达边防营营长的祁发宝接受采访，提到一名新兵曾因体力透支，从300多米高的山上滚下后昏迷，醒来不停地喊"营长，我疼"时流泪了。20多年来，祁发宝与家人总是聚少离多，但他把军营当成了家，把战士们当成了家人。他说："亲人的感情债可以慢慢还，戍边大事耽误不起。"

中共党员陈红军在牺牲时只有33岁，2009年6月从西北师大应征入伍，研究生学历。成为一名军人，是陈红军从小的梦想。2009年6月，陈红军大学毕业，本已通过公安特警招录考试，可一听说征兵的消息，他临时"变卦"选择参军。被录取后，他高兴地跟母亲说："妈，我这下可以光荣地去当兵了。"自此，他便踏入了火热的军营。他所在营的官兵聊起营长的时候说道："他最喜欢的，似乎除了工作还是工作。"在一本书中，他特意标注了一段话："党把自己放在什么岗位上，就要在什么岗位上建功立业。"陈红军牺牲时，妻子肖嵌文已怀孕五个多月，她仍记得两人最后一次通话，"当时，他还督促我去医院做检查。"他既是最英勇的军人，也定会是一个温暖的爸爸吧。

英雄肖思远1996年生，2016年在校入伍。在那场斗争中，他本已冲出重围,发现还有战友被围攻后,返回拼死营救,用身体为战友遮挡石块、棍棒的攻击,而自己却因此献出了宝贵的生命。他在战地日记中写道:"我们就是祖国的界碑,脚下的每一寸土地,都是祖国的领土。"23岁的英雄王焯冉渡河增援一线,第4次蹚河时有人被激流冲散,王焯冉和战友拼尽全力将3名战友推上岸,自己却被冻得几乎失去知觉,一只脚被卡在了水下巨石缝中,永远倒在了刺骨的激流中。

还有那个拿着橘子只有19岁的小战士陈祥榕,我清晰地记住了他那双澄澈的眼睛,也记住了他那句"清澈的爱,只为中国"。2020年5月,外军越线寻衅,战友问他:"要上一线了,你怕不怕?"陈祥榕回答:"使命所系、义不容辞!"他们赶到前线后殊死搏斗,坚决逼退越线人员。他在日记中自豪地写道:"面对人数远远多于我方的外军,我们不但没有任何一个人退缩,还顶着石头攻击,将他们赶了出去。"战争结束清理战场时,战士王钰发现陈红军等人牺牲在现场。他看到,一名战士紧紧趴在营长身上,保持着护住营长的姿势。这名战士,正是陈祥榕。部队问陈祥榕的母亲有没有什么困难,烈士母亲说:"我没有什么要求,我只想知道榕儿战斗的时候勇不勇敢。"

微博上有这样一段话引得无数人泪目,"黄昏将至,我吃着白米饭,喝着快乐水,想不通为什么这些身强体壮的士兵会死。我在深夜惊醒,突然想起,他们是为我而死。"因为这每一寸土地都与我有关,每一个人都与我有关。我们并不是生于和平的年代,而是生于和平的国家,这份和平是多少英雄战士挥洒热血换来的。2021年是中国共产党成立一百周年,卫国英雄再次向我们证明:这是一个英雄辈出的民族,也是英雄辈出的时代。我的身前有着无数的英雄筑起的围墙,宁洒热血,不失寸土,听党指挥,能打胜仗,作风优良,就是他们的承诺。他们不仅是最可爱的人,也是最勇敢的人。我们,总是被这片土地上最勇敢的人保护得很好,而他们,是为我们而牺牲!

信 仰

王科云，财政税务学院税务专硕 2020 级硕士研究生

三十二年前，我看到了久违的光明。

风雨剥蚀的砖墙石壁，伸手可触的颓败纹理，再抬首，就看见一个老人，佝偻着背，坐在一张仿佛下一秒就要散架的竹椅上，浑浊的瞳孔里，在看到我的一瞬间有了神采。

十二月的太阳，清清冷冷地照在他的脊骨上。

"万一有人来烧房子怎么办？"

"是啊，要是真的没了，我们可就是千古罪人了！"

"不行，一定要找个安全的地方！"

我猛然想起，我是见过他的。

他是我的恩人，姓刘，叫刘洪秀。

当时，日军大举进攻山东，共产党及其军队举起抗日大旗，于一片畸形的黑影之下，守住了这方土壤。

赵妈妈，也就是时任中共中央山东分局妇女干部的赵煜琴，来到马头崖村，找到了他，因为赵妈妈得知，他曾经去山西找过红军，而且读过些书，粗通文墨。

后来，赵妈妈介绍他加入了中国共产党，并把我交到了他手上。

我身上"斧头"与"镰刀"的图案，就是赵妈妈和另外几个人一针一线缝制的，在我的右下角，还有三个英文字母："C.C.P"。

"今后发展党员，新党员都要在党旗下宣誓，对着党旗宣誓就是向党宣誓。党旗交给你，用过了好好保存，许坏不许丢！"

赵妈妈的声音从未如此洪亮而颤抖，而他，立时挺直了身形，目光炯炯，像朝山拜海的信徒，终于得偿所愿。

也许，连他自己都没有想到，这一保存就是五十年。

紧随而来的那些年，这片名为"中国"的土地，陷入了一个无法逃脱的噩梦，从八年离乱到国民党的反动统治，荒土之下，已腐的、将腐的残躯，有名的、未名的孤魂，不知凡几。

他带着我东躲西藏，我常常能听到自黑暗中爆发的鬼哭神嚎，纷沓而来的慌乱脚步声，像绝望的人群在盲目飞撞，寻求微末的一线生机，也有疯狂的笑声自渊底升起，让我惶惶不可终日。

没过多久，他被调去脱产做情报工作，无奈之下，把我交给了他的家人。

谁想到，国民党军队来得那样快，他们占领了马头崖村，四处寻找共产党。

他的家人没能把我带走。

他匆匆赶回，却被他妻子拦在了半路。

"人家抓你还愁找不着你呢，你能回村？我回去。"

过了许久，他终于听见妻子断断续续的呼叫："孩他爹，孩——他——爹！"

他蹲在雪地上，借着雪往前哧溜一滑，来到妻子跟前，一把扶起了她。

"你放心，旗，我拿回来了！"

他看见我，终于长长地呼出了一口气。

回到岳父家，他把内弟叫到跟前，我听见他说："你姐冒着生命危险把她从家里取出来，现在交给你保存。这是上级党组织交给咱们的，有咱在就有她在，这是咱的命根子。"

两人商量之后，决定做一个梧桐的木匣子将我藏起来，放到一个冬暖夏凉的山洞里去。

多亏了他，我才能安然无恙。

可他现在为什么要哭呢？

这时候，一个穿着军大衣的男人走了进来："爸，你真要把这面党旗交出去啊？"

他捧着我的手哆哆嗦嗦的，连眼眶也含了泪，"我保护了它五十年了，该让它去享享福了。"

男人颇为不信地哼了一声，"我才不信您舍得，上次我给您拾掇的时候，不小心动了它一下，您差点没揍死我！"

低泣声传来，男人怔住了，张了张嘴，却又不知该说些什么。

那晚，他对着我说了一夜的话，说自己是党员，这五十年已经尽到了自己的义务，说党旗是大家的，并不是他一个人的，说我见证了一批又一批党员的加入，是他们所有人的信仰。

我心中一震，信仰……么？

五十年的盛衰荣辱，像是突然有了解答。

一个个熟悉又陌生的面孔在我面前闪过，他们出生不同，年龄不同，背景不同，却因为同一个信仰聚在了一起。

四海之大，天地之宽，无论身在何方，心中的某一处，却始终稳如磐石，固如根底。

他们被冠以"中国共产党"之名，被人民寄予厚望，看似弱不禁风的身躯，却将我们从刽子手的刀刃之下救出，从此山水清明，游目无碍。

入党之时，他们都会被问同一个问题："你为什么要加入中国共产党？"

有人滔滔不绝，有人敛声息语，但他们，用百年后的河清海晏，代替了他们的回答：因为一种至死不渝的信仰！

送我走的时候，他泣不成声："你要离开我了，你就是我的命，有你在我就在，有我在你就在……"

那天天气很好，可风拂在脸上，依然冷得刺骨。

周围聚了一圈的人，认识的，不认识的，都来为我送行。

那场面，很盛大，很热闹。

之后，我到了一个名为"沂水县档案局"的地方，被好好地保护了起来。

如今，我已经八十二岁了，听说，我已经有了一个庞大的家族，世代传承，繁衍不息。

艰难困苦，玉汝于成。我听见他们如此形容现在的中国。

我想，这也同样能用来形容，像赵妈妈和刘洪秀这样的人。

他们目睹了一场似日蚀星陨的噩梦，有多少人清醒着堕入其中，就有多少人挣扎着逃脱而出，即便百年之后，灵散形殁。

他们化成了春天的草，带来了飘着草香的空气，桃花绽时，便能望见千朵红云。

一切过往，皆为序章；所有未来，皆是可期。

窗外，晨光熹微，我听见纷沓的脚步声向我而来，在人群中，我仿佛又见到了他。

激昂的誓言声中，他的身形渐渐模糊，似乎他来此，只是为了和我道别。

我对他笑了一笑，说："你走了，但……我还在，信仰还在。"

一百年如此，永远如此。

熟悉的面孔

解为淳，法学院国际法学 2020 级硕士研究生

冬日暖阳照在脸上，就连人也变得懒洋洋的。疫情防控丝毫没有因为临近春节而放松，许多事情只得被搁置，长时间的居家隔离使我感觉被不可抗拒的力量裹挟，困顿和焦虑始终萦绕在心头。

我圈在沙发里想享受片刻的安宁，但术后在家休息的妈妈却电话不断，我纳闷这次手术使她本就脆弱的身体又遭打击，只能单手活动的她哪来的信念和精神能够如此乐观？妈妈笑笑："现在有人需要，我不能袖手旁观。"下午的阳光透过窗户照到她脸上，憨憨的笑容显得双眸更加灵动有光，我有些恍惚，似乎在哪里见过这个熟悉的笑容。

鼠年好像从最初就与众不同，人们团聚之心越来越急切之时，疫情却直接给各处按下了暂停。身为疾控人的妈妈，在疫情日益严峻阶段每日去车站排查到深夜，平时乐观多言的她面对我的询问也只得苦笑道："形势真的很严峻，我先睡会儿。"她笑容中透着疲惫，让我心疼。

疫情期间，妈妈在外和病毒作战，爸爸和我就在厨房作战。元宵节，我们炖了鸡，快七点才等到妈妈回家。可饭吃到一半又听到电话，我心里咯噔一下。妈妈边放下碗筷起身边说，有志愿者从武汉送来实验室急需的物资，在高速路口因担心可能传染而被拦截，所以她需要立即去对接，我还没缓过神来她就已经急急忙忙地换好衣服出了门。我忐忑地等到凌晨三点才看到妈妈回家，她见我满脸疑惑，便笑着跟我描述当晚的独特经历，如何像在战争年代一样经过封锁线，又如何签完一堆的字在众目睽睽下带走志愿者和物资去做核酸。听着她神采奕奕地描述那种冲出包围圈的感觉，感到后怕的我疑惑道："妈妈，究竟是什么基因让你这么勇敢？"她立马严肃回答："是你姥爷把党的基因传给了我。"原来如此。

姥爷是个老中医，也是名老党员，听闻附近村里的人看病不便，就自费空出家中书房作为诊室，遇到低保户来看病时不仅不收钱，还会自费开一些药给病人。退休后不久，他又作为医院的返聘教授每天往返到离家30公里外的茅田乡卫生院去工作，每周只休一天。虽然也常常听到姥姥背地里报怨姥爷，但姥爷只得笑着跟我们解释村民们的不容易："真的，他们需要我。"这熟悉的傻傻的笑容刻进了我的脑海里，我突然明白了妈妈为什么会对茅田那么有感情，就连扶贫工作也在那里，总会隔三岔五地带东西，出处原来在这儿呢。

"卡口值守"是战疫的关键措施之一，爸爸坚守的卡口因为人员复杂需要通宵值班，为了照顾女同志，他便主动提出和另一个男同志每天晚上轮流值守。常常都是妈妈下班的路上遇见去上班的爸爸，爸爸下班回家碰到准备上班的妈妈。记得那晚爸爸发来一张自拍照，一脸严肃的他站在值守的帐篷外，背后的标语"不串门是为了以后还有亲人"显得格外突兀。妈妈叨叨着爸爸因为连续值守身体开始抱恙，再仔细看照片，虽然神态依旧，但他憨态可掬的笑容已然揉皱了两颊的黄斑，满脸的倦意也格外明显。

思绪有些停不下来，回想疫情开始之时的不知所措，每天只能从媒体了解防控信息，从妈妈疲惫的笑容里体会防控现状，我也很想做点什么。想到妈妈说防控人员忙到没时间吃饭，我便做了一些小点心送去疾控。见到阿雄哥哥时，我惊讶于憔悴的他简直跟我去年看到的阳光帅气判若两人，刚过30岁的他好像个小老头。另一位哥哥指着办公桌旁的条椅说道，单位就是阿雄哥哥的家，这把条椅就是床，他无奈只能把怀孕的老婆送去丈母娘家。阿雄哥哥朝我眯眯眼，浓浓的黑眼圈很是扎眼，声音有些嘶哑："我见到了凌晨每个钟点的样子哟，很美。"我揉了揉发酸的鼻子，不忍再看这倦意的面孔。

居家隔离的日子，下楼拿网购的物品也是为数不多可以放风的快乐时光。那天楼下的氛围有些不一样，七八个熟悉的身影举着右手对着墙上的红纸宣誓："对党忠诚，为共产主义奋斗终身，随时准备为党和人民牺牲一切，永不叛党。"他们个个神情专注，严肃认真，一位阿姨说他们在过支部主题党日。我不禁疑惑：支部主题党日？党组织究竟有什么魔力让这些人在疫情如此严重时还如此坚持与执着？大红宣纸上烫金的大字映在他们脸上，也揉进他们专注的神情里，望着他们，我呆呆地站了很久。

那段时间，我一直被身边和网络上许多事迹感动着、温暖着，无论是社区的"小哥"还是卡口的"红马甲"，我知道他们都有一个共同的名字叫"中共党员"。我突然意识到原来在全心全意为人民服务的路上，我身边这些熟悉的面孔仿佛旗帜和前进的风向标引导我打开一片纯粹的视野，他们"功成不必在我"的精神境界和"功成必定有我"的责任担当为我们筑起安全与健康的坚固堡垒。原来从小到大，我一直在这样的氛围中长大。我突然明白了我的差距在哪里，对之前在上党课过程中学习到的关于党的精神也有了更深的了解，我不想再做旁观者，我也想成为这些熟悉面孔中的一员，让这份信念在党的光辉滋养下成长，让更活跃的思想不断沉淀，我想向这个世界，表达我最真的感谢和最深的热爱，我想从这一刻开始尽心竭力地去努力，在实现中国梦的征程上，开好局、起好步，真正扛起这时代的责任。

百年献礼·党的光辉照我心

微光成炬照千钧红船，悠悠百载跨世纪航程

周未雨，公共管理学院行政管理 2020 级硕士研究生

百年征程波澜壮阔，百年初心历久弥坚，阅览百年风华，游历壮美史册。从上海石库门到嘉兴南湖，一艘小小红船演变成乘风破浪的复兴巨轮；从井冈号角到长征壮歌，一声铮铮号角吹响了厉兵秣马的强军战鼓；从抗日烽烟到建国伟业，一阵枪声激起了斗志昂扬的自强意志；从改革开放到小康蓝图，一缕春风刮起了行稳致远的强国浪潮。

民亦劳止，汔可小康，胸怀千秋伟业，恰是百年风华。面对国内外风险挑战明显上升的复杂局面，在党中央的周密部署、响鼓重锤下，疫情防控、脱贫致富、污染防治三大战役取得了决定性成就。小小红船承载千钧，点点微光汇集万丈光芒，中国共产党开启了百年的跨世纪航程。

党员先行，筑牢新冠疫情"红色"防控线

"红色"是新冠疫情的警示色。2020 年底，我国人群总体处于新冠病毒低感染水平，以武汉为主战场的疫情控制取得成功。

他们穿上白色战服，戴上党徽，逆风而行。他们辗转反侧，步履维艰，他们是白衣天使，是党员战士。他是武汉大学中南医院重症医学科主任彭志勇，17 年来三次冲锋在防疫救治的最前线，经手每一起病例，制定每一个方案。他说："我是党员，我不冲谁冲，我不带头谁带头？"

他们穿上绿色军装，戴上党徽，走向前线。在中国人民解放军总医院，一封封党员请战书纷至沓来，他们是铁骨军人，是党员战士。他是解放军

总医院感染二科主任秦恩强，他承诺有声，践诺有行。他说："我有经验，我先上！"

他们穿上红色马甲，戴上党徽，走近群众。他们的轨迹在全社区无死角全覆盖，他们是社区防疫志愿者，是党员战士。她是镇北社区的社区工作者覃凤美，疫情期间她有求必应，急人之所急。她说："这是我应该做的。"

他们拿起设计图纸，戴上党徽，走进火神山。偌大的工程，他们通宵达旦，他们是工程师，是党员战士。他是中建三局火神山医院安装项目部总工程师金晖，超负荷工作使其病情三次恶化住院，但他始终不下火线。他说："国家需要我的时候，我得顶上。"

他们逆行在红色警示线的最前端，投身于疫情防控工作，为人民群众筑牢新冠疫情的"红色"防控线。

党员引领，打赢脱贫致富"棕色"攻坚战

"棕色"是祖国大地的颜色。2020年底我国现行标准下9899万农村贫困人口全部脱贫，832个贫困县全部摘帽。

他们用青春描绘梦想，用责任体现党员担当。彩色的粉笔字迹烙印人间大爱，春夏秋冬四季守护一方温暖。他们是支教志愿者，他们是学生党员。他叫钟开炜，是中南财经政法大学第十九届研支团云南队队长。2017年7月，他来到贫困县梁河支教。初到时他连着感冒发烧，嗓子发炎连话都说不出来。走出安逸生活走上三尺讲台，他用知识给学生们插上走出贫困县的理想翅膀。

涓涓细流汇聚成海，他们走过与别人不一样的路。在神秘而又神圣的雪域高原，他们是一朵又一朵绽放的"雪莲花"。他们是援藏志愿者，他们是学生党员。她是刘晓红，是中南财经政法大学西藏阿里计划的一员，高原反应使她要克服身体障碍，语言不通使初来乍到的她倍感孤独。她自我摸索，通宵工作，在那片苍茫的土地上播撒下希望的种子。

把信仰扎根于村落大地，用青春编织村民的致富梦。让个人追求与党的需要、人民的期盼同频共振，他们是大学生村官，他们是学生党员。他

是蒋富安，是美姑县九口乡四峨吉村驻村第一书记，他奔走在田间地头，走村入户，精准开展扶贫工作，2016年因公去世，年仅26岁。同事说他是骄傲，学校说他是榜样，乡亲们说我们的书记好得很。

他们扎根于祖国大地，热爱那里的每一寸土壤，为贫困人民打赢脱贫致富的"棕色"攻坚战。

党员带头，构建污染防治"绿色"生态圈

"绿色"是可持续发展的颜色。2020年底蓝天、碧水、净土保卫战取得显著成效。在这场污染防治攻坚战中，有人铁面无私、动真碰硬，有人扎根一线、干在实处。

他是陈奔，是温岭市环境监察大队大溪中队原副大队长。在从事生态环境保护工作的5年里，他以实际行动诠释了对党、对事业的忠诚。在2018年一次环境执法中不幸牺牲，这个永远冲在执法一线的年轻人，这位优秀的共产党人用生命守护了祖国的绿水青山。

他是孟祥利，是河南省环境保护宣传教育中心的一员。为拍摄制作全省在线环境监控数据造假警示纪录片，他不顾天气炎热，扛着摄像机，冒着酷暑走访了15个省辖市的26家企业，2019年突发疾病，因公殉职。英雄离去，风范长存，他是环保尖兵，用生命彰显党员精神。

他们奔波于生态保护的第一线，践行生态卫士的使命担当，为世界构建污染防治的"绿色"生态圈。

"雄关漫道真如铁，而今迈步从头越"。沧海横流，方显英雄本色；风高浪急，更见砥柱中流。在党的领导下，中国终于可以踏星斗飞过世纪之交，驾嫦娥立于强国之林。仰望星空，百年前的星光依旧闪烁，百年后的今天南湖红船已永载史册。

宏图已汇就，壮志已可酬，新的挑战已经来临。但行前路，无问东西，在这个新的时代我们都该奋青春之元气，以党员精神为指引，发新中华青春应发之曙光。二零二一，惟愿祖国昌盛，国泰民安。

如果记忆会说话
——献礼建党 100 周年

熊保维，经济学院西方经济学 2020 级硕士研究生

1921 年的夏日，嘉兴南湖上的一叶小舟在水面平稳前行，骄阳为它注入了红色的精神血脉和人民的殷切期许。从此，在中华民族的热土上，他们更加团结坚强，为了最广大人民的根本利益乘风破浪、前仆后继。百年更迭之际，如果记忆会说话，它讲述的或许不是历史洪流中，某一位英雄力挽狂澜的壮举，而是风雨兼程时，党与人民一同经历的故事⋯⋯

如果记忆会说话，我想，它或许会形容出党的有力号召，那是奋斗时期没能说也不可说的慷慨激昂。不屈不挠的共产党员夏明翰挥笔写道："砍头不要紧，只要主义真，杀了夏明翰，还有后来人。"后来，雪水、雨水混着血水，无数仁人志士为了理想的中国在苦痛中无声辗转。雪山草地大渡河，北伐土改盼解放。火中无声的邱少云，誓死不吐真言的刘胡兰，远渡重洋回归祖国的钱学森，勇敢扑向枪口的黄继光⋯⋯在历史的每一个节点上，他们像一颗颗掉入水中的玉珠，无声地沉没，而他们的影响却沿着时间的长河，荡漾起久久不能平息的涟漪。

如果记忆会说话，我想，它或许会描述出党的奋力宣传，那是和平年代申奥成功后喜悦欢呼的洋洋盈耳。"开放的中国盼奥运"，发展中的我们格外渴望抓住每一次能够向世界展现自己的机会。2001 年 7 月，在党的全力支持和精心筹备下，北京终于赢得了举办奥运会的资格。这次得来不易的机会向全世界证明了中国实力，同时也表明了世界对我们党和国家的肯定和赞扬。2008 年 8 月 8 日夜，由人群击鼓构成的倒计时在欢呼中开始，鼓响灯亮，这是炎黄子孙永远值得铭记的荣光。这份巨大荣耀与自豪的背后，是在党的领导下，无数平凡人发出的微光。

如果记忆会说话，我想，它或许会讲述党的英勇果敢，那是强国之路使命必达的坚定铿锵。"艰难方显勇毅，磨砺始得玉成"，2021年习近平总书记新年寄语中的这一句，让千千万万中国人深有感悟。没有人能否定，在提及艰难时，想到的除了伤痛的废墟，还有党让我们依旧能够看见光亮。那是一群穿着绿色军装为了抗洪抢险不顾个人安危跳进汹涌洪流的钢铁军人；那是一群穿着红色消防衣为了灭火救灾在爆炸声中逆行的勇士；那是一群穿着白色防护服救人医心在绝望中送达希望的天使。他们在党的指引下在危险中冲锋陷阵，把我们托举得高过头顶……

在这一百年中，党与人民一同经历了大大小小不计其数的天灾：旱涝、饥荒、火灾、地震、虫灾、病毒，是党带着我们走过，把一处处伤痕冠以勋章。制度或存不足，意外偶尔发生，但我们从不逃避问题，不断深化改革，创新实践，是党指引我们方向，给一次次蜕变注入能量。面向宇宙，中国进入太空计划正有序推进，从"东方红一号"响彻天空到"天问一号"火星登录，太空探索永无止境，是党给予我们希望，为一个个梦想插上翅膀。

如果记忆会说话，我想，它也不知从何说起吧。百年太久，发生的故事太复杂，讲不尽也道不清。百年也很短，爷爷总是几句话就能说完。

我的爷爷今年83岁，他很少给我讲历史，偶尔讲到的故事没有具体的年份，没有具体的地点，没有歇斯底里的感情，他总是淡淡地讲，而故事的开始总是这样：我们那个时候啊……

从爷爷的口中，我听到的苦难没有那么痛彻心扉了，喜悦也没有那么惊天动地。爷爷讲的故事总是结尾处最令人激动。他说，你一定要珍惜当下，好好生活！听着听着，我终于明白了，凡是过去，皆为序章。走过的路要放在心里，但也不必一直挂在嘴上。或许就像一首经典的粤语歌曲《野孩子》所唱的那样："生活好比那黑夜里漫长的路，走过的人，他从不说出来。"如果记忆会说话，它可能依旧选择保持缄默。但在我们心中、在无数个夜深人静、记忆也不说话的时刻，我们知道，历史的路，是党陪着我们走过。

作为研究生，我们已不再是懵懂少年。面向未来，我们是完善自己的知识储备，争取早日学以致用的财经学子，是满腔热忱，想要济世报国的中国经济的"执剑人"。刘慈欣在《三体》这本书中刻画了一个在地球存亡之际力挽狂澜的人物——罗辑。他原本是全人类最不看好的一个浪子，却凭借过硬的理论知识，在前人的点拨下找到了震慑住高等文明的方法。从此，他成了唯一能够保护地球文明的执剑人。

今天，我们的国家经济同样处于一个挑战与机遇并存的时期。5G怎样发展，企业要朝什么方向转型，怎样才能更好地保护知识产权，什么样的政策能够促进创新，民族企业要用什么样的措施应对后疫情时代的风潮……面对这些亟待解决的社会问题，我想我们要做的，就是在党的指引下，做一个像罗辑一样有耐力、有实力、有魄力的中国经济的守护者。

"十三五"圆满收官，我们已携手迈进"十四五"规划的大道。此刻街道灯火初明，万家即将团圆，我们在幸福的喧闹声中回顾过去，找到片刻宁静，在宁静中坚定矢志报国的决心。

时值建党一百周年，愿春暖花开、山河无恙、国泰民安，愿我们好好生活、无畏挑战、乘风破浪！

抗疫战线党旗飘

邓兆锦，刑事司法学院刑法学 2019 级硕士研究生

"全中国等你痊愈，我们相约春天赏樱花"，这是 2020 年最美的祝福与约定。而今，春意融融，东湖樱花园里，千百株樱花正暗香涌动、妍丽缤纷，与康泰祥和的江城一起，守望着去年许下约定的人们。2021 年的武汉，重新跳跃的城市脉搏与再次点燃的烟火气息，共同印证着九省通衢的繁华荣光。但是，重焕活力的城市并没有忘记曾经历的病痛与抗争，在

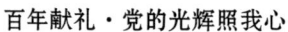

人们的内心深处依然保留着这座英雄城市里奋勇抗争、默默坚守的抗"疫"往事。

2020年初，新冠肺炎疫情来袭，我们的党、我们的国家在建党百年前夕遭遇了重大突发公共卫生事件。面对突如其来的疫情，党中央始终坚持生命至上、人民至上的原则，不惜一切代价保护人民的生命健康，广大中共党员向险而行、共赴国难，让党旗在疫情防控斗争的第一线高高飘扬。在这场抗击疫情的战斗中，7955.9万名党员自愿捐款83.6亿元支援疫情防控工作，396名党员干部因公殉职，25000多名优秀分子在火线上宣誓入党。而在抗击疫情的主战场，武汉市的4.45万多名党员干部职工下沉到3000余个社区、7000多个住宅小区、13800多个网格，和广大社区干部一起不辞辛劳、默默付出。其中涌现的先进党员和党团组织，以舍生忘死之心、顽强拼搏之举，践行着"为中国人民谋幸福，为中华民族谋复兴"的初心与使命。

"我必须跑得更快，才能从病毒手里抢回更多的病人。"这是武汉金银潭医院党委副书记、院长张定宇对自己工作提出的"鞭策"与"苛求"。作为首家接收新冠肺炎患者医院的院长，张定宇带领医院的干部职工率先与病毒短兵相接，他深知身为共产党员、医务工作者，非常时期、危急时刻，他必须顶上去。自疫情防控战斗打响以来，张定宇兵不卸甲、马不停蹄，在金银潭医院这个前沿阵地上雷厉风行地指挥、协调、调度，医院的走廊里时常能够听见他的喊叫，"嗓子大，性子急"成了这位"前营指挥官"的标志性特征。然而，"性子急，是因为生命留给我的时间不多了"，这是张定宇埋在心里的一个秘密。当他竭尽全力奔跑、从病毒手里抢回病人的时候，他自己也是一个病人，一个身患"渐冻"绝症的病人，他的双腿已经开始萎缩，走路高低不平，全身正在慢慢失去知觉。他其实无法奔跑，但他依然要奋力向前，共产党员的崇高使命感激励他不能停下脚步，哪怕双腿萎缩，他仍要拖着蹒跚的步履去完成生死线上的每一次救援，仍要将时日无多的生命投入到无限的为人民服务的工作之中去，用他的奋然无悔诠释共产党员拼搏与奉献的底色。

"万一别人有事,我会很愧疚。"这是武昌医院党委副书记、院长刘智明对患者和同事的隐隐担忧。从接到将武昌医院作为发热定点医院的通知开始,刘智明就驻守在医院,紧张有序地开展各项工作。然而在此之前,刘智明已经出现持续性"低烧",在开展疫情防控工作后不久,刘智明就被确诊感染新冠肺炎。骤然降至的噩耗令刘智明的家人焦虑万分,但刘智明依然坚守在防疫阵地上,焚膏继晷、昼夜不歇地指导救治工作。长时间的过度劳累使得刘智明原本羸弱的身体严重透支,本是轻症的病情因为过度劳累,迅速向重症、危重症转化。在与病毒抗争之际,刘智明始终担心的是医院的患者与同事,当别人关心他的病情时,他却试图以坚强与乐观打消别人的忧虑。"我能去陪你吗""要我去照顾你吗"……这是刘智明同为医护的妻子反复提出的请求,但是得到的答复都是斩钉截铁的"不要"。不幸的是,持续恶化的病情和长期劳累的工作最终夺走了刘智明的生命,这位身负"重伤"却仍然奋勇抗争的"指挥官"倒在了自己的阵地上。在父母救治患者期间,刘智明居家隔离的女儿只能通过写下一封封寄不出去的书信,来表达对父母的牵挂与思念,那字里行间所透露出的景仰和挚爱扣人心扉:"抱薪赴雪,义无反顾""健康所系,性命相托"……这些都是对这位以命相搏的共产党员最好的写照。

"寄意寒星荃不察,我以我血荐轩辕",像张定宇、刘智明这样矢志救国的共产党员还有很多,诸如武汉中大社区党委书记王琼拖着打了一块钢板、三颗钢钉的右腿逐户排查,一天下来从膝盖肿到脚踝;紧急上任的洪珞社区党委书记黄恒每天要接听近300个电话,因过度劳累有时不得不躺在地上跟居民联络;还有中南财经政法大学工程师李可舍弃大年三十的阖家团圆,从家乡只身奔赴武汉,驰援火神山、雷神山的建设……他们不忘初心、牢记使命,充分发挥先锋模范作用,体现了中国共产党人的担当和风骨,弘扬了生命至上、举国同心、舍生忘死、尊重科学、命运与共的伟大抗疫精神,证明了中国共产党是风雨袭来时中国人民最可靠的主心骨。

"天行健,君子以自强不息;地势坤,君子以厚德载物"。中国共产党及其领导下的中国人民必将站在建党一百周年的历史新起点上,在全面

百年献礼·党的光辉照我心

建设社会主义现代化国家的新征程中勠力同心、砥砺前行，以百折不挠、守望相助的民族秉性，去奋力实现"两个一百年"的奋斗目标，实现中华民族的伟大复兴。

不忘初心

高媛，财政税务学院税务专硕 2020 级硕士研究生

一百年前，在嘉兴南湖的一艘船上，中国共产党诞生了。自诞生起，中国共产党成为点燃中华民族希望的星星之火，成为万恶旧社会里照亮前途的光明。中国共产党成立至今，历经风雨飘摇，从一个只有几十个人的党组织发展成为拥有几千万党员的政党，领导全国各族人民前赴后继、顽强奋斗，不断夺取革命、建设、改革的重大胜利。100 年的春风化雨，我们一路坚定初心；100 年的春华秋实，我们一路守护初心；100 年的千秋伟业，我们一路永葆初心。

中国共产党成立以来，领导人民取得了新民主主义革命的胜利，推翻了帝国主义、封建主义和官僚资本主义"三座大山"，建立了人民民主专政的中华人民共和国，中国历史进入新纪元。新中国成立以后，顺利完成了社会主义改造并初步建立了社会主义制度，形成了独立的、比较完整的工业体系和国民经济体系；进行了改革开放新的伟大革命，开创、坚持、发展了中国特色社会主义；经过 100 年的奋斗、创造、积累，开辟了中国特色社会主义道路，形成了中国特色社会主义理论体系，确立了中国特色社会主义制度。历史证明，没有共产党就没有新中国，没有共产党就没有中国特色社会主义。

刚刚过去的 2020 年是不平凡的一年，突如其来的新冠肺炎疫情席卷全国，无数党员干部挺身而出，没有人天生就是英雄，但是总有人用平凡

先锋模范

成就伟大。疫情初期，钟南山在连线武汉专家了解到疫情的状况后，义无反顾地坐上当晚的高铁奔赴武汉，成为疫情攻坚战的"定海神针"。武汉金银潭医院的院长张定宇是一名渐冻症患者，行动不便的他，疫情期间仍旧坚守岗位，连感染新型冠状病毒的妻子都无暇顾及，始终坚守在抗击疫情最前线。陈薇和李兰娟院士也在第一时间带领自己的团队奔赴武汉，共同抗击新冠疫情。与此同时，无数基层党员干部投身抗疫一线，疫情就是命令，防控就是责任。寒风凛冽，他们驻守路口，不厌其烦地检查着过往的车辆人员；核实信息，他们挨家挨户调查统计，力求精准。疫情期间他们坚决服从党中央统一指挥、统一协调、统一调度，扎扎实实做好各项工作、为群众服务，出色地完成了党中央各项抗疫决策部署。他们是无名的英雄，为基层防疫事业贡献了自己的光和热。

共产党员拥有坚定的信念、温厚的爱民之心，这是中国共产党员独特的身份标识。共产党员有着坚定的政治信仰，体现在"关键时刻冲得上去、危难关头豁得出来"。共产党员有着真挚的为民情怀，这是我们党永葆先进性和纯洁性的关键。在抗疫的战场上，党员干部们用仁爱之心为群众谋幸福，奋力践行"全心全意为人民服务"的根本宗旨，不忘初心、牢记使命。

2020年也是党领导全国各族人民取得脱贫攻坚战全面胜利的一年，现行标准下9899万农村贫困人口全部脱贫，832个贫困县全部摘帽，12.8万个贫困村全部出列，区域性整体贫困得到解决，消除绝对贫困的艰巨任务得以完成。28个人口较少的民族全部实现整族脱贫，创造了又一个彪炳史册的人间奇迹。

时代造就英雄，伟大来自平凡。在脱贫攻坚工作中，数百万扶贫干部倾力奉献、苦干实干，同贫困群众想在一起、过在一起、干在一起，将最美的年华无私奉献给了脱贫事业，涌现出许多感人肺腑的先进事迹。在脱贫攻坚斗争中，1800多名同志将生命定格在了脱贫攻坚征程中，生动诠释了共产党人的初心使命。最让我记忆深刻的是一对90后的扶贫干部夫妻——吴应谱和樊贞子。2017年底，吴应谱主动请缨前往修水县最偏远的深度贫困村担任第一书记,他爱人樊贞子,虽怀有身孕,但仍身兼乡妇联、组织、统战、协税员数职。2018 年 11 月 16 日下午,吴应谱、樊贞子夫妇在走访完贫困户返回途中,车辆失控坠河,夫妇两人不幸遇难,年轻的生命永远定格在了扶贫路上。

正是因为有着一批又一批时刻保持先进性的优秀党员,100 年来中国共产党才能始终代表中国先进生产力的发展要求,代表中国先进文化的前进方向,代表中国最广大人民的根本利益。作为社会主义的接班人,党对我们有深厚的寄托,所以我们要更加努力,续写新的篇章。

100 年来,中国共产党为了国家的强大和人民的幸福呕心沥血,是她让中国从以前的贫穷落后发展到现在的繁荣富强,也是她让中华民族从此走上了一条前途无量的道路。忆往昔风雨兼程岁月如歌,看今朝百年华诞风华正茂。借此机会我也想为党的 100 岁生日献上我的一片热忱与祝福:愿党永葆生机,不忘初心,砥砺前行;愿祖国欣欣向荣,繁荣昌盛;愿人民生活富足,幸福安康。

百年红船,万里征程

樊荣荣,信息与安全工程学院电子信息 2020 级硕士研究生

一叶扁舟,从嘉兴南湖出发,劈波斩浪、砥砺前行,已驶过了一百年的时光。

(一)轻烟漠漠,红船起航

1921 年 7 月,中共"一大"在上海秘密举行,因遭到上海法租界的巡捕袭扰,被迫中断。

8 月,各代表人将会议地点转移到浙江嘉兴,在"轻烟漠漠雨疏疏"的南湖之上的一条小船上继续进行,在这里完成了大会议程,宣告了中国共产党的正式成立。这条小船因此获得了一个永载史册的名字——红船,而中国共产党建党伟业所蕴含的伟大革命精神,也因此被称作"红船精神"。

正是这艘小小的红船,承载着历史的选择和民族的希望,点亮了属于中国革命的星星之火,开启了中国共产党的跨世纪航程。

(二)秀水泱泱,红船远航

什么是红船精神?习近平总书记在《光明日报》中指出:红船精神,是开天辟地、敢为人先的首创精神,是坚定理想、百折不挠的奋斗精神,是立党为公、忠诚为民的奉献精神。正是这种红船精神,激励着这艘红船,战胜一次次的艰难险阻,扬帆远航,驶向辉煌的史诗画卷。

1949年,伟大领袖毛泽东主席在天安门城楼庄严宣告:中华人民共和国成立了。新中国的成立开创了中国历史的新纪元,党团结和带领全国各族人民在一穷二白的基础上建立独立的、比较完整的工业体系和国民经济体系,使风雨飘摇的中华民族以崭新的姿态崛起于世界东方。

1978年,伴随着一个春天的故事,中华大地吹响了改革开放的号角,中国共产党带领着中国人民掀起了改革开放的浪潮,中国社会从此实现了由封闭、贫穷、落后和缺乏生机到开放、富强、文明和充满活力的历史巨变。

2018年,是打赢脱贫攻坚战三年行动的开局之年,脱贫攻坚取得决定性进展,创造了我国减贫史上的最好成绩。这一年,我还在河北农业大学读大二,学校组织我们观看《李保国》话剧演出。话剧的主人公——李保国,是我们河北农业大学林学院的教授,他35年如一日扎根太行山,用科技把荒山秃岭抛进历史,把绿水青山留给未来,带领老百姓走上了脱贫致富道路。李保国教授说:"我想让我变成农民,让更多的农民变成我。"在观影现场,我无数次热泪盈眶,虽然我不曾是李教授的学生,但是身为一名从河北农业大学毕业的学生,我为之感到自豪和感动。

除了35年坚守太行山的"新愚公"李保国,还有献身教育扶贫、点燃大山女孩希望的张桂梅,用实干兑现"水过不去、拿命来铺"誓言的黄大发,回乡奉献、谱写新时代青春之歌的黄文秀,扎根脱贫一线、鞠躬尽瘁的黄诗燕等共产党人,正是他们的这种红船精神,让脱贫攻坚的阳光照耀到了每一个角落，将党的光辉照亮了无数人的梦想与希望。

（三）百年红船，载梦而来

百年岁月弹指一挥间。红色基因，是这片土地上最深刻最鲜明的印记。"红船精神"，是融入共产党人血液之中的信仰和力量源泉，激励着我们不懈奋斗，让人民生活变得更美好。这艘红船，在百年之后的今天，承载着中国梦而来。

前段时间，央视新闻联合知乎"吾辈问答"发起"我和中国一起成长"主题问答：哪一个时刻，让你突然感觉到"生活在中国，真好"？

有人说，是生病住院时，医保报销承担了大部分医药费，享受到国家医保带来的便利，真好；

有人说，是疫情肆虐时，全球沦陷，而我们却在短短的七八十天内全面控制住了疫情，并承担起大国责任，助力全球抗疫；

还有人说，是出国时，无论是在外求学还是旅游寻梦，都能够感受到：我们背后永远有一个强大而稳定的中国在为我们支撑，这份安全感是国家赋予我们最好的礼物；

我说，是出行时，坐在高铁舒适的车厢里。以前，外婆经常跟我说："现在的日子真是不敢想啊，八四年的时候，村里不通路，更别提有车了，那时我们去市里，走路走了四天三夜，天黑了就倒在田野边上睡会，第二天天还没亮就接着赶路。"看看现在，中国高铁的飞速发展，让我们只需两部电影的时间，便可抵达千里之外，这样的进步怎能不让人感到欣喜！

一张"船票"，从最初的小小红船，慢慢在历史的淘洗、人民的选择、岁月的锻造中，成长为满载14亿人民群众美好意愿的中国巨轮，这究竟是怎么样的伟大与光辉！

（四）不忘初心，红船依旧

2021年，中国共产党迎来百年华诞。从上海石库门到嘉兴南湖，从枪杆子打天下、打开国门看天下到敞开胸怀迎天下，从站起来、富起来到强起来，一艘小小红船承载着人民的重托和民族的希望，越过急流险滩，穿过惊涛骇浪，成为领航中国行稳致远的巍巍巨轮。但是，无论红船如何远行、要去哪里，有种信念、有种情怀、有种使命始终没有变，那就是：为中华民族谋复兴、为中国人民谋幸福。这艘巨轮正承载着亿万人民的梦想不断前进。

一代人有一代人的长征，一代人有一代人的使命，我们是祖国繁荣的亲历者，我们也要成为祖国更加繁荣的建设者。让我们与新世纪的中国同心勠力、共克时艰，让我们以青春之名，不忘初心，砥砺前行，让红船精神在新时代永放光芒！

小小红船里的大爱无疆

沈芝羽，法律硕士教育中心法律 2019 级硕士研究生

七月的嘉兴南湖畔，一艘红船静静地停泊。此刻，微风裹挟着空气中的甜润，夕阳也不断跳跃成水面的波光，只记得湖畔那红色的歌谣从这头传唱到那头，带动了灵魂深处一阵又一阵的激荡。

历史从这里出发

历史从这里出发，红船从这里启航。一百年前，十二位风华正茂的意气青年们从四面八方齐聚，在这艘红船上发出了时代的呐喊，也在"共产主义万岁"的高呼中开启了一段革命的新征程。也是在这里，曾有一艘摇摇晃晃、悄无声息的红色小船，它无畏天际边不断翻涌的黑云压阵，坚定无比地驶向波云诡谲、神秘莫测的汪洋。

2005年6月，时任浙江省委书记的习近平同志在《光明日报》上发表《弘扬"红船精神"走在时代前列》一文，首次提出并系统阐释了"红船精神"的内涵。从此，"红船精神"有了更为清晰的定位与更为具体的文化内核，它跨越时空与历史，记录着我们党治国理政的深刻情怀与大爱无疆，成了"首创精神、奋斗精神、奉献精神"的代名词，激励着一代又一代的中国人民奋勇前行。

"一个人党诞生于一条小船"。面对无边黑暗，"红船精神"就是那唯一的一粒火种，点燃了长夜漫漫；面对敌强我弱，"红船精神"就是那一面象征信仰的旌旗，踏破了烽火狼烟；面对人心浮躁，"红船精神"就是那一缕淡泊清风，吹拂了时代灰尘。回望前路，"红船精神"源于历史，并在中国共产党人的革命、建设、改革的实践中不断生根发芽，最终在百年信仰的浇灌下成长为参天的大树，彰显出强大的生命力。

一艘小小的红船，在波涛汹涌中驶出了汪洋大海，映射出中华民族的百折不挠、气节非凡。一群意气风发的少年，在时代的召唤中前赴后继，彰显出共产党人初心不忘、大爱无疆。历史从这里出发，时代的使命从这里开始接力，我们党始终在路上。

初心从这里续写

从南湖畔出发，经历了"数千年未有之大变局"，以毛泽东同志为主要代表的中国共产党人选择将马克思主义作为指导思想，率先开辟出一条适合中国国情的社会主义道路，一艘悬挂着社会主义旗帜的红船已经向光明的彼岸靠近。

回首来路，面对近代中国的孤立无援，革命志士们在民族解放的战火中开辟出救国之路，发出救亡图存的阵阵怒吼。在漫长的摸索道路中，小小的红船渐渐驶出了方向，共产党人成了顺势而为、民心所向的掌舵人，带领着人民建设社会主义新中国。在共产党人带领下，轰轰烈烈的社会主义革命掀开了崭新的伟大篇章。从推"三反""五反"，到实现"耕者有其田"的土地改革的完成，再到铁路、水利等基础设施建设的兴起，从轻工业到重工业，从农村建设到城市建设，前所未有的社会巨变正在这个广袤大地上不断上演，有着数千年文明史的文化大国开始焕发出新一轮的生机。

此刻的红船不再风雨飘摇，在岁月磨难的洗礼中，它继续扬帆起航，驶向改革开放的彼岸。几十载春华秋实，小小的渔村成长为繁华的都市，这是红船精神孕育出的社会主义建设成果，是最贴近人民幸福的民生硕果。小小的一叶红船渐渐靠岸，它光芒万丈，闪耀着共产主义的光辉，萦绕着共产党人的初心和信仰。它，从未偏航！

未来从这里启航

庚子伊始，风云跌宕。一场病毒的肆虐席卷江城，喧嚣与熙攘不再，空荡而陌生的街道充斥着无言的冷寂与凄清。然山河万里、大爱无疆，在时代的特殊召唤之下，无数最美逆行者们从五湖四海齐聚而来，他们挺身而出、冲锋在前，筑起了抗"疫"阻击战的铁壁铜墙。

在这些逆行的背影中，亦有无数共产党员的身影……在忙碌的间隙里，他们将深情付诸笔端，写成一封又一封动人的家书。这寥寥纸上数言，承载的是无限的牵挂与希冀，这力透纸背的话语，诉说的是永不磨灭的家国情怀。离乡援鄂之时，中南大学湘雅医院重症监护科的赵春光医生便曾留下一篇《别父母书》，信中他深情地写道："青山甚好，处处可埋忠骨。成忠墓，无须马革裹尸返长沙。便留武汉，看这大好城市，如何重整河山。"回首看来，这字里行间，是牵挂与担忧，也是理解与豁达。在抗"疫"的号召中，共产党人缔造的"红船精神"幻化成了一封封红色家书，它们源于历史，但却跨越了时空。它们是铁汉柔情的传递，也是不坠家风的传承，更是家国情怀的凝聚。

小小的红船，带领着中华民族从烽火战烟中走来，来到这山河万里、锦绣分明的盛世。这伟大的"红船精神"穿越百年，它曾是民族解放战火中的志士气节，也曾是一穷二白时奋力追赶的无畏勇气，更是时代赋予的义不容辞的抗"疫"使命……从星星之火到燎原之势，正是这开天辟地、敢为人先的首创精神引领了中华民族的崛起；从一穷二白到盛世太平，正是这坚定理想、百折不挠的奋斗精神使得社会主义建设势不可挡；从积贫积弱到美好生活，正是这立党为公、忠诚为民的奉献精神带领人民走向幸福。回首往昔、眺望前路，小小的红船里驶出了大爱无疆。

百年献礼·党的光辉照我心

昨天，今天，明天

万思岐，财政税务学院财政 2020 级本科生

"昨天、今天、明天"，一听见这六个字就会想起 1999 年春晚上的那个小品，黑土和白云两位老人用他们的经历讲述了中国社会的昨天和今天，也展望了他们所期望的"明天"。在我看来，从中国社会的"昨天"到"今天"和"明天"，与其说是翻天覆地的变化倒更不如说是令人惊叹的发展。而引领中国社会取得巨大成就，使人民过上幸福生活的正是中国共产党。

中国共产党坚守初心——为人民谋独立

一提起中国的"昨天"，首先浮现在脑海中的定是"落后""贫穷""挨打"等词语。的确，自 1840 年鸦片战争开始，中国在一百多年里始终被欺凌压迫，中华儿女受尽磨难，中华民族蒙受屈辱。"南京大屠杀、潘家峪惨案、七三一细菌战秘密部队……"一桩桩、一件件泯灭人性的惨案发生在中华大地。在最黑暗、最绝望的时刻，是中国共产党人挺身而出挽救中华民族于水深火热之中。使年仅 19 岁的董存瑞有勇气用自己的身体充当支架，手托炸药包冲向敌人的是他身为共产党人对人民的热爱；使黄继光奋不顾身用身体挡住敌人枪眼的是他身为共产党人对人民的忠诚；使毛泽东忍痛将自己最爱的儿子毛岸英送上抗美援朝战场的是他身为共产党人对人民的奉献。中国共产党成立不过百年，却成功挽救了一个飘摇欲坠的国家，拯救了千万苦不堪言的百姓，鼓励其始终奋斗的是为人民谋独立的初心。

中国共产党坚守初心——为人民谋幸福

曾有人说："贫穷是万恶之源。"过去的中国长期被列强欺凌，签订了丧权辱国的条约、支付大量赔款还错失了珍贵的发展机会，导致新中国成立之初一穷二白。而时至今日，中国已然发生了巨大改变。

今年是 2021 年，是我们扶贫攻坚决胜之年的第一年。脱贫攻坚是一场漫长的战争。从新中国成立之初，毛泽东便提出要确立新的社会主义制度，解决中国人民的贫困问题；到邓小平时代，则进一步阐释为"贫穷不是社会主义，社会主义要消灭贫穷"；至 1997 年，江泽民同志在中共十五大中正式提出"到本世纪末基本解决农村贫困人口的温饱问题"的伟大构想；在十八大报告中，习总书记将脱贫攻坚放在治国理政的突出位置，纳入"五位一体"总体布局，"四个全面"战略布局，正式全面打响脱贫攻坚的总战争；在十九大中，脱贫更是上升为全面建成小康社会的三大攻坚战之一。习近平总书记曾说过，贫困是中国全面建成小康社会路上最大的"拦路虎"，是中国人民通向幸福的最大阻碍。而历代中国共产党人，皆以不变的勇气和永恒的信念与这只"拦路虎"作斗争。从贵州遵义团结村当代"愚公"黄大发，绝壁凿"天渠"，到年仅 30 岁却牺牲在扶贫路上，化作春泥为护"脱贫之花"的黄文秀，脱贫干部将脱贫作为自己一生的事业。支撑他们坚定地前往每一个落后地区，激励他们翻越每一座高山，蹚过每一条大河的仅仅是他们对"为人民谋幸福"这样初心的坚守。

中国共产党坚守初心——为人民谋发展

庚子鼠年，疫情来袭，所有人都猝不及防，在此危急时刻，中国共产党毅然站出，指挥全局。中共中央迅速做出统一部署与调控，各地方部门积极响应；每位共产党员自觉挑起肩上责任，他们无悔的身影出现在逆行而上的医护人员中，出现在闻令而动、"若有战，召必至，战必胜"的三军将士中，出现在即使寒风刺骨，依然坚守测温登记的社区服务志愿者中，出现在亿万万自觉居家隔离的中华儿女中。

我的父亲是当地的一名牛奶代理商，在整个疫情期间，他和他的员工在获取"出行许可证"的前提下，坚持为每一个乡镇、村落送去牛奶。即使村落再远，山路再难走，他们也不曾放弃。看着眉头紧皱、日益疲惫的父亲，我劝他歇一歇，可父亲说："牛奶是每个家庭的生活必需品，为了身体健康，不能长期不喝。更何况在如今的疫情下，提高身体免疫力是多么重要啊！"为给武汉加油助力，为向每位身处抗疫前线的医护人员表达崇高敬意，父亲积极响应公司安排，与其他代理商一起向武汉地区捐赠牛奶超百万箱。面对疫情，父亲用他的实际行动诠释了一名普通党员的使命与担当！"灾难无情，而人有情"，使中国能解决此次危机的不仅是先进的医疗技术，更重要的是每一位党员乃至每一位中华儿女的付出。

时至今日，在中国共产党的带领下，在无数共产党员的奋斗下，在全体中华儿女的支持下，中国正飞速发展着。GDP增速在世界上位列前茅、5G技术遥遥领先、"嫦娥5号"的成功发射使中国在探月工程上再次踏出重要一步、治疗新冠疫情的经验被世界各国积极采纳……中国正在以惊人的速度腾飞着、奋进着。

拿破仑曾说过："中国是一头沉睡的雄狮，一旦醒来全世界都为之震动。"面对充满希望也充满挑战的未来，中国不会退缩放弃，必会在中国共产党的带领下继续坚守初心，昂首阔步，大步前行，遇山开路，遇水架桥，为中国人民创造美好"明天"！

人民的新时代，人民的党

陈翔宇，法学院法学 2018 级本科生

"百年恰是风华正茂"，处在两个一百年历史交汇点的关键时期，党的十九大在全国人民的殷切瞩目中胜利召开。十九大报告中"迈进新时代，开启新征程,续写新篇章"的政治宣言不仅仅成为发展国家事业的行动纲领,更是党和国家对全体人民作出的铮铮誓言。1921—2021,中国共产党迎来建党100周年。从石库门到天安门,从兴业路到复兴路,从站起来、富起来到强起来……中国共产党与时代同步伐、与人民共命运,跨过一道又一道沟坎,取得一个又一个辉煌胜利。

从毛泽东思想、邓小平理论到"三个代表"重要思想、科学发展观,再到如今习近平新时代中国特色社会主义思想的最强音,马克思主义在中国红色文明的浇灌下正变得愈加茁壮,伟大的中国梦真正开始启航。中国共产党的百年奋斗史徐徐铺展,无数共产党员为了人民幸福而前赴后继构成了最美的画卷。这不禁让我联想到我身边的共产党员——我的外婆。

外婆的腿是跛的。小时候我总以为家乡的那条石板路便是外婆走过最远的路。

我的家乡在烟雨江南,在长江之畔,是一座小城。撑一把油纸伞彳亍在石板路上,家家户户门口,孩子们伏在老人们的腿上,听他们讲那过去的故事,一切都是那么的安静与祥和。而谁曾想过,这片宁静的土地远比看上去要厚重。在红色岁月里,在那段旧中国饱受列强欺凌的日子里,无数共产党人在这块红色的土地上抛头颅、洒热血,铸就了我们如今的新中国。

我也总伏在外婆的腿上。她的腿虽是跛的,却丝毫不影响那些红色年代故事在我心里烙下的深深印记。作为一名拥有四十余年党龄的共产党员,她所讲述的故事总有一种深入人心的震撼力,承载着时代与历史的厚重感。

她的故事把我带到了五六十年代的江南,那个崭新的政权下的新中国有着一份青涩与稚嫩。那时党推行土地改革政策,家里分到了地,外婆经常说要不是共产党,她早就饿死了。

可即便是在这样艰苦的环境与年代,人们仍能依靠自己乐观的心态,依靠为未来奋斗的理想,紧跟党中央的政策,在通向幸福生活的道路上前行。毕竟和平,实在来之不易。"筚路蓝缕,以启山林",在党的带领下,在人们的奋斗下,大家住起了砖瓦房,用上了电灯,骑上了自行车。新中国一篇又一篇的华美乐章、一个又一个的奇迹就在这样的活力中如雨后春笋般出现。那时照片上逐渐摆脱贫困的人们,脸上总是洋溢着憧憬、发展与进步。

然而,就在那些泛黄的老照片中,我偶然发现了一张外婆躺在担架上的照片,时间是1998年8月3日。在我的几番追问下,外婆这才道出了原委。1998年夏,长江地区发生特大洪水,人民群众的生命财产受到前所未有的重大损失,中央抽调各地的共产党员赶赴重灾区进行抗洪救灾。年届五十的外婆不顾众人劝阻,加入了一线救灾队,在水里泡了整整两天后,因体力不支倒下陷入了昏迷。等她醒来的时候,一条腿从此落下了病根,走起路来总是一瘸一拐的。

"后悔吗?"

"不后悔。"

"再来一次还上吗?"

"上!"

她说完这些,正如她从前讲故事那样,眼中虽泛着光却又充满了坚定。我知道,那不是她在留恋时光荏苒,更不是感伤跛腿带来的种种不便,而是珍惜现在这远比从前美好的生活。我们所拥有的是先辈未能拥有的安宁与温暖,更有后辈尚未能及的机遇与挑战。

诚然,我们也许会抱怨这个时代对年轻人不太友好,那么,请允许我列举一串数字:64岁,210分钟,32000字,再加上全程站立无休息,这就是十九大中的习近平!习总书记尚且如此,我辈青年理应何如?有人说"你有光明,中国便不再黑暗";也有人说"请不要辜负这个时代"。诚如斯言。以总书记为代表的无数共产党人,心怀理想与人民,在新时代攻坚克难,始终同人民站在一起,为实现中华民族伟大复兴而努力奋斗。人民想过更好的生活,党便带领人民去努力;人民遇到发展问题,党便带领人民去解决;人民心怀美好的中国梦,党便带领人民去实现。有这样的党,人民怎能不幸福?国家怎能不强大?民族又怎能不复兴?

先人张载"横渠四句"有言:"为天地立心,为生民立命,为往圣继绝学,为万世开太平。"作为共和国新世纪起点的一代,青年人怎样,中国便怎样。

因为，我们就是中国。青年兴则国兴，青年强则国强，这是永恒不变的真理。毛泽东主席曾言："青年是早晨七八点钟的太阳，希望寄托在青年身上。"一代代的青年，牢记国家使命，去想，去做，去奔走，去呐喊，敢担当不畏难，事情自然就成了。所以，未来的中国并不缥缈，就在我们所有人手里。我们有理想，有本领，有担当，国家才有前途，民族才有希望，世界才有未来！而这，便是最好的中国。

今年是中国共产党百年华诞，我祝福站起来富起来强起来的中国，能够在党的领导下继续书写奋斗的篇章；我祝福这片经历了苦难与辉煌的大地，能够重新站在时代潮头；我祝福正在成长的青年一代，能够为世界定义一个新的未来！

愿相会于中华腾飞世界时，愿酣歌于中华腾飞世界时。德兴吾邦，天佑中华。

这盛世，如你所愿！

我眼中的中国共产党
——一朵红莲的自述

白璐，工商管理学院工商 2020 级本科生

我是一朵红莲，生长在嘉兴的南湖上。每天，我都躺在水中，伴微风摇曳，看余霞成琦。嘉兴南湖，风景独美。乾隆皇帝六下江南，八登南湖，在此留下不少佳话。

1921 年 8 月的一天，一拨客人登上了码头的画舫。船在湖里悠游了一圈，摇到离湖心岛烟雨楼东南约 200 米的僻静湖面上停下了。一小时后，我听见船里传来轻声地呼喊："共产党万岁！第三国际万岁！共产主义——

人类的解放者万岁！"我隐隐觉得，这一天与众不同。事实果真如此：一个伟大的政党在今天诞生了。此后的一百年间，她带领着人民奋勇向前，创造了一个又一个奇迹！而一百年后，她最挚爱的人民来到这里，诉说她们用百年时光创造的奇迹。

战争中，浴火重生

2019年末，一位身着军装的老爷爷来到这里。他颤颤巍巍地走来，慢慢坐下，给记者讲述他的故事。他是一名老红军战士，参与过长征，经历过抗战。"俺没想到俺能活下来。南昌起义、长征胜利、抗战胜利，我们党，我们国家一路走来，多不容易啊！1949年的开国大典，俺就站在广场上接受毛主席的检阅。'中华人民共和国中央人民政府，今天成立了'，听到这句话，俺当时眼泪就下来了。当年的阅兵，好多武器还是从小日本那里拿来的，但看看现在，咱原子弹也有了，卫星也发射了，上天入海，哪一个做不到？今年10月，俺这把老骨头也去参加了阅兵，坐在车上，又想起70年前开国大典上阅兵的场景，变化真大啊，现在的人民军队，真是威武！中国，好！共产党，好！我多想让那些死去的战友，看看现在的中国啊！"

这就是1921年红船上的政党吗？百年时光，她竟然成长得这么快。从一条小船上的政党，成长为如今拥有9100多万名党员的世界最大政党；从小米加步枪抗敌御侮到导弹发射，航母服役。一百年沧海桑田，这些变化让我明白：中国共产党，是一个艰苦奋斗，永不停息的政党！

疫情中，生命至上

2020年初，新冠疫情肆虐。为配合防疫，景区暂时关闭。随着新冠疫情逐渐好转，中国，又按下了播放键。

暑假期间，一名中南财经政法大学的学生来到这里做讲解员，我也从讲解中听到了他的故事。他是土生土长的武汉人，也亲身经历了武汉的疫情。"疫情防控不断加强，确诊人数与日俱增，谁心里不害怕呢？可是国家没有放弃我们。全国各地的物资源源不断地往武汉输送；各个省市的逆行者不怕危险，支援武汉；医护人员们舍小家为大家，冲锋在一线，有的甚至献出了生命。环顾世界，哪个国家，哪个政党能像中国、中国共产党一样不惜一切代价保障人民群众的生命健康？我的学校——中南财经政法大学有着光荣的红色基因。1948年，为了给中原解放区培养人才，我校前身中原大学应济时需，在河南宝丰县成立。建校70多年来，学校始终听党话、跟党走，为国家发展注入中南力量。能与国家发展同频共振，是学校的荣幸，也是我的荣幸。我来到这里，不仅仅想回顾建党的历史，也想让更多的人了解党史，拥护党的领导，在自己的岗位发光发热，全力以赴实现伟大复兴的中国梦。"

我静静地听着，原来，那天红船上的政党竟是这样伟大！疫情当前，"不惜一切代价，始终将人民群众的生命健康放在第一位"，这是她给出的承诺。我意识到：中国共产党，是一个全心全意为人民服务的政党。

扶贫中，一个不少

2020年末，一位阿姨来到了这里。她是广西壮族自治区百色市百坭村的村民。他们的驻村第一书记——中共党员黄文秀，去年牺牲在了脱贫攻坚的岗位上。她为感受黄文秀的精神信仰而来。"文秀是个热情善良的小姑娘。她北师大毕业，本来可以在大城市安定下来，却来到村里，为了让我们过上好日子，天天起早贪黑。刚来的时候，因为不熟悉，我们村好多人还不让她进家门，但这小姑娘不放弃，最终用诚意打动了大家。她发动我们种砂糖橘，种杉木，种枇杷，后来又建立电商服务站，光砂糖橘就卖出去4万多斤。我们的钱袋子鼓起来了，可她，却被山洪带走了。今年，是脱贫攻坚决胜之年，832个国家贫困县全部脱贫。可我们生活的改善，是多少个像文秀这样的好姑娘用汗水，甚至生命换来的。感谢党和国家，让我们生活越来越好！"

从落后挨打到傲立世界东方，从一穷二白到成为世界第二大经济体，在中国共产党的领导下，中国创造了经济飞跃的奇迹，也创造了世界减贫史上的奇迹。我感受到：中国共产党是一个不怕困难，不忘初心，造福人民的政党。

我，是嘉兴南湖的一朵红莲。在这个中国共产党的诞生之地，我每天都能听到许多关于这个伟大政党的故事。我深深地感知到在中国共产党心中"人民"的分量。有这样一个为人民幸福不怕困难、不懈奋斗的政党，中国怎么不会拥有更加光明的前途呢？

我，是嘉兴南湖的一朵红莲。我很荣幸，能与中国共产党有着相同的"红"色。我要努力生长，去倾听更多关于她的故事，然后，把这些故事讲给湖中的莲听……

党辉照华夏，荣光泽东方

屈直，工商管理学院经贸 2020 级本科生

她带领我们从泥泞荆棘中走出，踏康庄大道向阳而行。

——前记

蓦然之间，已是 2021。回望百年党史，中国共产党的诞生经历百般挫折，1921 年 7 月，上海望志路，有识之士在马克思列宁主义的指导下，召开党的一大，中国共产党就此诞生，华夏子孙的命运从此改变。

时间掩饰不了历史的风尘，中国共产党"受任于败军之际，奉命于危难之间"，尔来百年矣，这一路甚是不易。烽火四起的岁月，中国共产党人用鲜血染红旗帜以英勇之气伸张民族大义，让中华民族站了起来。建国初期，百废待兴，睿智的中国共产党"五年计划""三大改造"……"村村通公路""扫码走天下"，以人民为中心的宗旨得到诠释。中国共产党实现了让中国从站起来到富起来，正在实现强起来的伟大目标。中国速度让世界赞叹，但党的初心亘古不变。

先锋模范

党辉照耀，中国共产党以护人民周全为基本使命。

2020年初，新冠疫情来袭，给正在喜气洋洋迎接春节的中华儿女当头一棒。我家地处一个平原地区的小县城，虽不算富饶繁荣，但没有洪水台风侵袭，没有地震泥石流冒犯，一直处于一片安定祥和之中，此次疫情的突然袭击着实让大伙一时不知所措。

"唉，听说你们庄有一个从外地回来的啊，你们小心点。"腊月二十九晚上，一个亲戚特地打电话告诉我们这个"小道消息"。"要不……我们还是今天晚上就回县城里的家吧。"疫情当下，一向粗心的妈妈也开始变得小心翼翼了，爸爸倒是颇为理智："没事，我们这里住得散，反而安全，不要惊慌，等官方消息！"果然，第二天村委会便通知了大家，那位老乡已经回来有段时间了，他们已自动隔离，不必担心。

除夕之夜，我们一家人边吃团圆饭边看新闻联播，这时我们才感受到疫情的严重性，但是看到全国各地的医疗队纷纷主动请缨前往抗疫一线时，心里顿时被他们那一腔热血所震撼所感动。

一转眼便是三个月，疫情得以控制。三个月，感动代替了恐惧；三个月，信任代替了不安；三个月，享受代替了幽怨。这三个月，无数"逆行者"在党的号召下挺身而出。84岁的钟南山、渐冻症的张定宇，还有"雨衣妹妹"……每一个为疫情而奔波的人无不令人感慨、感动、感激。党的初心依旧，定尽全力护国民周全。

党辉照耀，中国共产党以坚定的信念带领全体国民奔向小康。

脱贫攻坚战是我党打得最持久的一战。中国，一个拥有14亿人口的大国自是避免不了贫富差距的问题，7000多万贫困人口能否脱贫成了我国能否迈向小康社会的关键，于是一项浩大的工程在2015年底展开。在党和国家的号召下，我那当教师的妈妈也投入了这场声势浩大的脱贫攻坚战中。

"唉，这个贫可不好扶啊！"接到任务第二天，妈妈就实地探访。屋里一位中年妇女在照看患病的父母，两个孩子在写作业。破旧的家具给不算宽敞的屋子平添了些许凄凉，唯一的亮色是那墙上满贴着的一张张奖状。

"穷人家的孩子早当家"。家里的两个孩子甚是懂事。"阿姨，您坐！"看着孩子脸上洋溢的笑容，一向感性的妈妈不禁红了眼圈。

回到家，妈妈便翻箱倒柜，把我的旧衣服都找了出来，装了两大包，她脸上刚露出一丝微笑，可转眼间又添上一片愁云。"咋了啊，咋又愁眉苦脸的啊？"我看着妈妈这变化无端的表情不禁问道。"我现在能解决的就只有这点小问题，可扶贫关键是在扶志呀？该如何帮扶呢？"妈妈自言自语。那晚妈妈房间的灯亮到了深夜……

一年后，"阿姨，俺家的养鸡场要扩建了，这是俺爸妈让我给你送的鸡蛋，你一定得收着哈！""你们的心意我领了，但这鸡蛋我不能要……""阿姨，您忘了？我们已经脱贫了，不再是贫困户！"还没等妈妈说完，孩子就不无骄傲地抢先说。看着孩子红彤彤的脸蛋，妈妈露出了微笑。

脱贫攻坚战一步步推进。党员干部喊着"要扶贫先扶志再扶智"的口号，将偏远山村开发为旅游胜地；将落后农村摇身变成农家乐；无名小村变成了特色产地；无数贫困百姓脱离贫困境地。党初心不变，一心带领群众奔小康。

党辉照耀，中国共产党的目标不仅着眼当下，更展望未来。

放眼当下，我们的生活忙碌但惬意。家里点外卖，网络快递购，乘地铁下班，坐高铁出行，5G全覆盖，社保人人爱。吃饱吃好，生活质量保证了，党的"野心"不小，还要提高国民的精神生活质量。

从普及九年义务教育到高等教育扩大化，教育一直走在社会发展前沿。拓广度，当无数支教老师前赴后继走进深山，"捕捞"每一个"漏网之鱼"，九年义务教育的全面普及便迎来了曙光；拉高度，普及了九年义务教育，又开始了高等教育的扩大。让当下每一个有志青年都能实现大学梦。

百年来，党为我们操碎了心。治污、治废，天变蓝了、水变清了，垃圾分类了，吸管纸质了，民众幸福了。

聆听着过往的潮声，回顾中国共产党这百年的光辉岁月，油然而生的荡气回肠的颂歌，坚定不移的信心，矢志不渝的理想和一往无前的气概。党辉照华夏，荣光泽东方。以梦为马，不负韶华！

先锋模范

砖石与道路
——向建党 100 周年献礼

杨睿中，公共管理学院公管 2020 级本科生

为了实现思想，就要有使用实践力量的人。

——马克思《神圣家族》

"共产党员是块砖，哪里需要哪里搬。"

许多年后的今天，我站在家乡宽广的大路面前时，耳边仍然回荡着父亲当年在群山脚下对我说出的这句话。

那时我还年幼无知，只看见巍峨的群山好像传说中的怪物，以神明的姿态蔑视着他脚下匍匐着的人民。我自然也不会明白父亲话里的含义究竟是什么，我只能通过父亲和他身边那群叔叔伯伯们毅然前行的背影，推测出一个简单的事实：这些"共产党员"，就是和那庄严的神明战斗的人。

我的家乡在贵州省北部，是云贵高原上一处不知名的集镇。像这样的集镇还有成百上千个，星罗棋布地分散在中国广阔的西南腹地上。西南诸夷国，夜郎，羁縻和土司——这些名词构成了这片土地全部的历史。随着这些历史一起滋生出来的，是贫穷、饥饿、动乱和掠夺。田宗显、罗绕典、王家烈……这些名义上贵州的统治者们都只是这片土地上掠过的残影，真正统治着这片土地的，是那些如神明般的重重高山。这里的幸运由高山赐予——远离中原的纷争，隔绝天下的动荡；这里的灾厄也由高山所降下——交通不畅，开垦困难，山洪落石，盗匪奴工。百姓们燃起香火，书写符咒，请来巫师和道士们作法，祈求山神为人民带来福祉，但效果往往不尽如人意。

父亲就是在这样一个小镇的贫农家庭出生的。爷爷奶奶勒紧了一家人

的裤腰带，供父亲上学读书，父亲也成了镇上为数不多的大学生。通常情况，大多数人在那个年代考上了大学，都会选择远走高飞，与这片土地一刀两断。但父亲没有这样做，他在学校时加入了中国共产党，并在毕业后毅然回到了偏僻贫穷的家乡。

年幼的我喜欢跟着父亲到处跑。他总是拉着我爬到家乡那一座座巍峨的高山顶上，俯视着山坳坳里的村落。在那个视角下，我们居住的房屋就像一粒稻谷，散落在群山化成的樊笼中。我常好奇地探索山顶风光，而父亲则是一个人站在悬崖边，默默沉思，有时还掏出纸笔写写画画，留我一个人在旁边自顾自地嬉戏玩闹。我以为父亲在写生，急忙凑过去扒拉父亲手上那幅图纸，却被父亲用手挡住，让我什么也看不见了。

下一次看见这幅图纸，是在山脚下。父亲手里攥着图纸，身边是一群和他差不多打扮的叔叔伯伯们。年幼的我只听到他们激烈的讨论，看见他们带着粗糙的工具，手臂不停挥舞着，身后是一堆堆碎石。镇上的百姓们也过来了，聚集在这座高山脚下议论纷纷。而这座高山却还是岿然不动，好像在嘲笑着这些不自量力想要挑战山神权威的人。

我被匆匆赶来的母亲拉走，身后是火药的爆炸声。

接下来的日子，我看见父亲率领着众人刨去山坡上的泥土，用火药炸出石地，又用大石头铺形，倾倒碎石填充缝隙，用石碴和锤头平整道路……就这样，一次又一次的搬运，一遍又一遍的打磨，一块又一块的石砖，在山神那威严的身上留下了一道又一道的疤痕。父亲每天不等天亮便匆匆出门，直到深夜才回到家中。对年幼的我来说，一个对于共产党员的印象就这样被构筑起来了。

一颗颗碎石在陡峭的山麓上拼成了一条窄窄的线。虽然从远处望去，那条线如同挂在高山身上的一根细绳，但对于这个小镇而言，却是莫大的功劳。因为跟着这条线出现在群山里的，还有一辆接一辆的货车和客车。货车把新奇的农具和化学原料带了进来；客车则是把大山里的人们送了出去。随着道路的修建，这个曾经默默无闻的小镇，逐渐变得繁华起来。我目睹着这一切翻天覆地的变化，内心似乎明白了共产党员的概念。

先锋模范

上学读书以后,我才知道家乡不是中国的个例。云贵高原上如繁星般散落的各个村镇,都被条条公路联结在了一起。这些公路就像血管一样,构成了西南地区的生命线。而带领勤劳朴素的人民前仆后继织成这张网的,正是像父亲那样的共产党员们。修山路、架险桥、打隧道……通过如此艰苦卓绝的斗争和建设,为彻底改变云贵地区上千年的贫困面貌,奉献出了自己的整个生命和全部精力。他们和过去的土司军阀是两种人。土司军阀是神像底下故弄玄虚的巫师,只想借着大山的力量让自己的统治万古长青;共产党员们则是勇敢无畏的挑战者和号召者,他们说服群众,永远不再向着神像跪拜,而是自己扛起工具,塑造一片属于人民的天地。

当我逐渐成熟,放眼全中国时,我还看到共产党带领人民打破的不只是山神的塑像,更是腐朽的残影;带领人民修建的不只是宽广的山路,更是复兴的大路;带领人民走向的不只是繁荣的经济,更是光辉的未来!云贵高原上那一条条山路,汇聚成的更是冲破迷惘走向明天的复兴之路和解放之路!

我回到家乡,陪着已有些许华发的父亲散步,听他细致讲述着曾经修建脚下这条道路时的点滴事迹。如今我与儿时的想法已然不同,我不再认为他们是与山神搏斗的孙悟空,我明白他们也是平凡的人,只是在平凡中成就了不凡。父亲曾经伟岸的身影也会变得佝偻,但他们赤诚的信仰却会永恒地传承下去。

我对父亲说,我也希望能和您一样。

父亲笑着询问我原因,就像当年幼时的我询问他一样。我只回答道:"为了明天宽广的大路,能通向你我向往已久的地方。"

百年献礼·党的光辉照我心

一朝开天辟地史，百年为民赶路行

张如许，公共管理学院公管 2020 级本科生

（上）渡舟

"吱哑——吱哑——"又是哪一艘丝网船荡起了船橹？船板和繁茂的荷叶摩擦，不时沙沙地作响，静谧之中为夏日的禾城增添了一份生机和活力。而那南湖水中粼粼的波纹，是她为嘉兴留下的别样光阴与记忆。

撑着一只小巧的桐乡油纸伞，端坐在红船船首的渡舟姑娘身材娇小、体态优雅，貌弱志坚，有着一双坚定的眼眸。光影之下的她不时环顾着周遭的湖面，她明白，当前形势之下即便是再平静的湖面，惊涛骇浪随时涌现。

暖风吹拂着她纤柔的面孔，柔光静静地撒在她的肌肤上，她总是屏住呼吸，警惕地观察着四周的一举一动，聆听着船舱内一字又一字铿锵有力的誓言和一阵又一阵欣喜的掌声。貌似又是哪一项章程得到了肯定，抑或又是哪一次的投票结果公布了，她朦胧之中听不太清，唯有确切地肯定这一声声慨叹、呐喊、欢呼都迸发出无限热忱；唯有确切地肯定这船舱内氛围严肃中孕育着活泼，包容中交织着严谨；唯有确切地肯定透过木窗所看到的丈夫和其他代表脸上的笑容真切而又富有希望。

小舟看似缓缓行进，不一会儿一片又一片的荷群被抛在了船尾，渐渐淡出了视野。空暇之际，她也在思索，英特纳雄耐尔的事业也许就如这小舟，无论行进得多么缓慢、行进得多么曲折，总归代表着先进和历史的潮流，终有一天能到达红色的彼岸。纵使时局再黯淡、纵使前路再渺茫、纵使旅途再遥远，自己也一定要和丈夫，和这船舱内外的同志，和四亿亿备受压迫的同胞们走下去！无人问津，我自敢为人先；万马齐喑，

我自敢为民发声！

突然，船舱内的一阵欢呼再次吸引了她，此时的她无须侧耳听去、更无须屏住呼吸，因为每一个字都铭铄古今，昭示山河："我宣布，中国共产党——今天，成立了！"

桨声欸乃，渡舟靠岸。

"会晤同志，您看这艘复制船模型和当年的红船比还有哪些不同？"新中国成立后陪同她重游故地的地方领导问道。王会悟望向依旧静谧的南湖水，伫立久久，片言未语。夏风还是这么的暖和，她仿佛看到那个担任渡舟警卫的自己，看到那些曾经意气风发、热忱革命的同志们还在讨论着章程，看到了那艘红色的渡舟终于驶向了彼岸。

一颗晶莹的泪滴从她的眼角流出，落到澄澈的南湖水之中，托举着热闹的湖面上一艘又一艘的渡舟。

（下）赶路

每到休息日，在油田上工作的叔总是会庄重地戴上党徽，穿上一身早已褪色的蓝色工作服，背面"党员先锋车队"这几个白字几近和衣服融为一体，颜色不再有当年那么分明。他这么打扮不为别的，就是想看一眼公路上川流不息的运输车队，幻想着记忆里的那一辆辆的军绿色大"解放"再次奔腾驶过，扬起路旁盐碱地里滚滚的白色灰土，再整齐地逐渐消失于烟雾之中。

石油大院的全体老少齐刷刷放下碗筷起身帮忙的时候，工人们手忙脚乱调试着设备的时候，黑压压的人群涌向大院大门的时候，就证明：车队回来了。高合和其他几名党员将卡车一字排开、刹车、熄火、跃下车来，一气呵成。高合的脸涨红着，就急忙去汇报原油数目，协助工友卸货。他总是这么干脆利落，果断迅速，似乎总是在急着赶什么——他这人就是干活麻利、积极性高。可唯独有一点，也就是开车的时候，他总能把控好车队的速度，他早已经把心中的那份急切转化成炯炯目光中的认真和绝对冷静了。

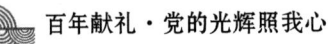

高合和党员先锋车队一行，不是在运输的途中，就是在归队的路上。转眼间，他们已经从那些刚从部队复员的小伙，变成早已在大院成家立业的中年"石油人"。

"河间那边的油急需运输，党员冲锋队，准备出发！"

"是，车队紧急集合！"

这一次出车同往常一样，高合不时观望着这条自己走过二十多年的路和路旁的景色，不变的是这从南往北的方向，变化的是后视镜里沿途的风景，早已告别了满眼的风尘与荒芜，如今的盐碱地上一座座高楼大厦拔地而起。感慨万分时，他望向胸口那枚闪亮的党徽。

"托你的福。"高合心里偷着乐，继续娴熟地驾驶着。

突然，一阵绞痛打破了温馨的平静，他早就知道自己患上了早期癌症，可谁也没想到，这一天来得这么快。在癌症带来的巨痛下，他咬紧牙关，握紧方向盘的双手青筋暴起，却不曾抽出一只手来平复自己剧痛的胸口。此时此刻好比千刀万刎削割自己的脾胃，他的视线逐渐模糊，与前面车队的距离越落越远。

高合挣扎着从驾驶座上直坐起来，疲惫的眼睛布满了血丝，他尽全力保持着最后的清醒！他告诉自己大院的机器还等着原油去滋养；他告诉自己车子上承载的是党和人民的财富；他告诉自己"我是党员，最后一刻到了，高合，坚持住"。车子进入直道，他颤抖着用尽最后一丝力气扳动手刹。车子缓缓停止的那一刻，他梦见了自己还在老山连队的时候，敌人的榴弹烧焦了草木、昏暗了天空，昏天黑地之间，唯有一面鲜红的党旗屹立不倒、随风飘舞，指引着无数战士用汗水和鲜血去换取一个可期的美好未来……

追悼会上，黑压压的人群挤满火葬场的广场，无数人对着安详的高合和盖在他身上的鲜红的党旗流下了崇敬和追忆的泪滴。叔接过一身蓝色工作服和一颗闪亮的党徽，他知道，这是父亲高合留给他的，而父亲高合未赶完的路，他要接着赶。

先锋模范

与党共同前进

祁温馨，经济学院国际商务 2019 级本科生

时光飞逝，如白驹过隙。自党成立到现如今 2021 年，党已带领着我国各族人民走过了一百年，一百这个数字看似普通，却体现出党在这一百年道路上的艰辛不易。

她从半殖民地半封建的历史中走来，经历了北伐战争、土地革命战争、抗日战争以及全国解放战争，在新中国成立之初成功地完成了土地改革，在 1978 年她确立以经济建设为中心，坚持四项基本原则，坚持改革开放的发展方向，为中国的经济发展奠定良好的基础，她带领中国加入世贸，成功申办奥运，北斗升天，航母下海，在疫情来袭时，她智慧又果断的决策再一次让世界的目光看向中国，她让世界看到了中国的真面貌，她改变了中国在世界之林中的地位。伟大的党走过的是一条艰苦奋斗的道路，她带领全国各族人民艰苦奋战，建立了一个新中国。中国共产党伟大且光荣！

记得年幼时我对党全然不了解，但因好奇便时常询问家人。于是他们开始同我讲他们与党共同经历的事情：爷爷会告诉我在他年幼时，在那个人民饱受饥饿的年代，红军解放全中国的英勇，老百姓们又如何爱戴红军；姑姑会给我讲述中国共产党又是如何让这个国家富起来，尤其是在 1978 年拉开的改革开放的序幕；父亲以自己的亲身经历告诉我这些决策的伟大成果，与党组织的所有决策有着不可分割的关系；姑父会同我讲国家是如何强起来，实现如今的科技进步。他们所告诉我的种种事迹都让我对这个组织愈加敬佩，难以想象仅仅一百年，竟能够让一个残破不堪的民族重新振作起来，让一个支离破碎的国家重新坚强起来，勇敢地面对这个世界，并选择向前进！我开始憧憬并向往和这个组织产生些许联系，但对于一个孩子来说，与这样一个庞大而伟大的组织有联系是困难的，可我并没有放弃，我开始寻找能够向组织靠拢的办法，于是升入初中后积极加入共青团。在后来的学习中我学到了许多知识，思想有了一定程度的提升。在接触了鲁迅先生的文字、屈原的文章、杜甫与文天祥的诗集，以及许许多多优秀文豪的文字后，我才真正明白爱国的真面貌。所谓爱国，并非嘴巴发出的两个音那么简单，不是能张口唱国歌，不是能随笔画国旗，而是发自内心地去考虑国家未来的发展与壮大，同国家一起面对难题，永远和祖国同在，我坚定了加入中国共产党的想法，我想要为党为国为人民做些什么。

2020年初我成了党组织的发展对象，此时全国乃至全球新冠肺炎疫情暴发，面对这样严峻的考验，党组织并没有慌张，她给出了一份让全球人民都满意的答卷！在全国疫情严重时，党组织立即制定决策，她直面困难，做出坚定的选择！党组织始终将人民群众的生命安全和身体健康放在第一位，提出了"坚定信心、同舟共济、科学防治、精准施策"的方针。此时党员纷纷站出来主动请愿冲在前线，全国的医疗队也都纷纷前往武汉支援，人民解放军也时刻准备着，还有全国人民群众也在贡献自己的一份力，全国人民众志成城。作为一名大学生，当我看到全国人民都在贡献自己的一份力时，我突然意识到自己现在能做的很少，这更加坚定了自己要加入中国共产党的决心。在电视机前看到那些党员宣誓，他们举起右手，握紧拳头，眼睛中传递出坚定的意志，透露出必胜的决心，说出他们内心的意愿，我多么希望此时自己也能有能力与他们奔赴这一特殊战场的前线，能为党、为国家、为人民做些什么。虽然人们常说只要个人肯努力，在任何职位都会发光发热，但我作为一名发展对象，更希望自己能够发挥出最大的价值，为党、为国家、为人民做更有意义的事！

2021年是中国共产党成立的一百周年，是中国加入世贸二十周年，是"两个一百年"奋斗目标的历史交汇点，更是中国共产党成立历史上的一个重要且精彩的里程碑！这一百年来中国社会沧桑巨变，从站起来、富起来到强起来，中国共产党和时代走着一样的步伐，和时代一起进步，和全国各族人民共命运，和人民一同前进，攻破每一个困难，取得一次又一次的胜利。全面建成社会主义现代化国家的新道路由此开始，民法典实施，宣布全面建成小康社会，"天问一号"火星着陆等，这些都是2021年中的大事和重要节点，全世界都在看着我们，这是我们的骄傲，是我们的荣耀！

一百年的求索，一百年的奋斗，一百年的坚持，一百年的巨大改变，都是党领导着这个国家走过的，鲜红的党旗始终飘扬在前方，为我们引领方向，指引着我们。因为党的存在，中华民族必定能够昂首挺胸地屹立于世界民族之林，实现中华民族伟大复兴！

沐浴党的光辉，接过党的旗帜

秦紫涵，外国语学院外国语言文学 2020 级本科生

百年风云激荡，血与泪交织，铁和火迸溅，伟大的中国共产党在2021年迎来百年华诞。中国共产党的一百年是祖国翻天覆地、迈向繁荣富强的一百年；是凤凰涅槃、实现伟大复兴中国梦的一百年；是自立自强、步入美好生活的一百年。无数共产党人上下求索，谱写了党的百年华章。在党的光辉照耀下，我们如同一棵棵树苗，沐浴着党为民爱民的清风，在党的指引下茁壮成长。

2020年注定是非同寻常的一年，新冠肺炎疫情打乱了人们正常生活的脚步。面对疫情，前有医护人员们白衣执甲奋战在第一线，后有社区工作人员用坚守之躯为隔离在家的群众提供帮助。在我们的社区，就有这样一位守护着我们安全的社区干事——甄洪月书记。

甄洪月书记是沧州市运河区水月寺办事处四合社区党总支书记，他在社区已经工作了二十多年，平时"岁月静好"的日子多一些。但当疫情来临时，社区要直接转换成面向群众的"第一线"。从打响抗击疫情战斗的那天起，甄洪月书记就像是被上足了"发条"，把自己全部的精力都投入到了工作中。疫情防控阻击战打响，他既是指挥员，又是战斗员，每天只睡三四个小时，其余时间都冲在一线。夜以继日"连轴转"的书记在当时为了不耽误工作，连饭都不敢多吃，水都不敢多喝。

在他的带领下，我们社区迅速建立了疫情防控工作组织体系，守好了社区、小区、楼门"三道防线"，了解大家的流动情况，加强疫情防控社会宣传。在我们眼中，甄洪月书记是个"拼命三郎"——组织工作人员悬挂宣传条幅、粘贴通告、广播宣传；对辖区的各个路口进行封闭，主要路口设卡点，登记人员出入，应急值守测体温；入户排查，建立底账、梳理"网格"……每一项工作的现场都能看到他忙碌的身影。

2020年9月8日，甄洪月被评为全国抗击新冠肺炎疫情先进个人、全国优秀共产党员，并作为全国优秀共产党员代表登台领奖。

甄洪月书记的抗疫感言中有这样几句话："越是关键时刻，越要彰显共产党员的先锋本色。社区党组织是居民的主心骨，这个关键时候，居民更加需要我们。作为社区党组织书记，顶上去、冲在前，决不当逃兵！"他用一个共产党员的赤子之心反哺这片养育他的土地，无怨无悔。他告诉我们，奉献社区是他无悔的选择，他热爱这份事业，热爱社区基层工作，更热爱四合社区的百姓们。他要用毕生的精力致力于社区建设，做人民的公仆，以一个共产党员的人格魅力，坚定地树起镰刀、斧头的旗帜。

2021新年伊始，河北省新冠疫情突袭而至，全省防疫形势异常严峻，疫情防控工作面临巨大挑战。在我们社区，甄洪月书记又像去年一样，夜以继日地奋战在疫情防控第一线。我在入党申请书上写了：要想成为一名共产党员，面对困难绝不能退缩，要用实际行动去践行誓言！我放寒假后，第一时间加入到了社区志愿者的行列，参与疫控宣传，参与社区值守，为居民测量体温，协助社区工作人员开展全面核酸检测摸底登记等一系列力所能及的工作。

我看到我身边一位位共产党员所具备的品质——热爱国家，忠于人民、不怕辛苦、不畏艰难。我现在作为一名共青团员，正在向成为一名合格的共产党员的方向努力。接受党的教育，系统地了解有关党的基础知识；树立正确的世界观、人生观、价值观；崇尚科学，积极进取，坚定理想信念，信仰马克思列宁主义、毛泽东思想，学习习近平新时代中国特色社会主义理论体系。

"我们从古以来，就有埋头苦干的人，有拼命硬干的人，有为民请命的人，有舍身求法的人……"而这些人，正是鲁迅先生所谓之"中国的脊梁"。在疫情的"风暴之眼"中，那些坚定的身影令人动容，他们以萤烛之光，点燃希望和信念的光芒。我们之所以能安好，正是因为有无数像甄洪月书记一样的共产党人前赴后继负重前行。

一百年来，中国共产党初心不改，以人民至上的价值理念为中国人民谋幸福，也展现出计利天下的国际胸怀。中国共产党团结带领中国人民，众志成城，克服挑战，坚定向宏伟目标奋进，并在世界舞台上贡献中国智慧、中国方案和中国力量，推动构建人类命运共同体，体现中国负责任大国的担当。

立志于千秋伟业，百年恰是风华正茂。

奉献于亿万人民，奋斗映照不忘初心。

——祝福你，伟大的中国共产党！

信仰的力量

白璐，外国语学院外国语言文学2020级本科生

忆往昔峥嵘岁月，"红色政权来之不易，新中国来之不易，中国特色社会主义来之不易"，铭记过去才能展望未来。中国共产党人面对一次又一次的历史挑战，从未退缩气馁，带领中国人民不断前进，带领中华民族走向复兴。

百年献礼·党的光辉照我心

（一）雄关漫道真如铁

100年前的中国正是"山河破碎风飘絮"，一次次侵华战争，一条条不平等条约，租界上空飘扬着的各色旗子，"华人禁止入内"的牌子……这不仅践踏了中国的领土和主权，更碾压着国人的自尊，中华民族面临着前所未有的挑战。无数仁人志士在危难中奋起，太平天国运动、维新变法、义和团运动、辛亥革命……虽慷慨壮烈，却遗憾而终。

1921年，中国共产党诞生了。生死存亡之秋，中国共产党义无反顾地扛起了挽救民族危亡的重担，带领中国人民不断摸索着前进。自从有了中国共产党，中国革命的面貌就焕然一新了。

高中时的一次红色研学，给我带来了超乎想象的收获，真正体会到了中国的今天来之不易。在贵州沿着红军的足迹重温长征艰险道路。书本上的二万五千里长征，原来看似简单的数字，背后却是红军战士们无法言喻的艰辛——没有粮食和御寒的衣物、缺氧导致的呼吸困难、恶劣的自然条件……种种困难并没有击倒他们，那些红军战士的平均年龄仅25岁，为了革命的胜利，他们不畏艰辛，在中国共产党的领导下毫不回头坚定地在革命的道路上前行。

1931年"九一八事变"以来，中国共产党始终在抗日战争中发挥着中流砥柱的作用。号召"停止内战，一致抗日"并为推动国共两党的第二次合作做出巨大贡献，配合正面战场，放手发动群众，开展游击战，建立革命根据地和政权。

在解放战争中，中国共产党面对蒋介石发起的全面内战，提出"针锋相对，寸土必争"的救国口号，以小米加步枪与国民党反动派坚韧对抗。经过三年多的奋勇斗争，最终推倒了国民党政权，建立了新中国，取得了新民主主义革命的胜利。

（二）人间正道是沧桑

新中国成立初期百废待兴之际，一穷二白的中国，面对自然灾害，从未被摧垮，以"我命由我不由天"的坚强意志战胜灾害；面对经济困难，从未低头，在社会主义建设的道路上不断摸索前进；面对外部压力，从未被压倒，抗美援朝保家卫国，打出了国威和军威；无数科研工作者隐姓埋名，克服种种困难，铸成大国利器，奠定了国家安全的基石。

改革开放，是中国共产党历史上的又一次伟大转折。新中国实现了从高度集中的计划经济体制向充满生机和活力的社会主义市场经济体制的转变，从封闭半封闭的社会向全面开放的社会的转变，人民的生活从温饱到基本小康的社会转变。我们坚持解放思想，实事求是，不断突破思想的桎梏，推动中国特色社会主义的发展。

三峡工程、青藏铁路、南水北调、港珠澳大桥、"天宫"上天、"蛟龙"探海、高铁飞驰、北斗卫星……中国智慧不断向世人展示着中国的勇气与魅力。短短几十年时间，中国从一个基础弱、底子薄的贫穷落后农业大国一跃成为了世界第二大经济体，拥有着世界上最完备的工业体系，中华民族不断实现着从站起来到富起来到强起来的伟大飞跃。

（三）长风破浪会有时

"一个民族不能没有英雄，一个国家不能没有先锋"。在无数机遇与挑战中，一个个中国的脊梁扛起了家国大任，一代代中华儿女同心协力共克时艰。

老将冲锋——2019年9月17日，国家主席习近平签署主席令，授予于敏、申纪兰、孙家栋、李延年、张富清、袁隆平、黄旭华、屠呦呦"共和国勋章"，授予叶培建、程开甲等国家荣誉称号。在全国抗击新冠疫情表彰大会上，授予钟南山"共和国勋章"，授予张伯礼、张定宇、陈薇"人民英雄"国家荣誉称号……

后生可畏——女排姑娘们在球场上挥洒汗水，将女排精神的正能量传播给每一位中国人；青年党员黄文秀，主动放弃更好的生活条件，回到自己的家乡担任驻村第一书记，为村民的脱贫致富倾注全部心血和汗水；在武汉抗疫战始终冲在最前面的彭银华医生，牺牲在了抗疫的第一线，年仅29岁的他还有尚未完成的婚礼和一个快要出生的孩子……

鲁迅先生说在《新青年·热风》中写过："愿中国青年都摆脱冷气，只是向上走，不必听自暴自弃者流的话。能做事的做事，能发声的发声。

有一分热，发一分光。就令萤火一般，也可以在黑暗里发一点光，不必等候炬火。此后如竟没有炬火：我便是唯一的光。"

一代代青年前仆后继，将自己的小梦融入国家的大梦。我记得那时清华大学救国会的青年呼吁全国同胞："自己站起来保卫自己的民族！我们的胸怀是光明的，要以血肉和头颅换取我们的自由！"我记得《毕业歌》里写道："我们今天是桃李芬芳，明天是社会的栋梁；我们今天弦歌在一堂，明天要掀起民族自救的巨浪！"正是有先辈们的奋斗，今日的我们才不需为生计苦恼、无需为生活担忧。回望中华民族的奋斗史，我们应该懂得，没有人会赐予我们一个光明的中国，只有靠我们自己才能实现中国社会的发展、中华民族的振兴、中国人民的幸福。

每一代人都有每一代人的长征路，作为新时代的青年，我辈更应以知识缝制铠甲，以青春为笔，奋斗为彩，书写出属于自己、属于家国、属于人类的凯歌。

庆百年之建党，担历史之重任

周思静，新闻与文化传播学院广播电视学 2019 级本科生

"胸怀千秋伟业，恰是百年风华。我们秉持以人民为中心，永葆初心、牢记使命、乘风破浪、扬帆远航，一定能实现中华民族伟大复兴。"在2021年的新年贺词中，习近平总书记深情回顾中国共产党走过的风雨历程，遥望中国共产党的百年华诞。掷地有声的话语，响彻大江南北；胜必在我的信念，传遍中华大地。作为新时代的中国青年，我辈更应心系祖国，争做先锋，以昂扬向上的姿态迎接建党百年庆典，为国之复兴贡献一份力量。

国之巍，其基底是无数仁人志士。

上海法租界望志路106号，屋子里气氛庄重肃穆，一群仁人志士在商

先锋模范

讨建党大计。在为处于水深火热的中华民族奔走呼号的过程中，中国共产党第一次全国代表大会召开。一群心怀使命的青年坚定地站到了挽救民族危亡的前列，在那条被重重雾霭笼罩之中，却又被星星月光沐浴着的游船上，挥毫描画着中国崛起的蓝图——从此，具有划时代意义的中国共产党诞生了，中国革命的面貌也由此焕然一新。

王开岭在《精神明亮的人》中写道："信仰，始终代表一种指向灵魂的终极态势，一种精神的奔赴性，一种上升的生存高度。"在处于半殖民地半封建社会的近代中国，一批又一批的中国共产党革命先烈，凭着坚定不移的信念，悍不畏死，向死而生，为民族大业抛头颅、洒热血。夏明翰在被国民党反动派杀害前，写下一首气壮山河的就义诗"砍头不要紧，只要主义真。杀了夏明翰，还有后来人。""敌人只能砍下我们的头颅，决不能动摇我们的信仰"，方志敏践行了自己的誓言，严词拒绝了国民党的劝降，生命最终定格在了36岁。

新中国是在一片废墟之上建立起来的，建国伊始，中国共产党仍面临着重重困难和严峻考验。在此形势下，中国共产党毅然带领人民走上社会主义改造道路，开展伟大的社会主义建设。余秋雨曾写道："再小的个子，也能让沙漠留下长长的背影；再小的人物，也能使历史吐出重重的叹息。"在社会主义探索过程中，共产党员始终挺身而出，走在前列。焦裕禄踏上兰考土地的那一年，这片土地已经连续3年遭受了严重自然灾害。焦裕禄忍受着严重疾病的折磨，为全县送走了风沙滚滚的春天，又送走了暴雨连连的夏季。焦裕禄在兰考只工作了475天，就病逝在工作岗位上，而他把共产党人的本色诠释得淋漓尽致。

习近平总书记指出："中华民族历史上经历过很多磨难，但从来没有被压垮过，而是愈挫愈勇，不断在磨难中成长、从磨难中奋起。"[①] 2020年，面对突如其来的新冠肺炎疫情，党中央运筹帷幄，钟南山、李兰娟、张定宇等广大党员干部冲锋在前，在人民需要的时候义无反顾、迎难而上，广

---

① 《习近平：在统筹推进新冠肺炎疫情防控和经济社会发展工作部署会议上的讲话》，新华社，2020年2月24日，http://www.gov.cn/xinwen/2020-02/24/content_5482502.htm。

大人民群众众志成城、团结一心，成功打赢了这场抗疫战。中华民族再一次向世界证明，一次又一次的艰难困苦只会让我们更强大。

国之华章，由我之青年续写。

古有韩愈言："以国家之务为己任。"今有周恩来道："为中华之崛起而读书。"士不可以不弘毅，任重而道远。且看鲁先平用自己的青春，拼来中国第一个治疗淋巴癌的药物"西达本胺"；且看耶鲁大学高材生秦玥飞学成归来，毅然选择报考村干部，成为一名乡村干部。"功成不必在我，功成必定有我"，国之兴，便是我辈之责。

"每一个不曾起舞的日子，都是对生命的辜负"。行走在中国大地上，我曾与一个个平凡而又伟大的人民不期而遇。走过乡野，农民们在田间辛勤耕耘；走过城市，快递小哥穿梭在高楼大厦；走进教室，莘莘学子在课桌前埋首奋战……我看到无数中国人在自己的位置上奋发，直面人生的喜怒哀乐，将旺盛的生命力焕发为光和热，只为对得起自己那份责任，对得起自己对未来的期许。我想，这才是中国现如今最真实、最动人的图景，这才是中国最深厚、最伟大的力量。回望改革开放四十年，凭着这样的干劲，中国实现了空前的繁荣。展望未来的岁月，我们青年人更应如"八九点钟的太阳"，不负寄托在我们身上的每一份希望。

在如今的和平年代，当代青年人早已不用在战场上抛头颅洒热血，但先辈们的光辉事迹，激励着一代代年轻人投身为国发展的浪潮中。先辈如此，当代青年岂不亦然？民族魂在黑暗中璀璨发亮，此时更不该熄灭；中国心在困苦时跳动，此时又怎能停息？

汪国真在诗中写道："总有一个目标令我欢欣鼓舞，就像飞向火光的灰蛾，甘愿做烈焰的俘虏。"2021年是中国共产党百年华诞，百年征程波澜壮阔、披荆斩棘，百年初心不忘始终、历久弥坚。中国青年正站在"两个一百年"的历史交汇点，全面建设社会主义现代化国家的新征程即将由我们掌握。征途漫漫，惟有奋斗。"羡子少年正得路，有如扶桑初日升"，中国必将在我们青年人的奋斗下，如日之升，如月之恒，如南山之寿，不骞不崩。

红旗向我，我成红旗

夏可，新闻与文化传播学院新闻学 2018 级本科生

在二十世纪刚开始的时候，中国大陆上一片水深火热，东方雄鸡还未腾飞，经受了不知多少苦难。无论是列强入侵还是军阀乱战，百姓们始终都没有过上太平的日子。多少仁人志士于国难当头挺身而出，为处于生死存亡关头的家国故土找寻着有希望的出路——实业救国、制度改革、发动革命，国人们一次次地尝试，又一次次被推翻重来，直到1921年嘉兴南湖上那条红船出现后，这才闪起了红旗带来的星星之火，从此有了燎原之势。

（一）少年初立志

最开始这些都和山子没多大关系，不管外面怎么乱，在十五六岁的少年人心目中，能吃得饱肚子，娶得上媳妇就已经算天大的好事了。

但是，不管多偏僻的地方，都会有军匪流氓的盘剥，眼看着他们颐指气使地搬走了村庄大部分的口粮，自己却什么都做不了，山子的心中是不甘的、愤懑的，他有了想要出头主持公道的念头。可是一个泥堆里打滚的穷小子能怎么办呢？山子的心里生出了很多困惑，他在山上放牛、山下割草、地里忙碌、路上奔跑的时候一直都在想，这世道到底应该成什么样？无人可问，他只好一边给老黄牛喂草一边自说自话。也是幸运，随后不久，背着红旗的革命战士们来到了这里。

小小少年满怀好奇地凑上去，在跳跃的火堆旁、村里的老槐下、战士们歇脚的空隙中结识了那嘉兴红船、延安窑洞，他的心也好像跨越千山万水飘向了那梦一般的地方，这渐渐地成长为青年人的澎湃激情，并显露出一颗红色的初心。山子顺着这种仿佛命中注定的召唤，向外走得越来越远，也许过程往往惊心动魄，结果也总是艰难曲折。那么为什么要坚持呢？因为"红旗在召唤，我也应该去"。

（二）中年得坚守

大抵凡是革命，就没有一帆风顺的，总得经历个九九八十一难，方能修成正果。从小就听《西游记》长大的山子很明白这个道理，所以在革命失败、亲人逝去、同伴牺牲的悲痛中，他都没有退缩，哪怕大雪封路、山穷水尽，哪怕弹尽粮绝、生死一线，他也坚强地蹚过去，坚定地撑过去，坚毅地守下去，一直等到难关过去才肯稍稍松劲。

也有可能是上天有意降大任给他，有一次在荒漠作战，革命军中了敌人提前设好的陷阱，拼着命突围出来不足百人，他甚至连支撑自己站起来的力气都没有了。面对任务失败的境地，我方只能保存实力，以待他日。可是敌军并没有留活口的仁慈，他们要赶尽杀绝，那前期安排的作战计划怎么办？谁把当前的联络网交代清楚？如何向中共总部报告伤亡状况？为了这些，也为了不辜负并肩作战的牺牲英魂，他坚守着对党的无上信念，一路乞讨，沿途伪装，回到延安时都不成人样。多年后，再谈到此事，他只说是自己命大，没什么大不了，忠守对党和国家的信仰本就是每个共产党人都应该做到的。

（三）老年终无悔

到了新中国建立之后，山子好像终于能够休息了，但他没有——他将人生的大半积蓄都捐给了乡村基础教育事业，定期探访革命老区的人民群众，教育自己的后代吃水不忘挖井人。人到晚年，还写过一本自传，每当回忆惨烈往事总禁不住热泪盈眶，却又从来不曾说过一个悔字。

哪怕到了人生暮年，每次看见鲜艳的红旗，他都站得和旗杆一样直，用力向国旗敬礼的面容总能让路人肃然起敬。

（四）我与山子

生在青山脚下、长在革命老区的每个孩子小时候就常听老一代人讲这个故事，他作为一个生在红旗下、长在红旗下、活在红旗下、立在红旗下的前辈始终活跃在后辈人的生活中。初听还不以为意，长大后才有更多想法，关于我们所处的时代，关于现今高速发展的中国社会以及对伟大祖国蓬勃未来的期待。

我辈青年与先辈生活时代相隔甚远，大小差异也不可同日而语，但是值得肯定的是——有关红旗、有关爱国、有关奉献的精神永远都不会过时，也永远都不会陈旧。时值中国共产党成立一百周年之际，我们这些沐浴在党的伟大光辉照耀下成长起来的新一代人，更应该接过时代的交接棒，为更好的明天而奋斗。

前方大道应该朝哪边走——朝向红旗；应该做什么样的人——成为红旗。红旗在飘向我，我也正朝红旗走。

心事浩茫连广宇，于无声处听惊雷

钱依阳，统计与数学学院金数 2018 级本科生

历史总是一次又一次地出现一些对过往的伟大事物追溯思考的人，他们从中获取力量，常常感受到人类生命的辉煌灿烂。翻开泛黄的书页，回望过去的岁月——百年前的滚滚洪流中，在那看似昏暗的天空下，一轮红日从地平线上升起。当我们回看中国近代史，几多坎坷，几多磨难，几多屈辱，几多沧桑。人民渴望光明，渴望解放，渴望胜利！

1921 年，代表了最广大人民根本利益的伟大的中国共产党诞生了。从此，广袤大地上升起太阳，嘉兴南湖的幽幽湖水映照着光芒，两万五千里路上风云激荡，百万雄师昂首过大江。我们知道——南昌起义打响了武装反抗国民党反动派的第一枪；井冈山上建立了第一个农村革命根据地；平型关大捷是抗战以来第一场歼灭战胜利。我们更知道，无数前仆后继的共产党员，用血肉之躯筑起一座坚固的城墙，保护着这片土地和人民，让镶嵌着斧头与镰刀的党旗高高飘扬。正是中国共产党创造了这一个个"第一"，高喊着"中国人民必将站起来"。

中国的每一寸土地上，都留下了红色的印记。哪怕是在我的家乡常熟——这片巴掌大的地儿，在悠悠的芦苇荡间，也唱响了 曲悲壮的生命之歌。歌词里写着"俺十八个伤病员，要成为十八棵青松"，歌词里写着"祖国的好山河寸土不让"，歌词里写着春来茶馆的阿庆嫂，歌词里写着淳朴勇敢的老百姓……在中国共产党的带领下，军民团结一心，拧成一股绳儿。于是，这个巴掌大地方的人民拿起了武器，挺起了中国人的脊梁！他们在静谧的芦苇荡里，等待一声惊雷，响彻云霄，等待一声怒吼，撕裂黑暗！

渐渐的，战火的硝烟散去，和平重回大地。过去的一切被印在书本，被展列在博物馆，被写成脍炙人口的故事，更被每个中国人铭记在心，一代又一代地传承下去。过去的虽然过去，但党的精神火炬永远不灭。世代传承的意志、时代的变迁、人的梦想，这些都是挡不住的，只要我们牢记历史、砥砺前行，这一切都将永不停止。中国共产党不仅将中国革命引向胜利，还为国家未来勾勒出蓝图，让人民心中充满希望。

渐渐的，在中国大地上，出现了一张张年轻的面孔。

这些年轻的人，扎根贫困农村、落后山区、烈日下的田间、雨后的乡间小路。我一直记得母亲的朋友，大学毕业以后毅然决然地投身农村，周围人都说他傻，年纪轻轻的不找一份"体面工作"。可每次他都是笑笑，不说话。刚到那个村子，老百姓可一点儿也不认这个"愣头青"，日常的工作也难以展开。他没有苦口婆心地挨家挨户做思想工作，也没有利用他的"官威"，而是不知道从哪儿找来了一个长长的木棍，用旧绳子缠在上端，又买来一大箱山楂，熬了冰糖，埋头做起了冰糖葫芦。一到村民歇息闲聊的时候，便抬着糖葫芦在村里小路上慢悠悠地走。小孩儿们架不住糖葫芦的诱惑，老人们也觉得有趣。他象征性地收个一块两块，一群人便围着一大把鲜红的糖葫芦，唠着家长里短，说着农忙的辛苦、收成的好坏，讨论着孩子的学习。他便仔细听着，默默记着。回去便动员、开会、讨论，一条条解决，慢慢地走进村民内心，真正做到"手牵百姓情同暖，足踏田间身共劳"。

这些年轻的人，坚守在抗灾抗洪的一线，挡在每位老百姓的前面。我一直记得浪尖上逆行的陈陆，最先出发，最快抵达，为危难的乡亲奉上最好的年华。洪水汹涌，逆行向前，大雨过后，化为天空中灿烂的霞。长时间浸泡在水中，再加上蜱虫叮咬，他的双腿过敏起泡流脓。他拖着伤腿，背着60公斤的设备，一遍遍地搜救。没人能知道，当他被卷入湍急的漩涡，呛了水，而双腿再没有力气，意识逐渐模糊之时是多么痛苦……他早已把个人的生命置之度外，而把生的希望给了更多人。他身穿"火焰蓝"，踏出了一条新时代的英雄路，他披着鲜红的党旗，托起了一条条鲜活的生命！

这些年轻的人，出现在疫情防控的前方。鲁迅先生说："我们自古以来，就有埋头苦干的人，有为民请命的人，有舍身求法的人……这就是中国的脊梁。" 我一直记得，90后女医生甘如意，骑着自行车，用了整整4天3夜奔赴武汉，投身战斗；武汉科技大学天佑医院护士李慧摘下口罩，露出红肿的脸颊和"毁容"般的创伤，坚定地说"如有不幸，捐献我的遗体研究攻克病毒"；甘肃首批志愿湖北医疗队队员张燕琴来不及和家人商量就写下请战书，启程支援湖北，在日夜颠倒地工作之余，只是默默在日记里写下"我是党员，我应该上"……无数共产党员们在病毒面前挺起了脊梁，不屈不挠、无怨无悔、夜以继日地献出自己的力量。也让我们坚信任何困难压不到中国人！

年轻的人们，把自己化成火炬，不停燃烧，前仆后继，以小我成就大我。这些年轻的人有一个共同的名字，叫中国共产党员，他们心里装的，是祖国和人民！

一百年风风雨雨，一百年奋斗历程，在中国共产党的领导下，我们唱响春天的歌谣，用双手创造幸福。江山代有才人出，每一代人有每一代人的风采，每一代人也有每一代人的担当。星星之火可以点燃灿烂的红色，人们高举鲜红的党旗，将青春与奋斗作为最好的礼物，共同欢庆这百年的辉煌。

百年献礼·党的光辉照我心

从实践中来，到实践中去

王婧，统计与数学学院金数 2019 级本科生

百年风雨百年梦，百年奋斗百年情。回眺 1921 年 7 月的上海法租界望志路 106 号和嘉兴南湖的红船，党发展历程的画卷从这里徐徐展开，一个个鲜活的人物、一幕幕生动的场景、一个世纪的风雨兼程，历经战火洗礼，走过腥风血雨，从小到大，由弱变强。

百年前的岁月斑斑血痕：散落世界各地的珍贵文物，残骸废墟中的圆明园，染上血迹蒙了灰的祖国山河，他们无一不在哭泣、咆哮，各族中华儿女苦苦挣扎、奋力抗争。而中国共产党的诞生如曙光般照亮中国发展的前路，从推翻三座大山、建立新中国，到改革开放、走向世界、发出中国声音，再到今天坚定不移走中国特色社会主义道路、全面建成小康社会，我党一次又一次勇敢接受历史和人民的考验，不忘初心，不断创新，开创中国特色社会主义事业新局面。

在此过程中，涌现出无数优秀的党员儿女，有人从容不迫地走到敌人的铡刀下，用短暂的青春诠释"生的伟大，死的光荣"；有人竭力摆脱美国的阻挠回国，成了两弹一星的功臣，被誉为"中国导弹之父"；有人培育成功杂交水稻并大面积推广，解决数十亿人口的粮食问题……他们以一己之力留名史册，但我们身边也有这样一些人，他们分散在各行各业，普普通通，坚守本职岗位，做好本职工作，以个人绵薄之力助力社会主义建设。

当提到建党百年献礼，我不断思考：什么才是最好的礼物，一束花，一幅画，还是一首歌？当看到父亲深夜伏案工作的身影、当翻开书架上一沓沓教学心得手稿、当发现被珍藏在抽屉里的党员徽章，我有了答案：党母亲和每个人的母亲一样，最乐意收到的礼物应该是儿女在各自的岗位勤

勤恳恳，以实现我国综合国力增强、社会繁荣昌盛。因此我决定借此机会，写写父亲作为一名人民教师、一名老党员的故事，从中窥见平凡的伟大。

有21年党龄的父亲于2000年10月正式成为一名中国共产党员，正值29岁，在当地一所初中参加工作。他的故事很简单，简单到像大多数教师一样，上课、备课、改作业；他的故事又不简单，重复的工作被完成得出色而特别。

教师常被比作人类灵魂的工程师，这也是父亲的行为准则，他始终认为教育先育人再教书。中学正是一个孩子认识、思考世界的阶段，教师不仅教授知识，更须引导学生形成正确三观。实践出真知，父亲从实践中来，到实践中去。他大量阅读教育相关书籍，学习最新理论知识，担任班主任期间将其应用到与学生的沟通交流中，学习上传道授业解惑。生活上与学生亦师亦友，陪伴学生度过成长叛逆期。

父亲好像永远对事业有着不甘落后的激情和饱满的热情，他时常觉得自己不够优秀，因而在工作之余，阅读大量教学辅导书、不断钻研课本。每年中考后仔细分析命题人意图，记录教学想法，形成大量独家教学心得，并应用在日常教育教学中，还在去年出版了学科教材。同时自学高中教材，深入浅出，从本质上讲清楚知识点，更易于学生的理解和后续学习。父亲的辛苦没有白费，近十年来，他的学生满分、高分段数量不断增加，班级均分稳步提升。近三十年的执教生涯中，父亲获得了教学能手、优秀教师等荣誉称号，得到家长、学生、领导的一致认可。

2020年疫情期间，他服从学校和相关部门安排，督促学生按时上网课，提出"课前导学、课后督学"，切实保证毕业生网课质量。还采用多元现代化教学平台和方式，设计新颖有趣的课堂环节，完美完成教学任务。阶段测评结果出来后，对比往次成绩，家校联合，找到成绩波动症结所在。

靡不有初，鲜克有终；不忘初心，方得始终。父亲始终以党员的标准严格要求自己，学习最新思想政治理论知识，思想不断进步，他的信仰支撑他完成一个个人生目标，在教师的岗位上不断发光发热。

父亲是一线基层党员群体的缩影，他们没做过惊天地、泣鬼神的大事，但就在一件件平凡的小事中体现自身价值，践行初心和使命，而党员的双重身份让他们工作更加认真，有更强的集体意识和奉献精神。

父亲言传身教教会我很多道理，也是父亲鼓励我申请入党。

入党，意味着更多的责任、担当和信仰。从选择加入共产党，成为一名共产党人那一刻起，就意味着我们将与党和国家和人民同呼吸、共命运，个人价值实现与国家前途命运紧密相连。共产党员，这四个字不仅是一种身份，更是一份沉甸甸的责任与担当，它承载着人民的期盼和组织的信任。

我有幸成为一名大学生预备党员，向党组织靠拢。目前我的能力仍然有限，但我深知，我们都可以活出自己的伟大，而作为党员更要起到表率和榜样作用，提升自己的集体意识和大局观，为祖国和人民奉献青春。

正值建党百年，百年风雨兼程铸就了我党的光辉历程。蓦然回首，我们作为青年人更是感受到党的温暖光辉。岁月如歌，又怎能不心潮澎湃，感慨万千？

时代在发展，世界在进步；党在召唤，人民在召唤！以忠诚之心跟党走，以赤子之心为人民，以奉献之心报祖国！

百年峥嵘，栉风沐雨

杜奕文，统计与数学学院统计 2020 级本科生

时间回溯到 1921 年 7 月底，在上海法租界望志路 106 号的一间屋子里，党的一大召开了。然而，党的成立过程并不顺利，会议只好转移至嘉兴南湖的一条小船上继续开展，伟大的中国共产党就此诞生。时间来到 2021 年，中国共产党度过了百年时光，在这百年的峥嵘岁月中，我党领导人民打败日本侵略者，解放全中国，建立了新中国，并带领中国人民摆脱贫穷，使人民的生活幸福指数日益提升。

先锋模范

　　1949年10月1日，北京天安门广场聚集了30万人民，一起欢庆中华人民共和国的诞生。我党在走过过渡时期后，在1978年12月18日，于北京召开了十一届三中全会，全会做出了把党和国家的工作重心转移到经济建设上来，实行改革开放的伟大决策。"一九七九年，那是一个春天，有一位老人在中国的南海边画了一个圈"。于是深圳成了经济特区，从前的小渔村变成名扬世界的大都市。改革开放后，不只是深圳，沿海地区的开放城市如雨后春笋般涌现，中国在中国共产党的领导下发展得越来越好。

　　去年，新冠肺炎疫情肆虐，党和政府直面未知的挑战，采取了有效且准确的管理措施，让人民放心。同时我国加大了对疫情防控的科研投入，如今我们可以骄傲地说，中国是世界上第一个拥有新冠疫苗的国家。我的党员叔叔，在去年的疫情中，奋战在一线岗位上。在疫情最严重的时候，在人们都在居家隔离的时候，他却在社区中排查每一位外来人员，进行防疫工作的宣传和突发情况的处理。因为工作的原因，他不能回家，只能把正在备战高考的孩子独自留在家中，为了大家而放弃了小家。

　　从1954年的第一届全国人民代表大会到2018年的第十三届全国人民代表大会，我党始终将人民的利益放在最重要的位置上，全心全意为人民服务，脚踏实地为人民解决问题。而在中国共产党的领导下为人民服务的共产党员，更是令我们钦佩。在去年爆发的新冠肺炎疫情中做出卓越贡献的共产党员张定宇院长，他身患渐冻症，妻子被感染隔离，却瞒着全院医护人员，率领白衣战士们冲锋在前，与病魔争抢时间。张定宇院长始终牢记人民利益高于一切，让党旗在防控第一线高高飘扬，为打赢疫情防控战争做出了巨大贡献。

　　除了疫情期间为国家做出巨大贡献的共产党员，还有在脱贫攻坚战场上活跃的共产党员。中国一直致力于缩小贫富差距，在扶贫领域付出了长期的努力，8年的时间，中国近1亿人摆脱了绝对贫困。就在2021年2月25日，习总书记在全国脱贫攻坚总结表彰大会上庄严宣告："我国脱贫攻坚战取得了全面胜利。"这是一个多么振奋人心的成就，这既是中国人民的伟大胜利，又是中国共产党的伟大胜利。

不管是改善民生还是面临灾难，不管是扶贫扶智还是改革开放，中国共产党员总是走在前头。

这让我想起我的姨父和我讲起的他当年抗洪的故事。90年代的水系治理没有现在这么出色，遇到连续的暴雨天气就极有可能出现洪水。当时我的姨父也只是一名普通的党员，他跟随家乡的抗洪部队来到洪涝灾害最严重的鄂东地区。为了抵抗洪水的侵袭，每一位抗洪士兵要一个肩膀扛一袋沙袋，来来回回的往返于沙堆和堤坝之间。一趟、两趟、三趟……已经不知道往返了多少趟了，好像路途中的每一处景象，每一粒尘土都熟记于心了。一个肩膀扛一袋沙袋好像支持不住了，那就一次只扛一袋沙袋，一次扛一袋沙袋真的支撑不住了，那就一次挖两瓢沙子运过去，如果连两瓢都坚持不住了，那就一瓢，但是无论怎样连跑带滚，也要珍惜每一分钟，每一秒钟。因为可能那快出来的一秒钟，就可以拯救一条生命；那快出来的一分钟，就可以挽救人们的财产安全。

姨父和几个战友拿着铁锹，沿着资江大堤的堤脚仔细查险。因为连夜作战，他们已经疲惫不堪，神情恍惚之时，他差点掉入湍急的河流之中，幸亏他的战友及时把他拉住，才有惊无险。姨父笑着和我说："你差一点就见不到我了。"但是我见到的是他眼中对那段奋斗时光的怀念，对成为军人和成为党员的骄傲。在之后的生活中，他也把党员的作风带入了生活里，必须时刻整洁的房间，必须像豆腐块一样工整的床铺，良好的生活作风，对生活的思考，身为党员的觉悟。

这段时间以来，我越来越清楚地认识到一个人的价值不是体现在学识的多寡，更不是体现在财富的积累，而是将个人的青春与才能献给社会，创造价值给生养自己的人和国家，成为一个对社会有益的人。有很多人认为这是假大空的言论，但是我觉得它其实就是一种信仰，有了这种信仰，我们方才不会成为那种空洞的人，我们才会成为科研人员、经济学家、实干家……成为在自己的岗位上发光发热的人。

我崇拜党员，想成为党员。每一位党员都可以在自己的岗位上做出出色的成绩，因为有信仰，就会有动力，就会有希望。中国共产党之所以值得信仰是因为她有光辉的历史，更在于党是中华民族的希望所在，是我们炎黄子孙的骄傲。

历史的接力棒一代又一代传递下来，我会更加努力，向优秀的党员同志们学习，创造历史的下一个辉煌！

栖无声之界，绵霁月光风

陈妮桑，统计与数学学院统计 2020 级本科生

据祖辈回忆，七十年代的长乐是国家版图上最不起眼的东南一角，人们主要的生产生活方式是出海捕鱼和种植茉莉。蔚蓝海边微微浮动的渔船，烈日下飘动的采茶女的丝带，成了上一辈人夜梦的归处。

林叔，就出生于 1976 年，他是我母亲的初高中同学。林叔和别的同学没什么两样，喜欢和同学下课后趴在教学楼后面的泥地里玩弹珠。物质匮乏，地偏识浅，中途常常有同学辍学回家，城里来的老师并不看得起这群乡下学生，但幸好有文学的甘霖给了正值青年的他们以灵魂的滋养。后来，林叔升入了省人民武装学院，并在那里正式入党。母亲再见林叔时，已是他大学毕业被分配回户籍所在地工作的时候。

从 90 年代进入新千年，正是全国人民咬牙挺过转型剧变的时期。林叔在乡镇工作，当上了公务员，在老一辈眼中林叔捧上了铁饭碗。不过林叔没背景、没人脉，在这个人情至上的传统乡镇，他在公务员大军中"潜"了下去。正是这段平静到无波澜的基层岁月打磨出林叔一丝不苟的工作作风和卓越精进的工作能力。2017 年，在党的十九大报告中习近平总书记提出乡村振兴战略，解决"三农"问题成为全党工作的重中之重，"产业兴旺、生态宜居、乡风文明、治理有效、生活富裕"20 字方针成为响彻神州大地的口号。当时已经是福州市辖区的长乐响应国家号召，成立"长乐区乡村振兴办",时任营前街道副镇长的林叔接受安排,任区"乡村振兴办"主任,负责总体事务。

乡村振兴工作关乎民生大计,"乡村振兴办"是农村和政府部门的重要枢纽,初次担任把手的林叔,以其多年勤恳工作积累起的丰富经验,挑起了重担。林叔虽为主任,却不是指手画脚的空谈家,而是奔走在田间地头的实干者。他严谨细致,同时又敢啃硬骨头。罗联乡是长乐区GDP倒数第二的乡镇,由于地处偏远、交通不便、设施不全等原因导致人员流失严重,产业发展滞后,土地规划混乱,村财严重不足。罗联乡积贫积弱良久,成为林叔心中的一块大石。经多番考察后,林叔发现罗联乡虽然地处偏远,但也因此远离工业污染,拥有其他乡镇不可比拟的生态优势,发展乡村休闲旅游业正是它的出路。一个旅游胜地,首先得有一副好的皮囊。林叔提出裸房整治的方案,联络区建筑局划定违建裸房的范围,整治村民房前屋后乱堆乱放的现象。当然,除了有"面子",还得有"里子"。污水治理、公共厕所、垃圾分类才是维护村庄持续整洁的长效机制。林叔又协助罗联乡干部配合区环保局等,实现垃圾回收市场化、污水管处理设施落地、水冲式公厕覆盖……之后,还有修路、治理河道等一系列行动。建设期间,林叔遇到了一个"大鱼刺"——资金短缺。乡镇建设的资金除了各级政府拨款以外还有部分需要自筹,罗联乡原本产业收入几乎为零,无力承担建设支出。于是林叔和乡镇干部带头"化缘",游说乡贤、区企业家等对罗联乡进行公益捐赠,总算解决了"钱袋子"问题。经过两年多修整,罗联乡建设基本完成,"梦幻罗联"的招牌也随之而出,吸引了大批游客前来,实现了村财的大幅增长。

长乐虽小,村庄类型却多,问题也复杂。除了地处偏远的乡镇难以扶持,地处中心的"城中村"也是林叔的心头病。城中村紧挨着城市繁华区和工业用地,规划粗糙、布局混乱。林叔在考察地处城市中部的石洋村时主要疏通了三处筋骨:用地规划、杆线整治、公地绿化。考虑到平衡村民情绪,林叔主张给这个略大的村庄建设一南一北两个篮球场,中部建设老年活动中心。在犄角旮旯的地方组织村民自建"微菜园",既美化了环境,又激发了村民自发维护美丽人居环境的热情。经过两年调整的石洋村成了全区城中村的标杆。

林叔从初入乡村振兴办至今已有三年，其间遇到大大小小的难题都最终化解。下乡时遇到老人家不愿政府干涉"私人空间"，他就耐心和老人坐下攀谈。他认真把关每一次考评，绝不给人"走后门""打招呼"的机会……

我写下这篇文章时，林叔说不定也正在某个乡村进行常规检查，他将始终如一地完成振兴乡村的使命。我从未问过林叔作为一名党员干部身先士卒的感受，我猜若我问他，他定会说只是职责所在。

我读过许多党员干部的先进事例，都不及林叔带给我的感受真切——他是实实在在在我身边的人，实实在在地改变了我脚下的土地。而他，若不是我的书写，或许不会被任何一张纸记载——他栖于无声之界，他只是一名平凡的党员。我不禁想到，整个中国基层，有多少如林叔般默默耕耘的党员干部，他们在多少个乡间地头挥洒汗水，又在多少个大街小巷倾注智慧。他们没有人生场上的波涛澎湃，只有党业征程的细水长流；没有逆流而上的事业佳话，只有绵续霁月之景的赤子之心。"旗手前引路，亿众续长征"，所谓"功成不必在我，功成必定有我"，正是他们最真诚的内心独白，也是他们献给党和人民最珍贵的礼物。

谨以此文，向他们致敬！

后 记

回首光辉岁月，献礼百年华诞。中南财经政法大学学子以"百年献礼——党的光辉照我心"为主题，通过文字作品回顾党的光荣历程，抒发对党和祖国的热爱，讴歌新时代，唱响"共产党好、社会主义好、伟大祖国好"的时代主旋律，把爱国情、强国志、报国行自觉融入坚持和发展中国特色社会主义、建设社会主义现代化强国、实现中华民族伟大复兴的奋斗之中。本作品集共分为4个板块，分别为"党史回眸""伟大创举""红色传承"和"先锋模范"，每个板块25篇，共计100篇。以百篇优秀作品，献礼建党百年，征文工作小组从众多优秀来稿中精心选出100篇，将这些饱含深情的优秀作品作为我校立德树人系列成果汇编成册，用文字凝聚起同心共筑中国梦的强大精神力量。

本作品集由中南财经政法大学党委常委、副校长覃红教授担任主编，全面统筹征稿和审编工作。党委研究生工作部部长肖翠祥、党委学生工作部部长余小朋、校团委书记梁娜担任副主编，制订稿件的审编标准与规范。党委研究生工作部副部长雷磊、白玉以及党委学生工作部副部长葛明在审稿过程中给予全面指导。党委研究生工作部研究生思想政治教育办公室付慧娟老师、黄丽琼老师，党委学生工作部思想教育办公室赵晓老师、张雨舟老师以及校团委张艳芸老师负责执行各项工作安排。《中南研语》编辑部、校研究生会在文稿的整理、筛选和编印工作中提供了协助。此外，在征集

后　记

和出版的过程中，各学院（中心）和作者们给予了鼎力支持，在此一并表示衷心的感谢！

　　因整理、校对时间较紧，收录的作品难免还存在些微不足，敬请广大读者批评指正。